世界文明史

人類の誕生から産業革命まで

Civilizations and World History. From the Birth of Human Beings to the Industrial Revolution.

下田 淳 著
Shimoda Jun

昭和堂

世界文明史——人類の誕生から産業革命まで

■目次■

本書を、母、下田㐂美子に捧げる

はじめに

地球は、誕生したといわれる四六億年前より激しい気候などの地理的・自然環境の変動を繰りかえしてきた。四六億年前は灼熱の星であった。しかし海ができ、三八億年前には微生物が誕生した証拠が残っているから、生命はもっと前に誕生したと推測されている。

地球は、巨大隕石の衝突を少なくとも八回は経験した。約六億前頃には数百万年も続いた地球全凍結（スノーボール・アース）も経験した。それでも生物は生き延び、五億四千年前、海には数多くの動植物が登場する（カンブリア爆発）。それは、やがて脊椎動物に進化した。約四億三千年前、コケ類やシダ類が陸に上がり、三億六千年前最初の海洋動物（手足のついた魚）は陸に上陸する。

大陸は常に動いている。約三億万年前大陸が一つにまとまった（パンゲア大陸）。約二億五千万年前、全生物の九五％が絶滅する大変動が起きた。パンゲアの分裂と関連してメタンガスが放出され酸素濃度が極端に低下したのが原因といわれる。その後、恐竜が繁栄したのは約二億二千万年前〜六五〇〇万年前であった。彼らは巨大隕石の衝突で絶滅したといわれている。隕石衝突そのものよりも、それによる環境変化によって彼らに見合う食料が極端に減少したと考えるのが自然であろう。

その後、五五〇〇万年前、一時的に温暖化した後、地球は徐々に寒冷になっていき、とくに一五〇〇万年前からは寒冷化が進んだ。我々の「遠い先祖」哺乳類（生物学では綱《こう》という用語が使われる）はこの時期に適応し繁栄していく。そして七四〇〇万年前頃、最初の人類と呼ばれているもの（ほとんどサルと同じ形態だろう）が誕生した。最初の人類らしきものが誕生したころには、大陸配置はほぼ現在と同じになっていた。ホモ・サピエンス＝現生人類の歴史は約二〇万年といわれている。二〇万年は地球の歴史四六億年からすれば「短い」。だから本書は地球年代でみれば「わずかな期間の歴史」を扱っていることになる。

動物や先行人類（化石人類）は、生殖行為と睡眠以外はほとんど食料探しの生活であった。ホモ・サピエンス（現生人類）も、中東（この呼び名はヨーロッパから見た用語であるが中東でも使用されている）と中国における農耕の発明が約一万年前とすれば、約一九万年もの間、食料を求めて、最初はアフリカ大陸、そしてアフリカを出た後は、世界中を彷徨っていたことになる。しかし、われわれホモ・サピエンスは初めてそれから「解放」されて、文字、政治制度、法律、宗教などをつくり、芸術を生み出し、学問をし、戦争を始め、交易活動などをおこなうようになった。もちろん食料探しと食べる行為は、依然ホモ・サピエンスの生活の重要な要素であったが、自ら食料生産（農耕）を始めたことは決定的な画期であった。余剰生産物が文明を加速化させたといえる。

文明をつくった人類はわれわれホモ・サピエンスだけである。本書は、ホモ・サピエンス＝現生人類二〇万年の文明史（とはいっても「出アフリカ」を果たした八万年前以前のことはほとんどわかっていないが）を「私独自の視点」から叙述したものである。こういった類の本を一人で書こうとすること自体無謀な試みではあることは承知しているが、むしろ一人の視点で見た方が面白くなる場合がある。その意味で書く意義はあると思っている。しかし、いざ作業を始めてみると、当たり前であるが、これは非常に難しい仕事であるとわかった。結局、解決法は「私の趣味にそった叙述」にするしかなかった。本音をいえば、私自身が現生人類の文明史を俯瞰したいのだ。そうすれば、われわれの今後の「生き方」がみえてくるのではないか。「私の趣味にそった叙述」が「私独自の視点」ということになる。

本書は五部形式になっている。第Ⅰ部「文明の誕生と謎」は、ホモ・サピエンスの誕生、その「出アフリカ」によって東西ユーラシア人が形成される過程、文明は農耕開始以前四～二万年前に飛躍的発展を始めたこと、農耕にまつわる話、そして最初の「文明」をつくったといわれるシュメル人の謎について書いた。

第Ⅱ部「文明の新たな定義「コア」」は、地球上各地に拡散した現生人類がそれぞれ民族を形成し、「コア文明」をつくったことが叙述される。「コア文明」(定義は後述)は、いわゆる古代四大文明ではなく、私の提唱する五つのコア文明を概観する。中東、中国、インド、西アフリカ、メソアメリカ(およびアンデス)である。

第Ⅲ部「文明の媒介としての「移動民」」は、文明間交流を担い促進した諸民族の話である。移動民によって諸文明は大きな変質を蒙った。移動民は文明史に欠かせない存在である。

第Ⅳ部「文明と「高等宗教」」は中東コアのイスラム、インドコアのヒンドゥー教、中国コアの「中国教」といった「高等宗教」を紹介する。近現代文明以前の文明の本質は宗教である。「原初的宗教」でなくいわゆる「高等宗教」をつくった民族はユダヤ人(ユダヤ・キリスト教)、アラブ人(イスラム)、インド人(ヒンドゥー教)、中国人(中国教)だけである。高等宗教をもった文明は、一九世紀のヨーロッパによる世界制覇に対して、自己の文明が大きく変質するのを免れたことを理解する。

第Ⅴ部「新しい「コア文明」ヨーロッパ」は、まさにわれわれの近現代文明を創り出したヨーロッパの話である。ヨーロッパが「コア文明」となった前提としての封建制社会の特質とその崩壊を論じた後、資本主義とテクノロジーを生み出した産業革命の意味を問う。資本主義とテクノロジーが連動・一体化した近現代文明の問題点を問おう。

本書でいう「文明」とは、現生人類が、動物・類人猿・旧人類がほとんど有さなかった知能的諸活動の総体と定義しておく。また、現生人類の歴史はさまざまな「民族」によってつくられてきた。さまざまな民族が文明をつくり、文明間交流をおこなった。宗教も発明した。ここでいう民族は一九世紀以降の「国民」概念ではなく、もっと広く、ある特定の言語・習俗を共有する人間集団くらいの意味である。そして民族より大きな概念として「東ユーラシア人」と「西ユーラシア人」という用語を多用することになる。

一八・一九世紀の産業革命によって創出されたヨーロッパ文明（近現代文明）は、テクノロジーと資本主義が連動・一体化した文明である。現在われわれはその中にいる。しかし、それ以前の文明の様相・本質を理解していることが、現代文明、そして未来を生きるわれわれにとって必要なのである。近現代文明と、それ以前の文明との違いを認識することが重要である。

欧米人によって書かれた人類史や世界史の本は翻訳されているものだけでもいくつかある。私はそれらから情報はとった。しかし、どれも「西洋中心史観」（勝者の歴史？）が見え隠れする。歴史学、考古学、人類学など現代の学問全般は、一九世紀に欧米の大学で成立した。欧米人の書いた人類史や世界史は欧米にその叙述を多く当ててきた。それは、彼らにとっては当然・自然なことであった（もちろん現在では、現実にそうなっているかはともかくとしても「脱西洋中心史観」を唱える欧米の学者は多い）。

しかし、われわれ日本人が学校で学んできた世界史もそうなっていた（いる）。歴史学を輸入した時、西洋中心史観も取り入れてしまって、今もそれが続いているからである。われわれは欧米人の「フィルター」で人類史・世界史をみるようある意味「刷り込み」されてきた（いる）。そのフィルターを外した人類史・世界史を描こうと思う。とはいっても、それに対抗して「東洋中心史観」を唱えるのも生産的ではない。「客観的歴史」など描くのは無理な話であるが、なるべくあらゆるフィルターを外し、今まで常識と思われていたものを考え直してみたい。

「五つの切り口」（全五部に対応）からの二〇万年（実際は八万年）の人類史・世界史を、読者が、「おもしろい」「そういうことだったのか」「共感できる」あるいは「いや違う」「バカをいうな」「冗談も休み休みにいえ」などと、少しでも何か感じていただければ、欲を言えば「エキサイティング」になってもらえれば、さらにおこがましいことをいわせてもらえば、読者が二一世紀の人間や社会の在り様を考えるきっかけになってくれたらなら、筆者としては深甚の喜びである。

もう一つ、本書は、大学生が、人類史・世界史を概観する教科書としての性格をもつように配慮した。年表、地図、図版等を随所に多用することによって、読みやすくなるよう心掛けた。本書をきっかけに、個別テーマをより深く知りたいと思う読者がいれば、これもうれしいことである。

情報の裏付けは各分野の研究文献に頼らざるをえないのは当然であるが、あまりに膨大なので、原則、翻訳書含む日本語の文献（これだけでもすべて目を通すには膨大であるので全部使ったわけではない）に限らざるをえなかった（欧文文献は補足的に使った）。しかし、あらためて日本人と日本の外国史研究の豊富さと質の高さに驚かざるを得なかった。日本語（翻訳も含めて）の文献を駆使するだけでも人類の文明史を書くには十分なほど、日本の人文社会系の学術レヴェルは高い。いや高かった。最近この状況が危機に瀕していることは「おわりに」で考えよう。いずれにせよ、巻末参考文献の著者、訳者の方々に心から御礼申し上げる。主要な参考文献は本文中や章末に掲載したが、重複して使った文献など繰り返し挙げたらきりがないので必要最小限に留めた。すべての資料は巻末参考文献に載っている。

編集を担当していただいた神戸真理子さんには、いろいろとご面倒をおかけした。多謝。

第I部
文明の誕生と謎

【1章】人類の誕生と拡散
――「出アフリカ」から東西ユーラシア人へ――

❖われわれは皆ホモ・サピエンスである

われわれ現生人類・ホモ・サピエンスは、生物学の一般的分類に従えば、動物界（Animalia）－脊椎動物門（Vertebrates）－哺乳綱《こう》（Mammalia）－霊長目（Primates）－ヒト科（Hominidae）－ヒト属（*Homo*）－ヒト種（*Homo sapiens*）である。種（species）は生物分類上の最小のまとまりで、この下位概念はない。過去から現在まで三〇〇億の種が存在したと推定されている。現在でも一千万以上の種が存在する。

ヒト科には、ヒト属の他、オランウータン属、ゴリラ属そしてチンパンジー属がいて、ヒト属以外を類人猿と呼ぶ。ヒト属が人類といわれるもので、現在約二七種の存在が確認されているが、現存しているのはわれわれホモ・サピエンス＝現生人類のみである。その他の約二六種は絶滅した。同一種か否かは研究者によって異なるので、この数字は概数である。

約一九万五千年前の最古のホモ・サピエンスの化石が一九六七年にエチオピアでみつかった。この人骨はほとんど現代人的特徴を有しており、ホモ・サピエンス＝現生人類は、少なくとも約二〇万年前には存在していたといえる。

現在世界中にはさまざまな皮膚の色や顔形の人々が暮らしているが、すべての共通の先祖はアフリカで誕生したといわれる。母から娘へと受け継がれるミトコンドリアＤＮＡと父から息子に受け継がれるＹ染色体の系統樹をみると、アフリカでは系統が複数あるが、それ以外ではいずれもアフリカの一つの系統にたどり着くからである。これは一九八〇年代の遺伝子学の最大の成果であった。それまで有力視されていた「多地域進化説」、つまり各地域の先行人類がそれぞれ別個に進化して各地域の現代人に進化したとする説が崩壊した。たとえば北京原人（ホモ・エレクトス）は中国人の直接の先祖ではないし、ネアンデルタール人もヨーロッパ人の直接の先祖ではないのだ。一九世紀初めのフランスのジョルジ・キュヴィエ（一七六九～一八三二年）の『動物界』（一八一七年）によって提唱された人種の分類すなわち「コーカソイド（白人）」「モンゴロイド（黄色人）」「ニグロイド（黒人）」の祖先は共

年表１　人類の移動（年代は頃）

46 億年前	地球誕生
38 億年前	生命誕生
1500 万年前	寒冷化進行
1000 万年前	アフリカで乾燥化による熱帯雨林の減少でサバンナ出現
740 万年前	チンパンジーから最初の人類が分岐。以後約 26 種の旧人類が登場
300 万年前	氷期と間氷期のサイクル始まる
100 万年前	氷期と間氷期 10 万年サイクルとなる
29 万年前以降	ホモ・ハイデルベルゲンシスからホモ・サピエンス分岐
19 万 5000 年前	最古のホモ・サピエンスの化石
13 万年前	エーミアン間氷期開始
12 万 5000 年前	出アフリカ失敗
11 万 5000 年前	エーミアン間氷期終わり
8 万年前	出アフリカ成功
5 万年前？～	モンゴロイドに形態変化？
5万～4万8000年前	ホモ・サピエンス、インド、東南アジア経由でオーストラリアまで到達
4 万 5000 年前	ヨーロッパへ到達。クロマニョン人
4 万 2000 年前	「中東人」の祖先氷河地帯へ到達
3 万 9000 年前	北京でホモ・サピエンス最古の化石
3 万 8000 年前	日本（本州）に到達
1 万 4800 年前	西ユーラシアの氷河が後退し始める
1 万 4500 年前	最終氷期終わる。アメリカ大陸へ到達
1 万 3500 年前	南アメリカ南端に到達
9000 年前	北米の氷河完全に溶ける
6000 年前（紀元前 4000）	中国南部から台湾へ移動
4500 年前（紀元前 2500）	台湾からフィリピンに移動（～ 4000 前）（～前 2000）
3500 年前（紀元前 1500）	フィリピンからマリアナ諸島とインドネシア方面へ移動
3300 年前（紀元前 1300）	ビスマルク諸島に到達
2850 年前（紀元前 850）	サモア諸島に到達
2300 年前（紀元前 300）	マダガスカル島に到達
紀元後 800	ハワイ、イースター島に到達（～ 1000）
紀元後 1250	ニュージーランドに到達
（1684）	（清による台湾征服）

通であったのである。これは画期的なことである。「人種差別」という概念がなくなったことになるからだ。しかし、残念ながら、この言葉は人種の区別として今でも頻繁に使われている。

❖サバンナが人類を生んだ

ホモ・サピエンス＝現生人類を含めた人類は、ほとんどアフリカで誕生した（ネアンデルタール人など例外はある）。霊長目（霊長類）とヒト科に属する類人猿は熱帯の森に住み、果実や葉っぱを食っていた。ところが一千万年前頃から始まった乾燥化で熱帯雨林が徐々に減少し、主食であった果実が減ったため、類人猿はサバンナに時折出て食料を見つけ始めた。

当時、世界に熱帯雨林は三か所あった。アフリカの他に、南米と東南アジアである。ただ乾燥化によるサバンナの出現はアフリカだけであった。やはりサバンナが鍵である。

南米にも霊長類は多かったが、類人猿のゴリラ属とチンパンジー属はアフリカに、オランウータン属は東南アジアに生息していた。ゴリラ属とチンパンジー属の二属は人類に最も近く、チンパンジー属と人類の共通の祖先はゴリラ属である。現生人類とチンパンジーのＤＮＡの差は一、二％しかない。ヒト属はチンパンジー属から分岐した。ゴリラ属は強いためサバンナに出てまで食料をみつける必要はなかったのだろう。対して、ゴリラ属から分岐した類人猿（チンパンジー属と呼んでよいだろう）は肉体的力が弱かったので熱帯雨林での食料獲得競争に勝てずにサバンナに出る必要があった。サバンナで、チンパンジー属は肉食動物から身を守るために直立動作をせざるをえなかった。これが類人猿（チンパンジー属）から人類への第一歩であった。最初は熱帯雨林とサバンナの往復であっただろう。

サバンナも多様な植生をもっていたようで、彼らの食用となるマメ科などの灌木地域も点在していた［伊谷純一郎『人類発祥の地を求めて』］。あるいは肉食動物の食い残しを食べるようになったのか。そうだとすれば、人類は相

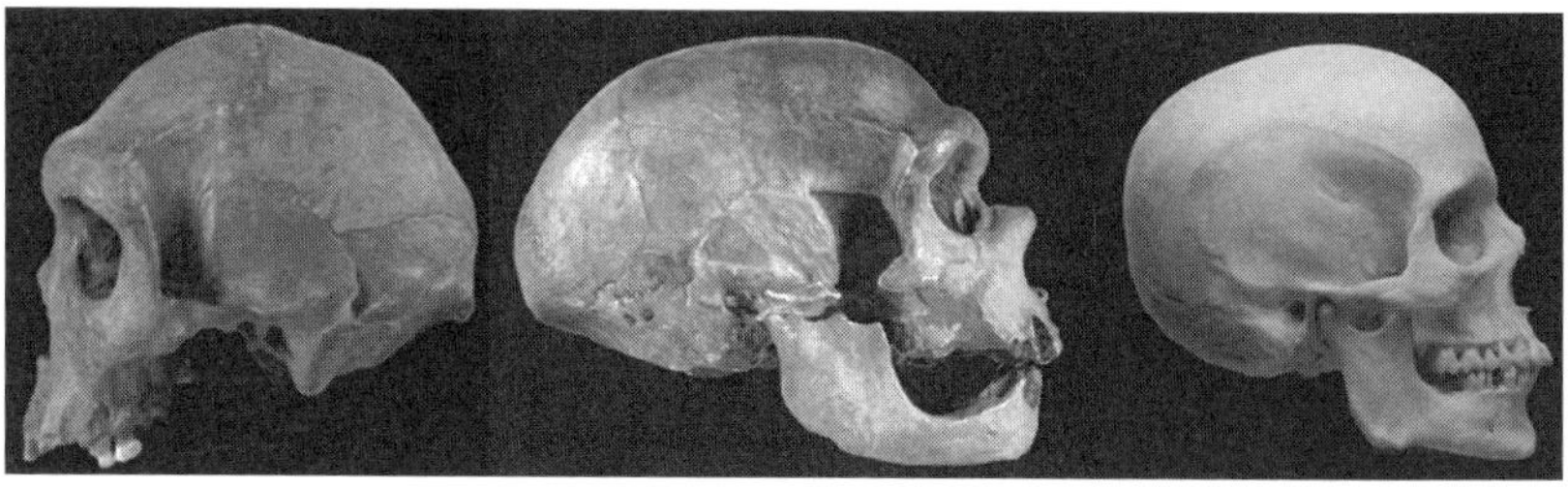

図1　旧人類と現生人類の頭蓋比較

当早い時期に肉食を覚えたことになる。

最初の人類とチンパンジー属の分岐が約七四〇万年前のアフリカであったというのが現在の通説である。その後約二七種の人類が先行者から分岐していった。われわれは、それを一般に「進化」と呼んでいる。

✣脳の進化

人類の種の違いは頭骨など骨や歯の形態からも区分されるが、最大の指標は脳容積である。最も古いとされる種のサヘラントロプス・チャデンシス（七〇〇万～六〇〇万年前）の脳容積は三二〇～三八〇㎤でチンパンジー（三〇五～四八五㎤）と同程度で、ゴリラ（四〇三～六七二㎤）よりも小さかった。オランウータンは三〇二～五四五㎤である。直立歩行できた点で類人猿とは異なるが、境界線は曖昧であろう。

脳容積については徐々に大きくなり、ホモ・ハビリス（二四〇万～一六〇万年前）で六〇〇～七〇〇㎤、ホモ・エレクトス（一八〇万～三万年前）で七五〇～一二〇〇㎤、ホモ・ハイデルベルゲンシス（六〇万～二〇万年前）で一一〇〇～一四〇〇㎤、現生人類より前にこのハイデルベルゲンシスから分岐したホモ・ネアンデルタレンシス（三五万～二万八千年前、いわゆるネアンデルタール人）で一二〇〇～一七五〇㎤である。現生人類は一〇〇〇～二〇〇〇㎤（平均一五〇〇㎤）といわれネアンデルタール人とほぼ同じである。誤差は性差や個体差である。二五〇万年前頃から先行（旧）

人類によって本格的に始められた肉食によって脳容量が大きくなったとする説もある。

ネアンデルタール人とわれわれ現生人類は、脳の容積は同じである。決定的違いは、現生人類の「のどぼとけ」はネアンデルタール人と比較すると、かなり下に付いていて気道が長い。複雑な言語能力を身につける過程で変化したのであろう。言語能力の発達によって、集団内でのコミュニケーションが格段に進歩したことが現生人類をして文明を生起させた最大要因であろう。

アフリカのホモ・ハイデルベルゲンシスからホモ・サピエンスへの分岐は、ミトコンドリアＤＮＡ分析と考古学成果によれば、二九万年前から一九万五千年前のどこかで起きたといわれる。ホモ・ハイデルベルゲンシスの一部の集団（おそらく最初は一個体）に突然変異がおこり、それが現生人類に進化していったと考えられる。もし一九万五千年前に突然変異が起きたとしたら、集団としての現生人類の誕生はもっと遅くなるだろう。より早く分岐していたなら、ホモ・ハイデルベルゲンシスと現生人類は、一定の期間共存したことになる。ホモ・ハイデルベルゲンシスは約二〇万年にわれわれ現生人類と入れ替わるように姿を消した。おそらく二〇万年前には現生人類は集団として成立し生活していたのであろう。本書も、通説に従い、ホモ・サピエンスは二〇万年の歴史をもつものとして話を進める。

もう一つ述べておく。以上の進化の叙述は、断るまでもないがダーウィンの進化論を前提としている。ただダーウィンの進化論はあくまで仮説である。チンパンジーから人類が分岐したところも、ホモ・ハイデルベルゲンシスからホモ・サピエンスが分岐したところも誰も見た者はいないし、実証（再現）もされてもいない。現在のチンパンジーが人類に分岐したこともないのである。だから進化論を否定する宗教関係者がいるが、本書ではあくまで進化論を前提としている。

❖氷期と間氷期

一五〇〇万年前以降、特に三〇〇万年前以降、地球は常に冷えていた。とくに、三〇〇万年前頃からは氷期とよばれる寒冷な気候が周期的に訪れるようになった。過去一〇〇万年に限って言えば、氷期（氷河期）と間氷期を、ほぼ一〇万年周期で繰り返していた（それ以前は四万年周期）。間氷期はいずれも氷期と比べるとずっと短く、一～二万年くらいである。氷期は一気に寒くなるのではなく徐々に冷えていったようだ。四一万年前の間氷期は二万八千年間続き、これが過去七八万年で最長の間氷期である。人類の進化は氷期と間氷期の周期的過程のなかでおこなわれた。

氷期には氷河が拡大した（現在は南極とグリーンランドの氷河が最大である）。最終氷期、大きな氷河は北アメリカと西ユーラシア北部（北欧、ブリテン島、アイルランド、ドイツ北部、ウラル山脈北部、ロシア・北シベリア低地）を覆っていた（地図1）。氷河があるということは太陽光線が少なく紫外線も弱いということである。

田家康『気候文明史』によれば、氷期と間氷期の氷河量の変動は海水面に影響し、その差は一三〇mにもなったという。気候変動については、最終氷期で最も寒かったのは四万年前頃から、とくに二万一千～一万八千年前は、現在より地球の平均気温は五度低かった。また、氷河に覆われていた西ユーラシアと北アメリカでは一二～一四度低下していた。

約一万四五〇〇年前（紀元前一万二五〇〇年）最終氷期が終わった。このサイクルに従えば、現在は氷期に徐々に近づいていることになる。ただ氷期も間氷期も気温の変動はあり、現在の間氷期でも、小氷期といわれる時代が一四～一九世紀前半まで続いた。とくに一七世紀は寒かった。一九世紀後半以降温暖化に転じている。ただ、現在の温暖化は工業化による二酸化炭素の影響が強いといわれる。

❖ホモ・サピエンスの「出アフリカ」

現生人類が、アフリカを出て世界に拡散し始めるのが約一〇万〜五万年前頃であるといわれる。研究者によって差の開きがあるが、ここでは間をとって八万年前頃としよう。八万〜五万年前の間に、現生人類がネアンデルタール人と交配したことが、指摘されているからである。現生人類がインドに七万四千年前頃に達していた可能性もあるが、その際発見された石器が現生人類のものか先行人類のものかは研究者で異なる。ただ、人類拡散の経路は化石や石器の発掘場所などから推測されているに過ぎない。

二〇一五年『ネイチャー』に発表された考古学の論文では、中国南部（湖南省）で一二万〜八万年前に現生人類が達していたことを示唆する歯がみつかった［*Nature. Com.* 14 October 2015］。こうなると出アフリカの時期を一二万年前以前に遡らせなくてはならない。また二〇一六年には、現生人類は一〇万年前頃には、東ユーラシア（東アジア）でネアンデルタール人と交配したという論文も出た［*Nature. Com.* 17 February 2016］。今後、さらに新しい研究成果が出るだろうが、とりあえず話を進める。

現在は現生人類が経験する二度目の間氷期である。最終氷期以前に一度、間氷期があった。「エーミアン間氷期」で、一三万〜一一万五千年前までの一万五千年間である。その間、一二年万五千年前頃に、現生人類のある集団は、シナイ半島経由でユーラシア大陸のレバント地方（シリア、パレスティナ地方）に渡った形跡がある。この最初の出アフリカは失敗し、そこで絶滅したかまたアフリカに「戻った」ようである。

次の出アフリカは成功した。これが八万年前頃であった。エジプトのシナイ半島か紅海入口のマンデブ海峡のどちらかを通過したというのが有力である。先の中国の現生人類到達の新説が正しければ、エーミアン間氷期に東への移動を成功させた集団がいたのかもしれない。

最古のホモ・サピエンスの化石がエチオピアでみつかっているが、出アフリカを果たした集団がどこにいたのかはわからない。八万年前までには、アフリカ中に拡散していたはずだからである。仮にエチオピアにいたとするならば、シナイ半島より紅海入口のマンデブ海峡の方が近い。氷期で海面水位が低下して、この海峡は陸続きとなっていた。もう一つ、ジブラルタル海峡（ここも陸続き）を渡ってイベリア半島に入る可能性もあったが、化石の分布状況から否定されている。

現生人類は、八万年前頃アフリカを出て地球上の各地へ拡散していった。二〇万年前には集団として成立していた現生人類は、すべて狩猟採集民だから一か所に定住せず、アフリカ中の移動を繰り返した。遠くに移動し、また戻る場合もあった。現在のアフリカ人の多様な遺伝子がアフリカ内で混血を繰り返したことを裏付けている。その過程でユーラシア大陸に入った集団がいた。

数種の先行人類、ホモ・エレクトスやホモ・ハイデルベゲンシスなども「出アフリカ」を成功させている。いずれも氷期である。アフリカを出たホモ・ハイデルベゲンシスはネアンデルタール人へと進化した。現生人類もアフリカ中を行ったり来たりしている過程でシナイ半島かマンデブ海峡を渡っただけのことである。とくにシナイ半島は、氷期はもちろん間氷期でもユーラシア大陸と接続していた。ここをいずれ通過していくのは当然のことであったにせよ、一〇万年以上もかかったのは長いのか。いや、現代人の時間意識で考えてはならない。

❖出アフリカ後の決断

アフリカを出た人類の世界移動を考えてみよう。狩猟採集社会の集団は親族関係で結ばれてバンド（Band）と呼ばれる。その規模から考えれば、出アフリカを果たした集団は五〇～一五〇人ぐらいであろう［大塚柳太郎『ヒトはこうして増えてきた』、ウェイド『五万年前』］。出アフリカを果たした人々を「集団A」としよう。まず集団Aが八万年前にシナイ半島あるいはマンデブ海峡経由でアフリカを出て、レバント地方に入ったと仮定する（マンデブ海峡を渡りアラビア半島、インド、東南アジアの海岸線沿いに東進したという説もある）。しばらくその周辺に「定着」して狩猟採集生活を送っていた。しかし、限定された地域内での狩猟採集は生態圏を破壊した。つまり狩り採るべき動植物が減ってくるため、他地への移動を決意する集団が出てくる。もちろん留まる集団もいた。

移動する集団は、どこへ向かうか決断しなければならなかった。だいたいの方向感覚は天体の運行でわかっていたため、こう考えただろう。「我々は南からきた。西へ行ってみたが海であった。だから東へ向かうか、北へ向かうかだ」と。移動集団Ａは二つに分かれた。Ａ１とＡ２である。Ａ１は東（インド方面）へ向かった。Ａ２は北に向かい氷河にぶつかった。

私は出アフリカより、八万年前以降に下さなければならなかったこの決断が、その後の人類史にとって重要な意味をもつと思っている。この分岐した二集団が後の「東洋」（Ａ１）と「西洋」（Ａ２）をつくることになるからである。

❖東ユーラシア人と西ユーラシア人

本書では、東へ向かった集団Ａ１の子孫を「東ユーラシア人」、北に向かった集団Ａ２の子孫を「西ユーラシア人」と呼ぶことにする。

太陽光線（紫外線）は人体にとって害が多いので、太陽光線の多い熱帯付近では皮膚を黒褐色化させ防御する。緯度が高くなればその必要もない。むしろ紫外線によるビタミンＤの吸収率をよくするために肌を白色化しなければならない。ビタミンＤの欠乏は、カルシウム吸収を抑制するから「クル病」を招きやすい。したがって、氷河地帯に移動した集団Ａ２は徐々に「白人化」した。本書でいう西ユーラシア人とは太陽光線の影響で「白人化」した人々の子孫である。

東ユーラシアには大きな氷河は広がっていなかったので、東へ向かった集団Ａ１は高緯度に北上しても白色化

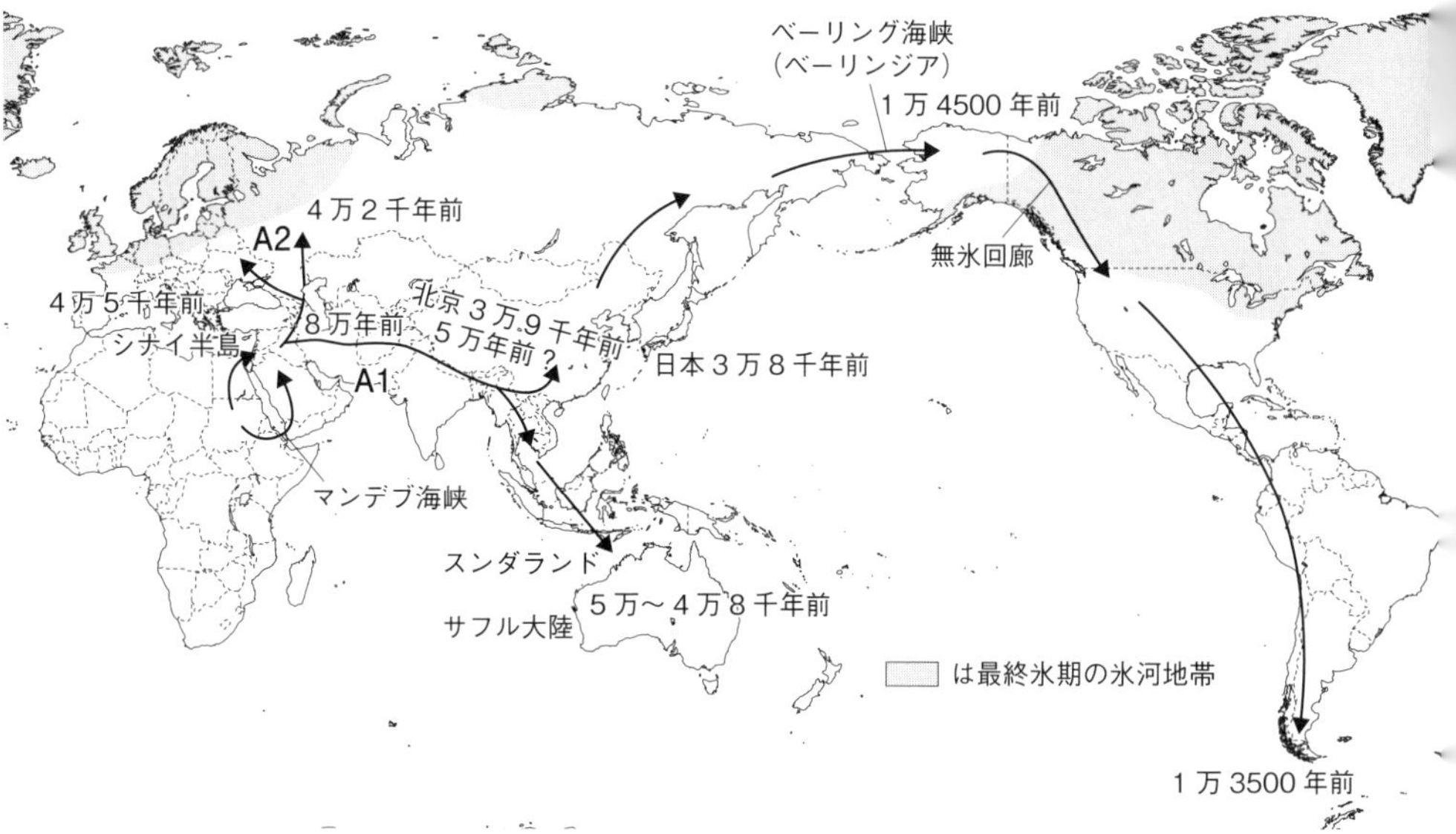

地図１　世界への拡散
注）海部『人類がたどってきた道』、印東編『人類の移動誌』『人類大移動』から作成

することはなかった。彼らは東ユーラシアの北極圏近くまで上ったかもしれない。しかし、ここは大きな氷河はなく太陽光線が比較的強かった。ただ赤道付近から遠ざかれば紫外線防御の必要が少なくなるので緯度に応じて「淡色化」した。

集団Ａ１もＡ２も、その後環境に適応するように「変化して」現在の基本的身体的特徴となっていった。一九世紀のキュヴィエはＡ１の子孫を「モンゴロイド」、Ａ２の子孫を「コーカソイド」に分類した。東アジア人の身体的形質とヨーロッパ人の身体的形質が、現在一目で判読できるのは、氷河地帯を経験したかの違いである。

❖ A１の移動経路

まずＡ１の移動をみよう。彼らは東へ向かいカスピ海南岸のイランからアフガニスタン・パキスタン経由で、インド北部に入る。そこからさらに現在のミャンマー（ビルマ）北部に入ってから北上し北東アジアまで行った集団と東南アジアに南下する集団に分岐する。ヒマラヤの北を東進した集団もあったという説もあるが、問題が複雑になるのでインド・ミャンマー経由で話を進める。

なぜミャンマー北部に入ったといえるのか。語族の観点でみてみよう。現在の中国の諸言語はシナ・チベット語族とアルタイ語族がほとんどを占める。シナ・チベット語族の下位諸語に中国語（標準語のマンダリンを入れて大きく八つの地域言語より成る。マンダリンはもとは北京官語で清の満州人が話した）とチベット・ビルマ諸語がある。現在の語族をそのまま適用できないかもしれないが（のちに中国系が南下してきたからという説明も成り立つ）、地理的に単純に考えてもミャンマー北部（南部はモン・クメール語族）を経由して中国へと北上したと思われる。

ミャンマーに入った集団の一部はインドシナ半島を南東に下った。インドシナ半島に定住した集団もいた。さらにマレー半島からオーストラリアに渡った集団もいた。五万～四万八千年前頃のことである。当時は、今のマレー半島、スマトラ島、カリマンタン島は陸続きであった（スンダランド）。ニューギニア島とオーストラリアも陸続き（サフル大陸）であった。もっといえば、マレー半島から南はオーストリア、北はフィリピンまで、狭い海峡はあったものの陸で続いていたのである。つまり移動はそれほど困難なことではなかった。そして移動は一回のみではなく何回かおこなわれたとみるのが自然である。

✣日本への到達

ミャンマーで分岐し北上した集団は中国・北東アジアに入った。彼らはかなり淡色化したが、氷床がなかったので（太陽光線が相対的に強かった）で白色化することはなかった。北京近くでは三万九千年前頃のホモ・サピエンスの化石が発見されている。シベリアに最初に入った祖先も東南アジアから北上した集団である。

沖縄島南端の港川《みなとがわ》では二万年前頃の化石人骨が発見されている。港川人と呼ばれるが、これは南方から入ってきたものである。この港川人は、オーストラリアのアボリジニと似通った身体的形質（下顎骨《かがくこつ》）をもっており、「モンゴロイド」に形態変化する以前の集団A1であったと思われる。その他、沖縄島には三万六五〇〇年前頃のホモ・サピエンスの遺跡がある。

ところで、日本に縄文人（縄文土器をつくった集団）が入り、その後弥生人（弥生土器をつくった集団）が入ったことは知られている。従来、日本に最初に入った集団は南経由で台湾、沖縄から本州に入り、北海道まで至り、縄文人の祖先になったという説が有力であった。しかし、この説に対して現在では疑問をもつ研究者は多い。

北海道が大陸と陸続きであった日本列島（とはいっても、瀬戸内海はなく本州・四国・九州は陸続きで、北海道と本州の海峡は狭かった）には、三万八千年前頃入ったといわれる。多摩地域など関東では三万八千〜三万二千年前頃には居住していた。北海道では三万年前頃の遺跡が最古である。どこから入ってきたのか。考えられるのは北から北海道、朝鮮半島から九州、台湾から沖縄経由で九州の三ルートである。最後の南ルートは従来の説と同じである。しかし、台湾から沖縄まで渡れたとしても、未熟な航行技術ゆえ、そこから本州に到達することは、三万八千年前では不可能であっただろう。

遺伝子学によれば、縄文系DNAは北海道から沖縄まで分布している。その中でアイヌと沖縄が最も近いが、両者ではアイヌの方がさらに近い。本州（九州から東北）が縄文系から相対的に遠いのは、そこに弥生人が入ったことで説明がつく。しかし、縄文人がどこから入ったかは不明である。縄文人は北東アジア人と東南アジア人の共通の祖である「東アジア人」から直接分岐したという遺伝子学の研究がある。あるいは縄文人は、北東アジア人の遺伝子に近いという説もある。さらに、縄文人は均一な集団ではなく、弥生人が入ってくる以前北海道から沖縄まで居住していた先住民の総体を指す概念であるという研究者もいる。

最終氷期に日本に入った集団はどこから来たのか。まず、先述のように沖縄に入った集団が九州へ上陸するのは不可能であろう。となると北から北海道・本州へか、朝鮮半島から九州への二つである。遺跡年代は後者を支持している。しかし、遺伝子学では縄文人はアイヌに最も近い。また、三万八千年前頃日本にやってきた集団の子孫が縄文人となったのか？　あるいは第二派の渡来があって、先住民と混血することで縄文人となったのか？　第三派の（？）弥生人は言語の観点からみても朝鮮半島経由だろう。疑問はつきないが、先へ進もう。日本人起源論に深入りするのは本書の趣旨ではない。

✣アメリカ大陸へ

時代は下って、北東アジアの集団が、陸つづきであったベーリング海峡（ベーリンジア）を渡ったのが一万四五〇〇年前であった。最終氷期が終わった頃であるが、カナダから北米にかけてはまだ氷河に覆われていた。温暖化に伴い氷のない地、「無氷回廊」が出現し、そこを通って、一万三五〇〇年前頃までには南アメリカ南端に達したという。この集団はアメリカ先住民の祖先（インディアンという言葉は不適切である）となった。これが一般的理解である。

二〇一五年に『サイエンス』に発表された論文によれば、北東アジアの集団がベーリンジアに到来したのは二万三千年前で、そこで長くとも八千年間滞在し、一万五千〜一万三千年前に南北アメリカ大陸に拡散したという。南アメリカ南端には一万四六〇〇年前に一挙に到達した［*Science*. 24 July 2015］。

一九九六年にアメリカワシントン州で発見された男性人骨「ケネウィックマン」は約九千年前のもので、当初「白人的特徴」を有しているといわれた。つまり、ベーリンジアを渡った集団に西ユーラシア人の遺伝子が混じっているとされた。そうならば西ユーラシア人と東ユーラシア人の交配がシベリアでおこなわれたことになる。極端な説は大西洋を舟で西ユーラシア人が渡ってきたというものである。しかし、現在ではケネウィックマンはアメリカ先住民の遺伝子に最も近く、西ユーラシア人の遺伝子は入っていないと結論されている［*Nature. Com*. 18 June 2015］。

こういうことが議論になるのも、アメリカに最初に渡った集団に「白人」の血を入れたいという思い入れであろう。アメリカ人は、東ユーラシア人先住民の土地（アメリカ大陸）を征服したから負い目があるのだろう。

ところで、最終氷期、北アメリカに大きな氷河があったにもかかわらず、その西側のベーリンジアに入った集団はなぜ「白人化」しなかったのか（二万三千年前説に従うと、八千年間もベーリンジアにとどまったことになる）。それは、ベーリンジアは草原がひろがるほど日射量が比較的多かったからである。もちろん後氷期になれば、北米でも日射量が強くなるから「白人化」はしない。北米の大きな氷河は九千年前までには完全に溶け、集団Ａ１は、後にアラスカやグリーンランドを含めた北極圏にも進出した。北極圏東ユーラシア人（ここではエスキモーやイヌイットは混乱を招くので使わない）が「白人化」するとしたら今度の氷河期であろう。

✣太平洋への拡散

六千年前（紀元前四〇〇〇年）頃から、中国・南部から台湾へ移動した集団が現在のオーストロネシア諸語を話す人々の先祖である。このオーストロネシア人は、四五〇〇～四千年前（紀元前二五〇〇年～前二〇〇〇年）にフィリピンへ移動する。フィリピンから一部は東方のマリアナ諸島に（三五〇〇年前・紀元前一五〇〇年頃）、一部は南方のインドネシア方面へ、さらにはそこから二手に分かれ東西へ移動した。東のビスマルク諸島に三二〇〇年前（紀元前一二〇〇年）頃、さらに東のサモア諸島には二八五〇年前（紀元前八五〇年）頃到達した。ニュージーランドには紀元後一二五〇年頃であった（マオリ人の先祖）。他方、西はマダガスカルまで移動した（二三〇〇年前頃）。オーストロネシア諸語は、大陸東南アジアのオーストロ・タイ諸語あるいはより古い起源のモン・クメール語族から分岐したものである。このことは、オーストロネシア人の祖先が東南アジア大陸部から中国南部へ移動したことを裏付けている。

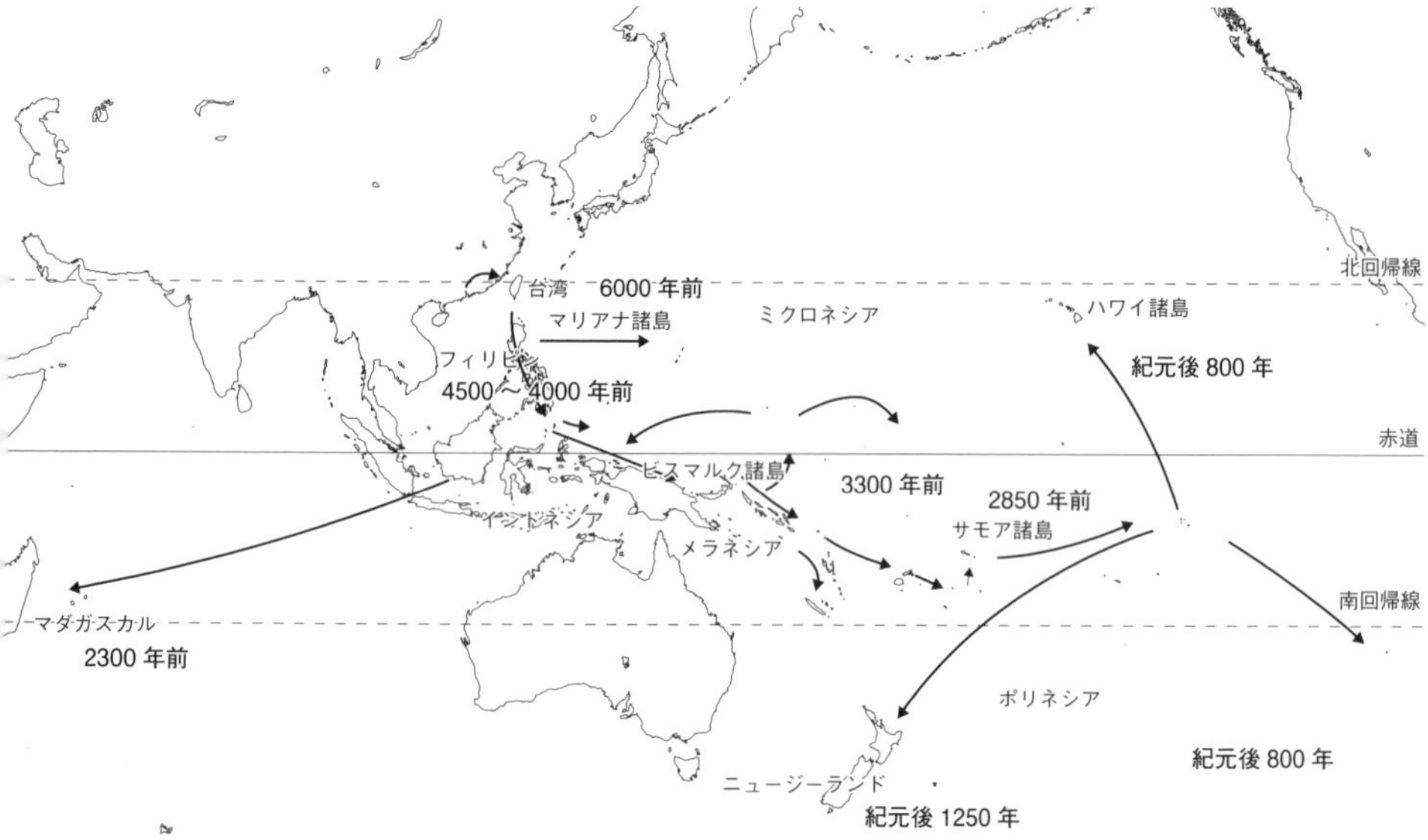

地図２　太平洋への拡散
注）印東編『人類大移動』102-103頁から作成

不思議なのは、ハワイ（紀元後八〇〇～一〇〇〇年）まで行ったのに、なぜアメリカ大陸に到達しなかったのか。到達したという研究者もいるが、環太平洋における樹皮紙の製作技術や道具を調査したポール・トルストイは、古代中国、東南アジア、インドネシア、そしてメソアメリカ（メキシコ）に共通の技術を見出し、これはインドネシア東部からメキシコに渡った集団がいたと主張する［コウ『古代マヤ文明』］。しかし、この説に賛同する研究者は少ない。いずれにせよ、その時期には、アメリカ大陸にはベーリンジア経由のホモ・サピエンスが存在していた。

✣モンゴロイドへの形態変化はどこで起きたのか

まずはじめに断っておくが、今のところモンゴロイドへの形態変化が、どこで、いつ頃起きたのかは特定できてはいない。それを踏まえて、以下の叙述を読んでほしい。

東南アジアから太平洋域は、一方でミャンマー、タイ、ラオス、カンボジア、ベトナムといった大陸部と、他方でマレー半島、インドネシア、メラネシア（ニューギニア島などオセアニア南西部）、ミクロネシア（オセアニア北西部）、ポリネシア（北はハワイ、南東はイースター島、南西はニュージーランドを結ぶ三角系の広い太平洋領域）といった太平洋海域に二分される。

太平洋諸島の人々は大陸東南アジアの人々と顔かたちや皮膚の色が微妙に違っている。大陸東南アジアは中国人（漢民族）的容貌が多い。これは紀元前より漢民族が南下して混血したことが影響しているともいえるが、集団A1のモンゴロイドへの形態変化が、五万～四万八千年前頃以降東南アジア大陸部で生じたからではないだろうかと私は想像している（北東アジアで生じたという説もある）。仮にモンゴロイドに形態変化した集団が、中国方面へ北上したとするならば、集団A1の形態変化は約一万年の間（五万年前頃から北京に入った三万九千年前頃）でおこなわれたことになる。もちろん、北上するにつれ寒冷に適した体形にさらに変化したが、モンゴロイドといってもよい集団への変化は東南アジア大陸部、もっと限定すれば、現在のミャンマー辺りで起きたのではないのか。モンゴロイドは東南アジア大陸部に拡散した。先に、縄文人は北東アジア人と東南アジア人の共通の祖である「東アジア人」から直接分岐したという遺伝子学の研究を紹介した。この「東アジア人」がモンゴロイドに形態変化する前の集団A1と考えられる。

東南アジア大陸部、インドネシアの島々、オーストラリアに最初に入ったのはモンゴロイドに形態変化する以前の集団A1（初期の東ユーラシア人）であったと思われる。その後、一部は、東南アジア大陸北部（ミャンマー）でモンゴロイドに形態変化し大陸部に拡がる。

太平洋諸島の人々の容貌は多様である。紀元前一五〇〇年以降、太平洋島嶼部にはオーストロネシア人（形態変化後のモンゴロイド）が入った。八世紀以降、西ユーラシア人であるアラブ人、ペルシア人がマレー半島、インドネシア方面（スマトラ島、ジャワ島）に海路で進出して現地人と混血した。インド人商人も渡っているからインド

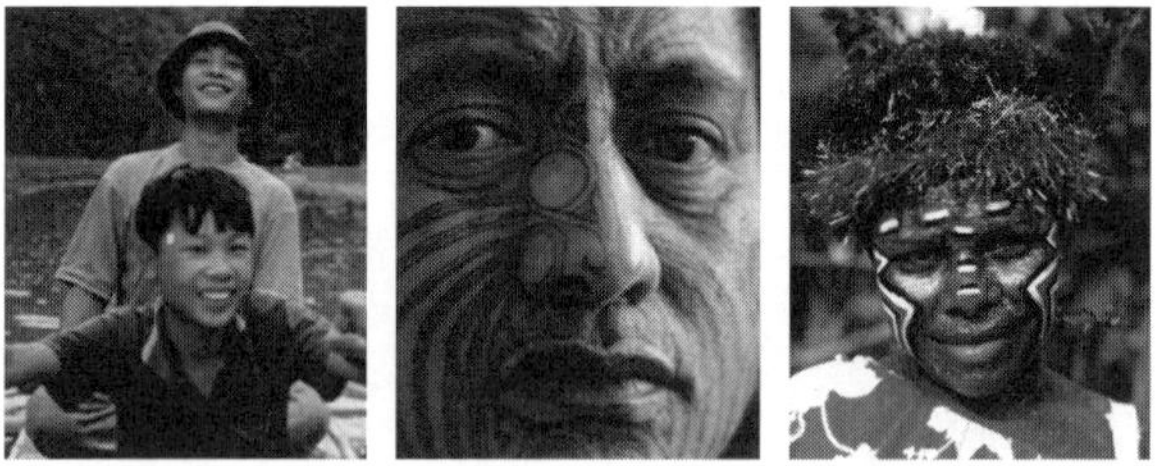
図２　左からベトナム人、マオリ人、メラネシア系

系もいる。

インドネシアの東のメラネシアの熱帯地方にはアフリカ的容貌の人々が多い。このアフリカ的容貌の人々は、モンゴロイドに形態変化する以前の集団Ａ１の特徴を多く有する人々と思われる（旧人類デニソワ人の遺伝子も入っているという説もあるがこれ以上深入りしない）。熱帯付近なので、肌も淡色化することがなかった。メラネシア系はオーストリアに最初に入った集団（アボリジニの祖先）と同系とみるのが自然である（先の日本の港川人と同系の可能性）。

それに対して、ミクロネシア系とポリネシア系の先住民はもともと台湾を起点に移住してきたオーストロネシア人、つまりモンゴロイドに形態変化後の東ユーラシア人で淡色の肌である。もちろんメラネシア系との混血はおこなわれた。

ちなみに台湾に中国人（漢民族）が入ってきたのは福建など海洋民が海上貿易を仕切ろうとした宋代（九六〇～一二七九年）であった。清代になると鄭成功《ていせいこう》（一六二四～六二年）がオランダ勢力を駆逐し（一六六一年）支配したが、一六八四年に今度は清の康熙帝《こうきてい》（在位：一六六一～一七二二年）が鄭氏一族を破って征服した。それ以降先住民（オーストロネシア人）の人口が減ったといわれるが、この先住民の起源も中国南部である。いずれに、東ユーラシア人が均質的形態ではないのは当然であろう。ヨーロッパでも北欧と地中海の人では違うのと同じである。

✣集団Ａ２の移動経路

八万年前の集団Ａに戻ろう。東へ向かった集団Ａ１とは別に真北に向かう集団があった。この集団Ａ２、つまり後の西ユーラシア人はカフカス山脈を越え、黒海とカスピ海の間付近、あるいは黒海南岸で北西に行く集団とそのまま北に行く集団に分岐した。その場合北西に移動した集団はアナトリア半島を経由しただろう。いずれの集団も当時西ユーラシアにあった大きな氷河地帯に到達し、その南で数万年狩猟生活を続けた。北西に行った集団が現在のヨーロッパ人の先祖のクロマニョン人である。彼らは二回に分けてヨーロッパに入った可能性も指摘されている。第一波は四万五千年前頃、第二派は二万六千年前頃である。真北に向かった集団も四万二千年前頃までには氷河に達した。

西ユーラシア北部にあった巨大な氷河地帯の南でクロマニョン人や「中東人」の祖先は狩猟生活を続けた。おもにトナカイを主食として、住居はマンモスの骨と皮で組み立てられた。北へむかった集団は徐々に白色化した。つまり「白人」となった。

東に向かった集団Ａ１にもいえることであるが、仮に「出アフリカ」が八万年前頃であったとすれば、集団Ａ２も移動に数万年を要していることになる。これは必ずしも直線的にあるいは常に移動していたわけでなく、一定地域に留まりその範囲で狩猟採集生活をおこない、そこの生態圏が変化すると、ある集団は遠くにまた移動した。

西ユーラシア人となった人々は最終的にはすべてが必ず氷河地帯に到達し、その付近で数万年留まった。そうでなければ「白人化」するはずがない。もちろん北に向かった人々すべてが氷河地帯に行ったわけではないが、彼らを西ユーラシア人と呼ぶことはできない。西ユーラシア人とは氷河近くでいったん「白人化」した人々およびその子孫である。彼らが、なぜ氷期にそれだけ長く氷河地帯近くにとどまったのかは謎である。

✣ヨーロッパ人と「中東人」

こうして「白人」は、ヨーロッパ人と「中東人」の祖先となった。クロマニョンはヨーロッパにとどまったが（それでものちに地中海まで南下)、「中東人」の祖先の一部が、やがて中東アジア(南はアラビア半島まで)と北アフリカに戻ることになるが、その時期が非常に重要となる。それは、彼らが集団A1あるいは集団A2から「置き去りされた集団」と混血するからである。

ともあれ、現在のヨーロッパ人と中東の人の多くが「白人的特徴」を多かれ少なかれ有しているのは、紫外線の弱い氷河地帯近くに一度は入り少なくとも数万年、あるいは数千年はそこにいたからである(どのくらいで白色化するかはまだわかっていない)。西ユーラシアの日照量が多くなり、ようやく氷河が後退し始めるのは約一万四八〇〇年前といわれる。

図3　アラブの女性

本書では「白人化」した集団の子孫を、西ユーラシア人と呼んでいる。現在の語族でいえば、アフロ・アジア語族(かつてセム・ハム語族と呼ばれた)とインド・ヨーロッパ語族に代表される(他にウラル語族、コーカサス諸語族など)。

このように現生人類は、世界に拡散した結果、環境に適応するように身体的特徴を変えていった。だから初期の現生人類と現在の現生人類の身体的特徴は異なっている。しかし、これは進化ではなく変化である。

主要参考文献(本文既出除く)
印東道子編『人類大移動』
同『人類の移動誌』
海部陽介『日本人はどこから来たのか?』
神澤秀明「縄文人の核ゲノムから歴史を読み解く」
藤川隆男編『白人とは何か?』
ウォルター『人類進化七〇〇万年の物語』

オッペンハイマー『人類の足跡一〇万年全史』
ペーボ『ネアンデルタール人は私たちと交配した』
ロバーツ『人類二〇万年』
ロバーツ編著『人類の進化大図鑑』
海洋研究開発機構「人類が経験した気候変動」（ウェブサイト）
国立大学法人総合研究大学院大学プレスリリース「日本列島　３　人類集団の遺伝的近縁性」（ウェブサイト）

[2章] 文明成立の転換点
――道具の飛躍的発展と農耕の発明――

✣文明の指標

ゴードン・チャイルド『文明の起源』(一九三六年初版)は、文明誕生の指標として、都市国家の成立、階級制(王制)、文字、度量衡(数字と計算)、冶金術《やきん》(銅器・青銅器)を重視した。そしてこれに当てはまる最初の地域として、エジプト、メソポタミア、インダス、そしてクレタ、ミケーネを挙げている。中国を入れていないのは当時のヨーロッパ人の限界である。チャイルドのこの指標が定着してしまったため、紀元前三〇〇〇年頃のメソポタミアをもって「文明の成立」とするのもここからきている。

しかし後述するように、中国・長江文明は文字をもたなかった。長江文明とメソアメリカ文明は、最初、冶金術(青銅器)もなかった。その代わり、長江文明は見事な玉器を製造した。メソアメリカ文明は石だけで壮麗な建造物をつくり、文字、暦法、数学を発展させた。アメリカ大陸ではヨーロッパ人が来るまで鉄器を持たなかった。しかし、同様に鉄器がなく文字を持たなかったといわれるアンデス文明のインカ帝国を文明ではないという人はいないだろう(解読されていないが文字はあったとする研究者もいる。後述)。さらに、文字のなかった長江文明は中国文明の「コア」(この言葉は後述)でさえあった。

年表2　文明の飛躍と農耕（年代は頃）

250万年前	ガルヒ猿人が石器を使う
240万年前	ホモ・ハビリスのオルドヴァイ石器（～180万年前）
190万年前	ホモ・エルガスターのアシュール石器～（～150万年前）
10万年前	イスラエルに最古の埋葬
4万年前	石器の多様化。細石器。骨角器。銛。槍。弓矢（～2万年前）
2万年前	日本、モンゴル、東シベリア、中国で土器出現（～1万6000年前）
1万5000年前	縄文時代開始。中央アジアで犬の家畜化
1万4500年前	最終氷期終わる。パレスティナ地中海沿岸にいくつかの集落形成。
1万4000年前	ジェベル・サハバ遺跡で矢尻の食い込んだ人骨。最初の戦争？（～1万2000年前）
1万2900年前	ヤンガードリアス期始まる
1万2000年前	中東と中国で農耕開始（～1万1000年前）
1万1600年前	ヤンガードリアス期終わる
1万1600年前	パレスティナのエリコ遺跡（城砦）（～1万500年前）
1万1500年前以前	トルコ・ギョベクリ・テペ遺跡（城砦）
9000年前（紀元前7000）	中東最古の土器
3000年前（紀元前1000）	北九州で日本最古の稲作
2300年前（紀元前300）	縄文時代終了。弥生時代開始

先述のように、文明の指標に青銅器、後には鉄器の発明を重視するのは近代ヨーロッパ人の考えである。鉄を最も効率よく利用したのがヨーロッパ文明であった。製鉄が近代の「産業革命」を主導したからである。そこから遡及的に冶金術が文明の重要な指標となってしまった。

ちなみに、鉄器とは鉄鉱石や砂鉄を溶かして製造した道具である。鉄鉱石そのものや隕鉄《いんてつ》（隕石）の加工物は石器である。製鉄開発以前から、とりわけ隕鉄の加工はおこなわれており、古代エジプトの神殿建築には隕鉄が使われた。隕鉄は武器（刃）としては使うには希少であり、もっぱら儀礼用であった。神殿に使ったのも隕鉄（隕石）の聖性によるものである。

また、農耕開始後に文明が成立するという常識も考え直す必要がある。確かに「はじめに」で書いたように、農耕開始まで、現生人類は「食料探し」にほとんどの時間を使ったように想像される（実際は農耕社会より暇だったとされる）。狩猟採集生活は、一か所に永続的にとどまっていては成り立たないから、時おり一定の範囲あるいはそれを超えて移動した。だからといって、そこに文明が成立しなかったわけではない。狩猟採集時代あるいは五千年前の文明成立以前にも「文明の産物」はあった。石器、骨角器、

図４　カフゼー遺跡埋葬化石写真、胸に鹿角がかぶされている。

土器といった道具、戦争や定住集落の出現である。

宗教を死後の世界（あの世）への信仰と捉えれば、それは農耕開始以前から明らかに存在していた。日本の縄文時代に墓がつくられたことを知っているだけでも十分であろう。最古はイスラエルのカフゼー遺跡とスフール遺跡で、埋葬されたと思われる人骨がみつかっている。約一〇万年前のものであるから最初の「出アフリカ」をおこなった集団のものであろう。埋葬はネアンデルタール人にもみられるが、現生人類は副葬品や墓などより高度な埋葬を始めた。明らかに死後（あの世）の観念を反映していたと思われる。おそらく、現生人類は道具の発達より先に宗教をもったに違いない。「あの世」の概念は知能を発達させた現生人類が最初に発見したものである。

✣石器文明

最初に石器を「使った」のは二五〇万年前のガルヒ猿人（アウストラロピテクス・ガルヒ）といわれている。石器を最初に「作った」のはホモ・ハビリスである。彼らの作った「オルドヴァイ石器」（二四〇万～一八〇万年前）は、石ころを打ちうつけて尖った部分を使った簡単なものであった。ホモ・エルガスター（一九〇万～一五〇万年前）は「アシュール石器」を作った。これは、割れやすい石塊を両面から打ち欠いて先の尖った比較的おおきな握り斧（ハンドアックス）に代表される。

石器の飛躍的発展はホモ・サピエンスからである。先行人類（化石人類）は、その意味ではまだ文明を持っていなかった。しかし、ホモ・サピエンスの時代になってもすぐに石器が発展したわけではなかった。出土品の多さからみれば、石器の多様化は四万～二万年前の間に始まった。獣皮の付着物を削り落とす剥片の掻器《そうき》、皮や木に穴を

図５　細石器を木に嵌めた鎌

あけるための先の尖った刻器《こっき》など用途別の道具が発達した。鋭利で携帯できる一〇cmほどの石刃（ナイフ）も作られた。それまでの石器は石と石をぶつけて砕いて作ったが、石に木や骨をあてがい、それを石のハンマーでたたいて小型で鋭利な石器を作るようになった。これを細石器と呼ぶ。木や骨の柄に細石器をはめこんだ槍と銛《もり》が発明された。槍を遠くに投げるための槍投器（柄のついた棒状のものでフックに槍を固定し回転して投げる）も現れた。弓矢がいつ頃どこで初めて登場したかは不明であるが、この時期、各所で同時に開発されたと思われる。日本でも細石器の歴史は二万五千年前頃までに遡ることができる。石だけでなく、動物の骨・角・牙をつかって、これらの道具を作る場合もあった。骨角器という。二〇一六年に、沖縄県南城市で縄文以前である二万三千年前の貝製の釣り針が見つかっている。

❖北東ユーラシア土器文明は当時の最先進

欧米人研究者は、石器を重視し土器を軽視する傾向がある。東地中海を含む中東最古の土器は九千年前頃（紀元前七〇〇〇年頃）で、農耕開始以後のものであるからである。ちなみに六四〇〇年前頃のデンマークはまだ狩猟採集時代であったが、日本の縄文時代と同じく貝塚と土器、それに磨製石器をもっていた。

土器は北東ユーラシアで発展した。日本の縄文時代（一万五千〜二三〇〇年前）もここに入る。日本最古の土器は一万六五〇〇年前頃とも一万九千年前ともいわれる。縄文人は、どんぐりなどの木の実、山芋、キノコ類など山菜、猪や鹿の肉を、精巧な火おこし器具を作って上手に火で調理して食していた。調理には土器が使われた。また、細長い素材（植物）から編物（布）が製作された。編物はザル・カゴ（採集食物の運搬・貯蔵）、網（魚介類などを採集するものであろう)、土器製作用敷物などである。これらは、縄文草創期の一万五千〜一万二千年前頃にはすでに作られていた。さらに縄文時代には、時代順(括弧内最古の大雑把な年代)に、墓(埋葬)、磨製石器と多様な鏃《やじり》、土偶(一万年前頃)、漆器(九千年前頃頃)、丸木舟(七千年前頃)、アスファルトの精製(石器、土器、骨角器の接着剤)(七千年前頃)、犬の家畜化(六千年前頃)、翡翠《ひすい》の耳飾り、塩つくり(三三〇〇年前頃)などがあった。土偶は、安産・子育て・厄払いのための守り神といわれる。

中国の最古の土器は一万八千年前、あるいは二万年前といわれている。中国と日本の土器、どちらが早いかはわからない。少なくとも、一万六千年前頃には、モンゴル、東シベリア、日本、中国で土器文明が出現していた。編物も東アジアで共通している。縄文時代の住まいは有名な竪穴式住居で、これは東シベリア、東北アジア、さらには北アメリカ高緯度地域に共通している。だから「北東ユーラシア土器文明」のようなものを想定してもいいのではなかろうか。それは当時の世界最先進文明であった。中国や日本で陶磁器が発達したのは、土器が西ユーラシアより早く発達したからである。

ちなみに、日本の稲作は北九州で三千年前(紀元前一〇〇〇年)頃に始まったといわれている。この時期、稲作技術をもった渡来人の第一波があったのだろう。本州全域でおこなわれるようになるのは紀元前三〇〇年頃で、弥生時代が始まる。

❖定住集落と戦争

定住集落や戦争も文明の指標となる。最終氷期も末になると温暖化してきた。温暖化は動植物を増やし、それを獲る人類にとっては有利に作用する。食料を獲得しやすい場所が定住集落へと発展する。パレスティナ地中海沿岸に一万四五〇〇年前(紀元前一万二五〇〇年)頃、いくつかの集落が成立した。いずれもオーク、アーモンド、ピスタチオが実る森林丘陵にあった。まだ農耕は始まっていない、狩猟採集時代である。一つの集落に少なくとも五、六軒の住居が並立して建てられていた。石積の壁に獣皮の屋根、イグサを編んだむしろ床があったと推測されている。床の中央には暖炉が設置された。共同墓地（信仰観念）もあった。これは中東における狩猟採集時代の最古の集落跡であるが、縄文時代の竪穴式集落群を知っている日本人からすれば驚くべきことではないであろう。

文明の歴史は、戦争の歴史でもある。いつ頃から戦争は始まったのだろうか。集団どうしの食料や女性の獲得をめぐる「殺し合い」は石器などの道具が発達した四万～二万年前に始まった可能性はある。狩猟に使う槍、銛、棍棒は人類も標的にしたであろうが、考古学的証拠はそれほど古くはない。

図6　チャタル・ヒュユク遺跡（トルコ）。紀元前 7400 ～前 6200 年、最大 8000 人が住んでいた。

エジプトとスーダン国境の一万四千～一万二千年前のジェベル・サハバ遺跡では、暴力で殺されたと思われる二三体の人骨が見つかっており、これが人類最初の戦争（集団間の戦い）といわれている。その中には鏃が食い込んだ頭蓋骨・人骨もみつかっていて、この時期弓矢があったことを推測させる。ケニア・トゥルカナ湖西岸で発掘された一万五〇〇〇年～九五〇〇年前の二七体の人骨の五・六体には明らかに弓矢で死んだ傷が見られ、集団間の戦いの痕跡が読み取れる。[*Nature. Com.* 20. January 2016]。九千年前頃のトルコのチャタル・ヒュユク遺跡からは、紐を使って石を投げる投石器具の絵、木製の柄に石刃を取り付けた短刀がみつかっている。投石器具は、後にペルシア戦争でギリシア軍が使ったというほど強力な武器であった。ヨーロッパでは、八四〇〇年前頃のドイツで見つかった頭蓋骨のいくつかに斧による破損がみられるが、これも集団間の戦いの結果である可能性がある。いずれも定住集落の出現と同時期である。
こう説明できる。温暖化による動植物の増加が定住集落を成立させた。定住集落は食料の獲得しやすい「場所」にできる。この「場所」を他の集団が手に入れようとして、集団間の「戦争」が始まった。その後の歴史を見ても、戦争は「場所取り合戦」である。定住したことが戦争の引き金になったことは十分考えられる。

定住集落が要塞で防備される場合があった。つまり城砦は戦争の存在を暗示している。トルコ東南のギョベクリ・テペ遺跡の建設の開始は一万一五〇〇年前（紀元前九五〇〇年）以前とされているが、ここは城砦のようである。一万一六〇〇〜一万五〇〇〇年前のパレスティナのエリコ遺跡（紀元前九六〇〇年〜前八五〇〇年）も城砦をもった。もちろんこれらの城砦が戦争用かは断定できない。儀礼用かもしれない。両方の機能をもったかもしれない。

縄文人は竪穴式住居をつくり集落を形成した。縄文時代に戦争の形跡は実証されていないが、集落（五〇〜一〇〇人程度居住）は森の高台にあることが多く、これは要塞的機能をもっていたのではないだろうか。高台は敵から防御するには適しているからだ。また、縄文人は弓矢の名人であった。石の鏃は縄文の初め、つまり一万五千年前から出現している。これが弓矢用であれば、弓矢は日本が最古ということになる。ただ戦争に使ったかは不明である。

いずれにせよ、一般的には五千年前（紀元前三〇〇〇年）頃とされる「文明」の成立以前に、すでに文明の存在は感じられる。文明へのターニングポイントは、まず四万〜二万年前の道具の飛躍的発展であった。先に、最終氷期で最も寒かったのは四万年前頃から、とくに二万一千〜一万八千年前は最終氷期で最も過酷な時期であったと述べた。つまり、この時期ホモ・サピエンスは世界的規模で食料不足に陥った。食料を効率的に捕え、調理するために道具を作る必要にせまられたのではないのか。人類は何か危機的状況に遭遇すると、それを乗り越えるためにもがいてきた。その結果は絶滅するかステップ・アップするかであった。この場合、道具の多様化によって、現生人類はステップ・アップしたのだ。

逆に最終氷期末からの温暖化は、食料の増加をもたらした。その結果は定住と戦争の出現であった。これをステップ・アップと呼ぶにはためらいがあるが、文明の指標ではある。そして約一万前に農耕（穀類の栽培化）が発明されることになる。農耕の発明も、危機的状況を乗り越えたステップ・アップであったのだろうか。

✣農耕は中東が先か中国が先か

約一万四五〇〇年前頃最終氷期が終わり、一万二九〇〇万前に「ヤンガードリアス」という亜氷期に逆戻りし、一万一六〇〇年前（紀元前九六〇〇年）頃ようやく温暖化した。ヤンガードリアス期の約一三〇〇年間の気温は平均現在より七度、八度低下したという。そして一万二千〜一万一千年前（紀元前一万〜前九〇〇〇年）、最古の農耕（ムギ作）が中東で始まったというのが欧米の研究者の一般的理解である。中東アジアでムギ類が自生していたからである。

クック『世界文明一万年の歴史』によれば、コムギの栽培化は一万一千年前（紀元前九〇〇〇年）頃、現在のトルコ南東部で、オオムギはパレスティナ地方でおこなわれていた。ミズン『氷河期以後』では中東のムギ類の栽培は紀元前九六〇〇年頃にはすでに存在していたとする。

他方、稲は長江流域に自生していた。日本や中国の一部の研究者は、稲の栽培はすでに長江中流域で一万四千年前（紀元前一万二〇〇〇年）頃に始まったとしている。最終氷期が終わった頃である。これによれば稲作が二千年以上も先行していることになる。逆に欧米研究者は、稲作はムギ作より二千年は遅いとみているようである。

中東（ムギ）が先か中国（稲）が先かは、それほど生産的な議論ではない。そもそも栽培の始まりが一時的に野生種を栽培した時期をいうのか、広範囲な地域で栽培種が恒常的になった時期をいうのか、曖昧であるからだ。ちなみに、野生種の栽培化は、農耕生活に入る以前に集落をつくって定住化した時点で、自生の穀物の種が堆積した糞などを栄養に自然に生えてくるのを見て知ったのであろう。

ここでは、ムギ類と稲はだいたい同じ頃（一万二千～一万一千年前）の栽培化としておこう。もう一つの穀物であるアメリカ大陸・中米のトウモロコシ、あるいは穀類ではないが主食となる南米のジャガイモやアフリカのヤムイモは、上記二つの穀類より年代的に遅いとされる。トウモロコシはアメリカ大陸に人類が移動したのが遅かったためであろうが、アフリカのヤムイモはより古い証拠が出てくる可能性はある。中東アジアを農耕あるいは牧畜の発祥地と暗黙に理解しているのは「西洋中心主義」が刷り込まれているからである。

❖なぜ農耕を始めたのか

ヤンガードリアス期にムギ類と稲の栽培化が始まったとする説もある。最終氷期が終わり温暖化すると、狩猟採集用の動植物が増加した。さらに中東や中国では野生のムギ類や稲も食べられていたため、人口は一挙に倍増した。しかし、人口増加は乱獲を生み、生態系を破壊した。そのうえにヤンガードリアス期という亜氷期がやってきた結果、人口に見合う食料がなくなってしまった。

これは危機的状況である。それを乗り越えるため「仕方なく」、野生のムギ類や稲の栽培化に乗り出した。つまり食料不足からヤンガードリアス期に農耕を始めざるをえなかった。この説は非常に説得的である。危機的状況から一変してステップ・アップしたというのは人類史の特徴であるからである。事実、シリア北西部の遺跡からは一万三千～一万二五〇〇年前の栽培化されたとみられるライ麦種子がみつかっている（時期は部分的にかぶっているがヤンガードリアス期とは断定できない）。

しかし、逆にいえば一万一六〇〇年前に再度温暖化した際に、食料不足はある程度は解消されて、面倒な農耕を放棄したのではないかという説明も成り立つ。つまり、人類は食料不足から、ヤンガードリアス期に「仕方なく」

農耕を始めたとしても、それを継続するには何か別の理由があったはずである。私の見解は後述する。

❖ エーミアン間氷期になぜ農耕はおこなわれなかったか

現生人類最古の化石から、現生人類は少なくとも二〇万年の歴史をもつ。現在の間氷期以前にも一度、間氷期があった。一三万～一一万五千年前までの一万五千年間、エーミアン間氷期である。

このエーミアン間氷期に農耕をおこなった痕跡は発見されていない。一回目の温暖化のチャンスは何かの理由で逃し、二回目のチャンスで農耕を始め、それを継続した。温暖化が農耕の継続に適していたとすれば、なぜ現生人類は農耕を始めなかったのであろうか。

まず、エーミアン間氷期は現在の間氷期に比べ、気温変動が激しかったので農耕に適していなかったという見解がある。確かに気候の大きな変動は一年サイクルでおこなう農耕には向かないだろう。

次に、エーミアン間氷期の時には、野生のムギ類や稲、雑穀、イモ類が自生していなかったということが考えられる。完新世（現在の間氷期）の中東にはムギ類、中国長江流域には稲、中南米にはトウモロコシとジャガイモ、西アフリカには稲、雑穀、ヤムイモが自生していた。エーミアン間氷期も同様と考えてみよう。現生人類は出アフリカにまだ成功していなかったため、栽培化できるとするなら西アフリカの稲、雑穀、ヤムイモである。なぜ栽培化しなかったのだろうか。

私は、先に、現生人類が四万～二万年前から多様な道具を作るようになったと述べた。これは氷期による食料不足という危機的状況からのステップ・アップであった。そして、後氷期のヤンガードリアス期という再度の食料危機から農耕の開始を推測した。それに照らせば、エーミアン間氷期は食料不足という危機的状況がなかったのではないか。狩猟採集で十分な食料が確保できたのである。

❖なぜ農耕を継続したのか

なぜ現生人類は農耕を始め、それを継続させたのか。一般的説明は、氷期が終わって温暖化したから（間氷期）というものである。確かに温暖化は植物の栽培化に有利な条件をもたらす。ただ、農耕という困難な作業を継続させるには、それなりの理由があったはずである。

人類が農耕を始めるには何が必要か。まず穀類あるいはイモ類といった熱量（カロリー）の大きい野生種が、居住地域付近に自生していることである。熱量の大きい野生種は、穀物（ムギ、コメ、トウモロコシ）、雑穀（アワ、ヒエ、キビなど）、イモ類（ジャガイモ、ヤムイモ、タロイモなど）であった。熱量のないキャベツなどの野生種の栽培化は当面無意味であった。熱量の大きい穀類あるいはイモ類は多くの人口を養うことができるからである。

次に、始めた農耕を継続するようになった理由は何か。先に現生人類はヤンガードリアス期に食料不足という危機的状況下で「仕方なく」農耕を始めざるをえなかったという説を紹介した。私は、ムギ類や稲やイモ類が「旨かった」から農耕を継続したと思っている。これらを「文明の基盤食」（単に基盤食）と呼ぼう。要するに主食である。基盤食は人口を多く養えるだけでなく、「旨く」なければならない。誰が好んで「不味いもの」を継続的に栽培するだろうか。それなら狩猟採集の方がましだ。事実、労働時間は狩猟採集の方がずっと短い。農耕作業は多くの労働時間と苦労が伴う。

穀類やイモ類は貯蔵ができるというからという説もあるが、それだけでは農耕を継続した理由にならない。狩った肉を燻製にして保存・貯蔵することもできるからだ。

われわれは「禁断の果実」というより「禁断の穀物」を発見してしまったのである。最初は野生種を採って食べていたが、それは栽培化するほど旨かった（野生種の採取は栽培が始まっても数千年続いた）。ムギ類はパンにした。

最初は茹でて食べていたがパンにするとずっと旨いとわかったからである。トウモロコシも原則パンにして食べた。トウモロコシは熱帯から寒冷地まで幅広いく栽培できる利点がある。コメは原則煮て＝炊いて食べるのが旨い。

その意味で雑穀は基盤食としては弱いが（「おいしさ」で劣っているので）、コムギやコメが不作の時の「代替食」として栽培されてきた。あるいは基盤食となる穀類がつくれない地域で栽培された。イモ類、とくにジャガイモは現在でも世界中で食われるほど旨いが、地域によっては基盤食にも穀類の代替食にもなった。代替食とされたのは、単一作物に頼るのは危険だからである。ヨーロッパでアメリカ大陸から持ち込んだジャガイモが普及したのは、ムギ類が不作の時の代替食のためであった。そのジャガイモに頼りすぎたのがアイルランドであった。ジャガイモのおかげで一八世紀の一〇〇年間で人口が五倍になったが（八〇〇万人）、ジャガイモ飢饉（一八四五〜四六年）で食糧難となり一〇〇万人もの人口を失ってしまったことはよく知られている。

❖補助食・保存食

農耕とともに牧畜も始まった。山羊、羊、牛、豚、鶏、ラクダ、ロバ、馬などである。家畜は、人間に慣れる習性の動物でなければならないから、それほど多くはない。最初の牧畜がいつどこで始まったかは明らかでない。中東と刷り込みされているだけである。確かに山羊と羊は中東が最古である可能性があるが、鶏と豚は中国が先である。牛はインドが有力視されている。犬は最も早く家畜化された。遺伝子学の研究によれば、遅くとも一万五千年前、中央アジア（中国寄り）といわれている［*PNAS*. 11 September 2015］。

よく農耕と牧畜はセットになるといわれる。家畜の糞は肥やしとなる。牛と馬は犂《すき》を曳く動力源となる。ラクダ、馬、ロバなどは荷の運搬に使える。家畜の肉や乳製品は基盤食を補う代替食としてだけでなく、タンパク源としての「補助食」、日持ちのきく「保存食」となった。

日本など牧畜による肉や乳製品が発展しなかった地域では、補助食として魚介類、大豆からつくる味噌、醤油といった発酵品が発達した。醤油の起源は中国・長江流域である。醤油が東南アジアに伝わって、大豆ではなく魚を発酵させてつくるのが魚醤《ぎょしょう》である。乳製品も発酵品である。発酵品は保存食となる。保存食は肉や魚を塩漬け、天日干し、燻製でもつくられる。

このように基盤食、代替食、補助食、保存食が確保された地域では、人口を多く養うことが可能となり、やがて「高度な文明」が成立するのである。一方、雑穀だけの地域では「高度な文明」は成立しなかった。ちなみに、遊牧民は基盤食となる農耕をおこなわなかったので、交易や戦争でムギ類やコメを獲得しなくてはならなかった。

主要参考文献（本文既出除く）

岡村道雄『縄文人からの伝言』
海部陽介『人類がたどってきた道』
佐原真・小林達雄『対論　世界史のなかの縄文』
馬場悠男『ホモ・サピエンスはどこから来たか』
松浦誠「荒川流域における縄文時代中期の小規模集落についての検討」
松永篤知「東アジア先史時代の編み物」
同「東アジア先史時代の編み物に関する雑考」
安田喜憲『世界史のなかの縄文文化』
フェルリ『戦争の起源』
Facchini. *Die Ursprünge der Menschheit.*
ジブリ学術ライブラリー『人間は何を食べてきたのか』（ＤＶＤ）

［3章］古代最大の謎
――シュメル人とは何者か――

❖中東で農耕を始めたのは誰か

人類はもともと草食動物であった。人類が食用にできる植物は三千種あるいは一万種にも達するといわれる。だが入手しやすく栄養価のあるものは限られている。木の実、果実、野生イモ、根茎、種子、マメ類くらいであった。それが徐々に肉や魚介類を食べるようになった。最初はライオンなど肉食動物の食い残しを漁っていた。

現生人類の時代になっても長く同じ状況であったろう。道具作りの技術が飛躍的に発達し始めた四万～二万年前頃より、メインディッシュは魚介類含む肉となったのだろう。もちろん森林地帯では自生の植物も食べた。だから中東や中国での穀物の栽培化＝農耕の発明とその継続は画期的であることがわかる。重要な問題は別のところにある。

中国・長江中流域で稲作を始めたのは東ユーラシア人である。それならば中東アジアでコムギとオオムギの栽培を始めたのは誰なのか。つまり、一万年前頃、中東アジアに住んでいたのは何者なのかということである。これを問題にした研究は聞いたことがない。暗黙に西ユーラシア人、つまり「白人」と思い込んでいるからだ。

氷河地帯で「白人化」した西ユーラシア人は、いつの頃か南下を始める。現在、中東（北アフリカも含む）の人々の容貌は中国人や日本人など東アジアの人々とは異なる。どちらかといえばヨーロッパ人に近い。彼らが南下してきた西ユーラシア人の遺伝子を引き継いでいるからである。とはいっても肌の色も顔立ちも後述する理由で多様ではあるが。

問題は、西ユーラシア人、いわゆる「白人化したホモ・サピエンス」が中東にいつ頃「戻ってきた」かである。西ユーラシア人の南下で史実としてわかっているのは、紀元前二〇〇〇年頃からインド・ヨーロッパ語族がカスピ海北岸あたりから南下を始め、紀元前一〇〇〇年頃まで、中東、イラン、インドに侵入したということだけである。紀元前二〇〇〇年以前の西ユーラシア人の南下は、断片的痕跡から推測するしかない。だから誰が中東アジアで最初にムギ類の栽培を始めたかはわかっていない。つまり、この地で紀元前三〇〇〇年頃に最初の文明を築いたといわれるシュメル人やエジプト人が何者かも不明である。

『世界の歴史』全一〇巻（初版一九七六年）を一人で書いたJ・M・ロバーツは、古代オリエントで活躍した人々は「みな白っぽい肌をしたコーカソイド」［ロバーツ『世界の歴史　一』一〇五頁］と断定しているが、そんな根拠はどこにもないのである。欧米の研究者は中東アジアで「最初の農耕」を始め、「最初の文明」を誕生させたのは、西ユーラシア人、彼らの言葉でコーカソイド（白人）という前提から離れられないが、われわれがそれを共有する必要はない。

まずは出アフリカ後、東にも北にも向かわず中東アジアに留まった集団について考えよう。彼らはアフリカ人と同様褐色の肌であった。中東アジアからイラン、インドに留まり、まだモンゴロイドに形態変化しておらず、西ユーラシア人とも混血していなかった。彼らを「初期東ユーラシア人」と呼ぼう。

✣シュメル人混血説

シュメル文明成立以前については通常以下のように区分する。紀元前一万二〇〇〇～前九〇〇〇年頃は「集落定

年表3　シュメル人混血の過程（年代は頃）

1万4500年前	最終氷期終わる。西ユーラシア人南下開始？
前7000	アフロ・アジア語族エチオピアからエジプトと北アフリカに拡散（～前5000年）
前6000	サハラ砂漠草原化
前6000	カスピ海東岸黒海北岸まで南下していたインド・ヨーロッパ語族に農耕・牧畜が伝播（～前5000年）
前6000	ウバイド文化（～前4000年）
前5500	インド・ヨーロッパ語族が東からヨーロッパに入り、クロマニョンに農耕を伝える
前5000	アフロ・アジア語族アラビア半島から北上し中東アジア一帯に拡散（～前3500年）
前4500	サハラ砂漠乾燥化（砂漠化）進行
前2600	ウル王墓のスタンダード
前2000	インド・ヨーロッパ語族中東へ南下開始
前1750	ハンムラビ王
前1000	『旧約聖書』（「創世記」等）初期文献の編纂
紀元後500	サハラ完全に砂漠化

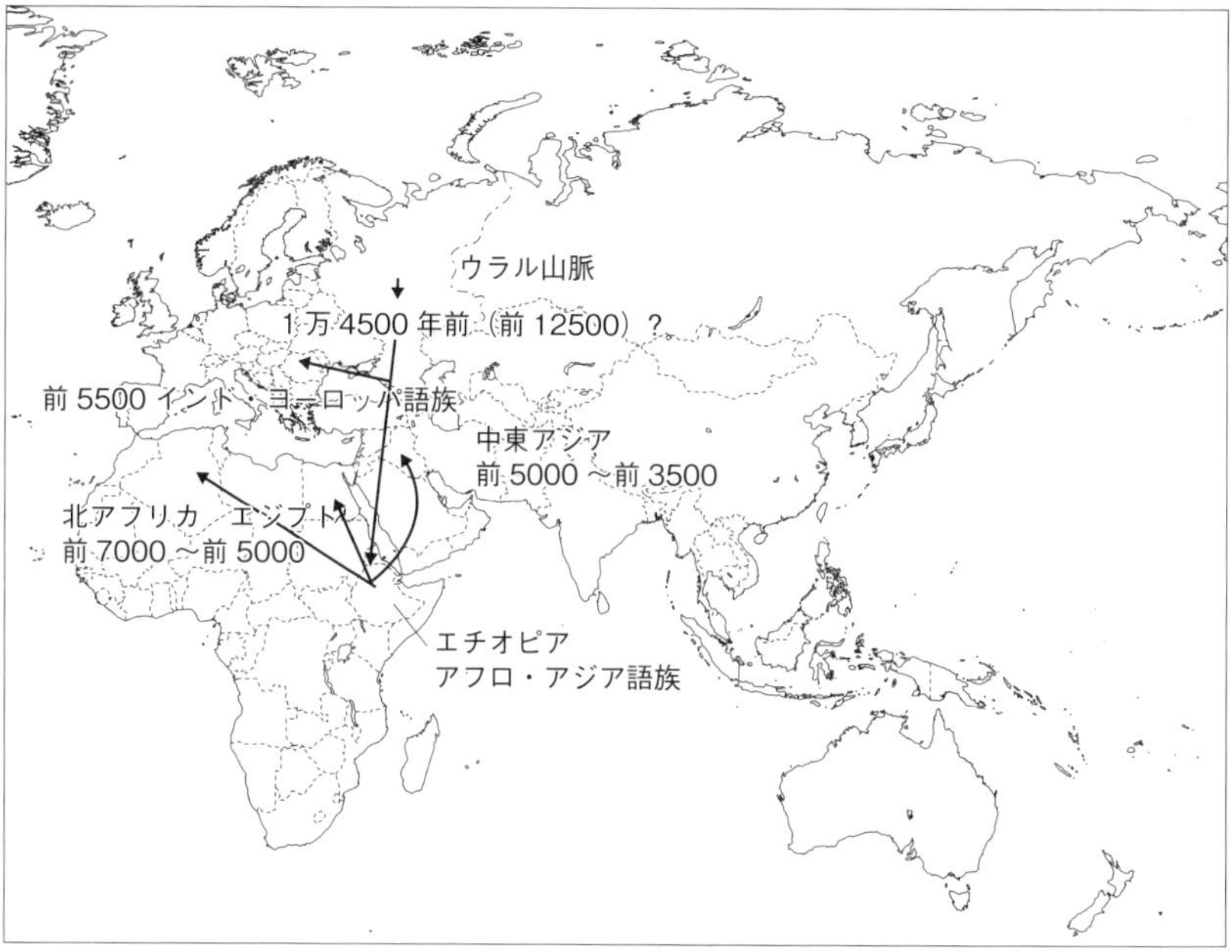

地図3　西ユーラシア人南下過程
バナール『ブラック・アテナ』をもとに作成

住狩猟採集期」（ナトゥーフ文化）、紀元前九〇〇〇～前六〇〇〇年頃は「無土器新石器時代」でムギ類の農耕が広まる。紀元前七〇〇〇～六〇〇〇年頃から土器製作が始まり、ハッスナ文化、サマッラ文化、ハフラ文化といった地域によった名前が付けられている。紀元前六〇〇〇年頃からつくられた文様が彩色された土器は「彩文土器」と呼ばれ、トルコからシリア、パレスティナ、イラク、イランに至るまで分布している。紀元前六〇〇〇・五〇〇〇年頃には、ろくろを使用したウバイド土器（無文土器と彩文土器）が登場した。紀元前四千年紀後半に青銅器を生み出した。

結論から述べると、私は、シュメル人は初期東ユーラシア人（黒褐色の肌と推測）と「白人化」した西ユーラシア人の混血であると思っている。出アフリカがマンデブ海峡経由あるいはシナイ半島経由のいずれにせよ、アラビア半島からパレスティナ、シリア、メソポタミア、トルコまでの一帯に拡散していたのは初期東ユーラシア人である。北アフリカに留まっていたホモ・サピエンスと中東アジアのホモ・サピエンスの身体的形態は、当時ほとんど同じであったはずである。北アフリカに残った集団も便宜的に初期東ユーラシア人と呼ぶ。中東アジアと北アフリカに西ユーラシア人の第一波がいつの頃か南下してきた。そして初期東ユーラシア人と混血してシュメル人となった。この仮説を検討していこう。

❖アフロ・アジア語族の謎

シュメル人は語族不明の民族といわれる。シュメル人に替わって紀元前二三〇〇年頃からメソポタミアを支配したのはアフロ・アジア語族とインド・ヨーロッパ語族であり、最初はアフロ・アジア語族のアッカド人であった。小林登志子『シュメル』によれば、シュメル人とアッカド人とでは容貌が異なっていたという。アッカド人は高い鷲鼻で髭を垂らした彫りの深い顔であったようだ。これは「白人系」、つまり西ユーラシア人であるように思える。ただ髭の図像はシュメル人やエジプト人、さらには女性にもあり、アッカド人が純粋な西ユーラシア人なのか混血かは不明である。シュメル人は「丸顔」だったというが、いずれにせよ彫像や図像からの判断である。

　また、アフロ・アジア語の原郷はアフリカ・エチオピア付近というのが定説である。しかし、アッカド人など中東アジアのアフロ・アジア語族はアラビア半島からやってきたことになっている。では、もともとアフロ・アジア祖語を話していたのはアフリカ人なのだろうか。それならば、エチオピアまで南下した西ユーラシア人が在地のアフリカ人の言語を受容したということになる。それともアフロ・アジア祖語を話す西ユーラシア人のある集団が再びアフリカ・エチオピアまで戻って、彼らの話す言語が、そこから拡散したということなのだろうか。バナール『ブラック・アテナ』はアフロ・アジア語とインド・ヨーロッパ語の共通の祖語があったとみており、暗黙に西ユーラシア人が持ち込んだという前提がある。多くの研究者もそれでは一致している。ここでも、そう仮定して話を続けよう。つまり、西ユーラシア人であるアフロ・アジア語を話す集団がエチオピアにまで南下してから、北アフリカと中東アジアに拡散していった。さらにバナールによれば、アフロ・アジア語族は、まず紀元前七〇〇〇～前五〇〇〇年にエチオピアからエジプトと北アフリカ一帯（ベルベル語となる）へ広がった。次に、エチオピアからアラビア半島にも入り、北上し紀元前五〇〇〇～前三五〇〇年に中東アジア全域へ広がった。あるいはアフロ・アジア祖語の拡散はすでに農耕が始まる一万年前以前に始まったという研究者もいる［*Science*. 3 Desmber 2004］。

　それにしても、西ユーラシア人のアフリカ・エチオピアへの最初の南下の時期はいつなのだろうか。そして、中東アジアと北アフリカに戻ったのはいつなのか。ミトコンドリアＤＮＡを用いた分子生物学者の研究では、西アジアから北アフリカへの帰還は、二千年前から四万五千年前の間と大きな幅がある［*Science*. 6 April 2007］。二千年前が最初の帰還ということはありえないだろうが、四万五千年前だとした場合でも、継続的に多くの西ユーラシア人が戻って来なければ「白人化」はそれほど進行しないであろう。そもそも四万五千年前は人類がヨーロッパへ到達した時期だから、西アジアから帰還するとすれば「白人」であるはずがない。いずれにせよ遺伝子の解析は、歴史学には応用できない。

また、アフリカのサハラ砂漠は、氷期が終わり、紀元前六〇〇〇～前四五〇〇年の間一時草原化した。その後乾燥化が進みまた砂漠化が進行した。サハラが完全に砂漠化したのは紀元後五〇〇年頃である。だから西ユーラシア人が、紀元前六〇〇〇年頃に草原地帯を南下しエチオピアに入ったのという解釈は成り立つ。仮に砂漠であったとしても紅海沿いに南下は可能であろう。西ユーラシア人であるアフロ・アジア語族の南下の開始を、少なくとも紀元前七〇〇〇年頃（バナール）までには遡らせることはできる。先のアフロ・アジア祖語の広まりを一万年前以前とする説をとるならば、もっと以前に遡らせることも可能である。

✣西ユーラシア人の南下第一波は氷期が終わった頃

西ユーラシア人であるアフロ・アジア語族の南下を紀元前七〇〇〇年以前に遡れないとどういうことになるか。中東アジアで農耕を最初に始めたのは初期東ユーラシア人ということになる。彩文土器を最初に作ったのは、西ユーラシア人との混血の可能性もあるが、初期東ユーラシア人主体の可能性の方が大きいということになる。

パレスティナのエリコ遺跡から紀元前八五〇〇年頃の頭蓋骨が発見されているが、この人骨のＤＮＡ鑑定をしたという話を聞いたことがない。鑑定によって東ユーラシア人系か西ユーラシア人系かわかると思うのは素人考えで、死後の人骨から古代人のＤＮＡを取り出すのはかなり難しい作業らしい。

結局、最初の西ユーラシア人の中東への南下は氷期が終わった直後（一万四五〇〇年前＝紀元前一万二五〇〇年）であるというのが一番の「落としどころ」なのだろう。それは、こう説明できる。氷期が終わり、氷河が溶けはじめ温暖になった。狩猟採集の対象は増え、食料が多くなった。しかし、人口も増加したことで食料不足となり、西ユーラシア人は食料を求めて南下を始めた。まず、アフロ・アジア語族、次いでインド・ヨーロッパ語族である。

アフロ・アジア語族の一部は南下の過程で中東アジアの初期東ユーラシア人と混血しただろう。おそらく混血しなかった集団がエチオピアまで南下した。そしてエチオピアから北アフリカとアラビア半島、さらには中東アジアへのアフロ・アジア語族の拡散が始まる。紀元前七〇〇〇年～前三五〇〇年に中東全域に西ユーラシア人・アフロ・アジア語族が拡散し、その過程で先住民である初期東ユーラシア人との混血が徐々におこなわれた。言語についていえば、はじめは、初期東ユーラシア人の言葉（初期東ユーラシア語と呼ぼう）とアフロ・アジア語が併用されていた可能性もあるが、徐々にアフロ・アジア諸語にとって替わられた。

❖農耕を始めたのは混血である

確認しておくことは、アフロ・アジア語族はエチオピアに戻る前に、中東アジアを通過したことである。この過程で、まず混血がおこなわれた。人類は接触すれば必ず混血するのが、歴史の常である。だから、一万二千～一万一千年前（紀元前一万年～前九〇〇〇年）、中東アジアで農耕・牧畜を始めたのは初期東ユーラシア人と西ユーラシア人の混血とするのが説得的であろう。当時は初期東ユーラシア人の勢力の方が強く、言語は初期東ユーラシア語であった。初期東ユーラシア語は教科書では「語族不明」と記載されている。

農耕はカスピ海北岸まで南下していたインド・ヨーロッパ語族に伝わり、彼らの一部もカスピ海東岸から黒海北岸付近で農耕・牧畜生活に入った。ここでは紀元前六千年紀（紀元前六〇〇〇～前五〇〇〇年）には農耕・牧畜が伝わっていたといわれる。彼らは、同時に狩猟もつづけた。農耕・牧畜・狩猟採集民であった。

二〇〇九年にドイツ人などの研究グループが明らかにしたことによれば、ヨーロッパで農耕を始めたのは紀元前五五〇〇年頃、東欧・中欧に「東から」移住してきた人々であったという。彼らはインド・ヨーロッパ語族であると思われる。二〇一五年時点の研究によれば、ヨーロッパに最初に入った時期を紀元前六五〇〇年まで遡らせることが可能だが［*Nature. Com.* 23 November 2015］、この時期だと彼らはまだ農耕を知らないだろう。だから、インド・ヨーロッパ語族は何回か断続的にヨーロッパに入った。そして、紀元前五五〇〇年頃に入った集団が、クロマニョン人に農耕・牧畜を伝え、土器ももちこんだ。そして混血し、クロマニョンの言語はインド・ヨーロッパ語に徐々にとって替わられた。

他方、紀元前六五〇〇年頃エーゲ海域に農耕・牧畜を伝えたのは、中東アジアの初期東ユーラシア人と西ユーラシア人の混血（言語は初期東ユーラシア語）だった。そこから農耕は北上しなかった。ヨーロッパの農耕はギリシアから北上したのではなく、カスピ海北岸・黒海北岸経由で東ヨーロッパに入ったインド・ヨーロッパ語族がもたらしたのだ。

❖シュメルは混血文明である

以上から明らかなように、中東で最初の文明を築いたシュメル人は、中東アジアの初期東ユーラシア人地域に西ユーラシア人が南下し混血して成立した民族の一派であろう。初期東ユーラシア人の勢力（おそらく人口）が強かったので、言語は初期東ユーラシア語のままであった。中東でアフロ・アジア語が広まり始める紀元前五〇〇〇年以前は、初期東ユーラシア語系が話されていたことは間違いない。シュメル人は世界最初の文字をつくり（紀元前三三〇〇～前三二〇〇年頃）、それが発展した楔形文字は中東アジアに南下してきたアフロ・アジア語諸族とインド・ヨーロッパ語族に採用された。

シュメル文明は混血文明、しかも初期東ユーラシア人が牽引した文明であった。残された図像、たとえば大英博物館所蔵の紀元前二六〇〇年頃の「ウルのスタンダード」と呼ばれる木箱を見ると、シュメル人は確かに丸顔で肌は黒人よりは色が淡色化しているが褐色である。もちろん図像が実態を反映しているとは限らない。スタンダー

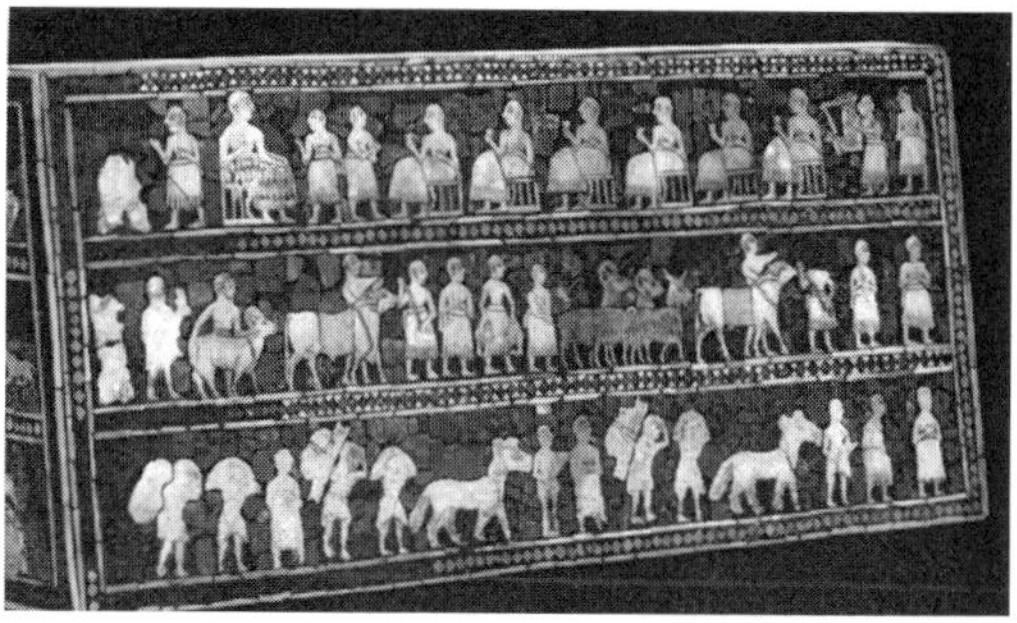

図7　ウルのスタンダード

ドの図像では、人物が剃髪しているから丸顔が強調されているだけかもしれない。黒髪を垂らしている者も描かれている。シュメル人の容貌が、アフロ・アジア語族系のアッカド人と異なっていたとするならば、アッカド人は混血していない西ユーラシア人の可能性もある。混血していたとしても、アッカド人は西ユーラシア人の特徴が強かった。だから、言語はアフロ・アジア語系となった。

シュメル文明の舞台となったメソポタミア南部は、先に、紀元前五千年紀に灌漑農耕を発明したウバイド文化（紀元前六〇〇〇～前四〇〇〇年・前三六〇〇年頃）があった。ウバイド文化を担った人々は、「短頭」（丸顔）のシュメル人とは異なって、「長頭」であったといわれる。また上エジプトの共同墓地からでた人骨は「長頭型」で、下エジプトは「短頭型」という。「長頭」の人々は初期東ユーラシア人で、「短頭」は混血と仮定してみよう。この「長頭」「短頭」は実際にそうであったということではなく、特徴が異なっていたという象徴的意味に解釈してほしい。となるとウバイド文化の担い手は、純粋な初期東ユーラシア人であった可能性がある。シュメル人によって追われたウバイド文化を担った集団がインダス文明と関係があるという研究者もいる。

シュメル神話の一つ「エンキ神とニンマフ女神」には「天地創造」と「人間創造」が書かれていた。神々は食物を得るために人間を創って農作業をおこなわせようとしたとあるが、「人間創造」の箇所が破損して読めないという。ここが読めたら、シュメル人が何者か明らかになるかもしれない。そこに人間が「白と黒を混ぜてつくられた」とでもあれば「シュメル人混血説」は推測から大きく飛躍する。

メソポタミアの東に今のイランがある。そこに、これもまた語族不明のエラム人が居住していた。彼らもシュメル人同様、初期東ユーラシア人と西ユーラシア人の混血か、純粋な初期東ユーラシア人であろう。皮肉にもシュメル最後の都市国家（ウル第三王朝）はこのエラム人に滅ぼされる（紀元前二〇〇四年頃）。いずれも、中東では紀元前二千年紀にアフロ・アジア語族とインド・ヨーロッパ語族に呑み込まれて、純粋な初期東ユーラシア人は消滅した。
ところで、初期東ユーラシア人の中で移動の過程でインドに留まった集団があった。この集団はかなり大集団であった。彼らがインダス文明をつくった。この初期東ユーラシア人が西ユーラシア人と混血するのは、インダス文明崩壊後のことである。

❖エジプトも混血文明

現在でも、サハラ以南のアフリカは「黒人」の世界であるが、北アフリカは明らかに西ユーラシア人の遺伝子を引き継いでいる。アフロ・アジア語族のエチオピアからエジプトと北アフリカへの移動は、紀元前七〇〇〇～前五〇〇〇年である。移動した西ユーラシア人・アフロ・アジア語族は先住民であった初期東ユーラシア人と混血した。

紀元前三〇〇〇年頃成立したといわれる古代エジプト文明の神殿や王墓などに描かれた図像や発掘された彫像をみると、当時のエジプト人は褐色の肌で、顔は「丸顔」である。髪の毛や被り物が強調されて一見するとわからないが、確かに「丸顔」が多い。これはシュメル人の図像と同じである。

先のエジプトの共同墓地の話とも一致する。「長頭」は初期東ユーラシア人（黒人）である。エジプト文明をつくった人々もシュメル人同様混血であった。黒褐色の肌の人びと、黒褐色の王、黒髪（巻き毛の場合も）は初期ユーラシア人色の

図８　センネフェルの墓、王と妃、副葬品を運ぶ人々が描かれている。

強い混血のように思われる。エジプト文明が西ユーラシア人と初期東ユーラシア人の「混血文明」であったことは欧米人も否定できないであろう。日本人研究者は、古代エジプト文明は混血社会であったと早くから理解していた。

さらにギリシアの歴史家ヘロドトス（紀元前四八五頃～前四二五年頃）は古代エジプト人を「黒い肌でもじゃもじゃの髪の毛をしている」といった。紀元前五世紀になっても、西ユーラシア人的容貌の人々は少なかったのだろうか。

✣「創世記」の暗示

「創世記」に、ノアの三人の息子が出てくる。セム、ヤフェト、ハムである。この三人から全世界の民は分かれ出たと書いてある。末子ハムは酔った父ノアの裸を見て叱責され、ハムの息子カナンをセムとヤフェトの奴隷にするよう命じられる。「セムの神、主をたたえよ。カナンはセムの奴隷となれ。神がヤフェトの土地を広げセムの天幕に住まわせ、カナンはヤフェトの奴隷となれ」。つまり、序列はセム→ヤフェト→ハムとなる。

これがもとになった、「ハムの呪いとは黒人として生まれることだ」というタルムード（ユダヤ律法集成）解釈が一七世紀ヨーロッパで広く流布していた。かつてセム・ハム語族と呼ばれた中東アジア・北アフリカ語族の名称も「創世記」に由来する。現在では、アフロ・アジア語族に変更された。一九世紀に盛んになった人種分類法では、白色人種＝欧米人をヤフェトに同一視し、セムは「二級白人＝ユダヤ人やアラブ人」として照応させる学者もいた。ハムはアフリカ人＝黒色人種とされた。キュヴィエの人種三分類法が定着したのも、「創世記」の記述と照応したためである。とはいっても、ヤフェトが白人でセムがモンゴロイド（黄色人種）というわけではない。こういった人種差別的用語法の歴史を認識しつつ、もう一度「創世記」の記述を考えてみよう

「創世記」から「士師記」一章まで聖書最初の物語群の大筋が編纂されたのは、紀元前一〇〇〇年頃ダビデ王の時代といわれる。したがって「創世記」の記述は、紀元前二千年紀の中東世界の人びとの身体的特徴、つまり「初

期東ユーラシア人的特徴の強い混血」、「西ユーラシア人的特徴の強い混血」、「混血していない初期東ユーラシア人」を暗示しているのではないだろうか。ちなみに、当時の「初期東ユーラシア人的特徴の強い混血」はモンゴロイドではない。キュヴィエにモンゴロイドと分類された集団はインドシナ半島北部で形態変化した集団である。

❖中東は最初から混血文明

こうして、中東は初めから混血社会であった。「丸顔」と形容されている人々（実際に丸顔であったかは不明）は混血の特徴、しかも「初期東ユーラシア人的特徴の強い混血」であった。言語について、北アフリカでは、かなり早い段階で西ユーラシア人のアフロ・アジア語を取り込んだが、おそらく先住アフリカ系諸語も当分は残存していたであろう。中東アジアでは、北アフリカよりアフロ・アジア語族の拡散が遅れたため、初期東ユーラシア語はかなり長く残存したのではないのか。その代表がシュメル語である。

シュメル文明が完全に消えた後（紀元前二〇〇四年頃）、アフロ・アジア語族に属するアモリ人（バビロニア人）がメソポタミア南部を支配した。マリの宮殿壁画を見ると（前一八世紀頃）、人物は黒髪、黒髭、黒目、褐色あるいは淡褐色の肌、高い鼻である。ハンムラビ王（紀元前一八世紀）も褐色であっただろう。中東アジアで、シュメル以後のメソポタミア文明を牽引したのも混血であった。中東全域を総体的にみれば、「西ユーラシア人的特徴の強い混血」（いわゆる白人的容貌）の人口が多くなるのは、インド・ヨーロッパ語族のペルシアがオリエントを統一する紀元前六世紀頃からではないだろうか。それでも「西ユーラシア人的特徴の強い混血」の肌は、白色というより淡褐色が多かったものと推測される。

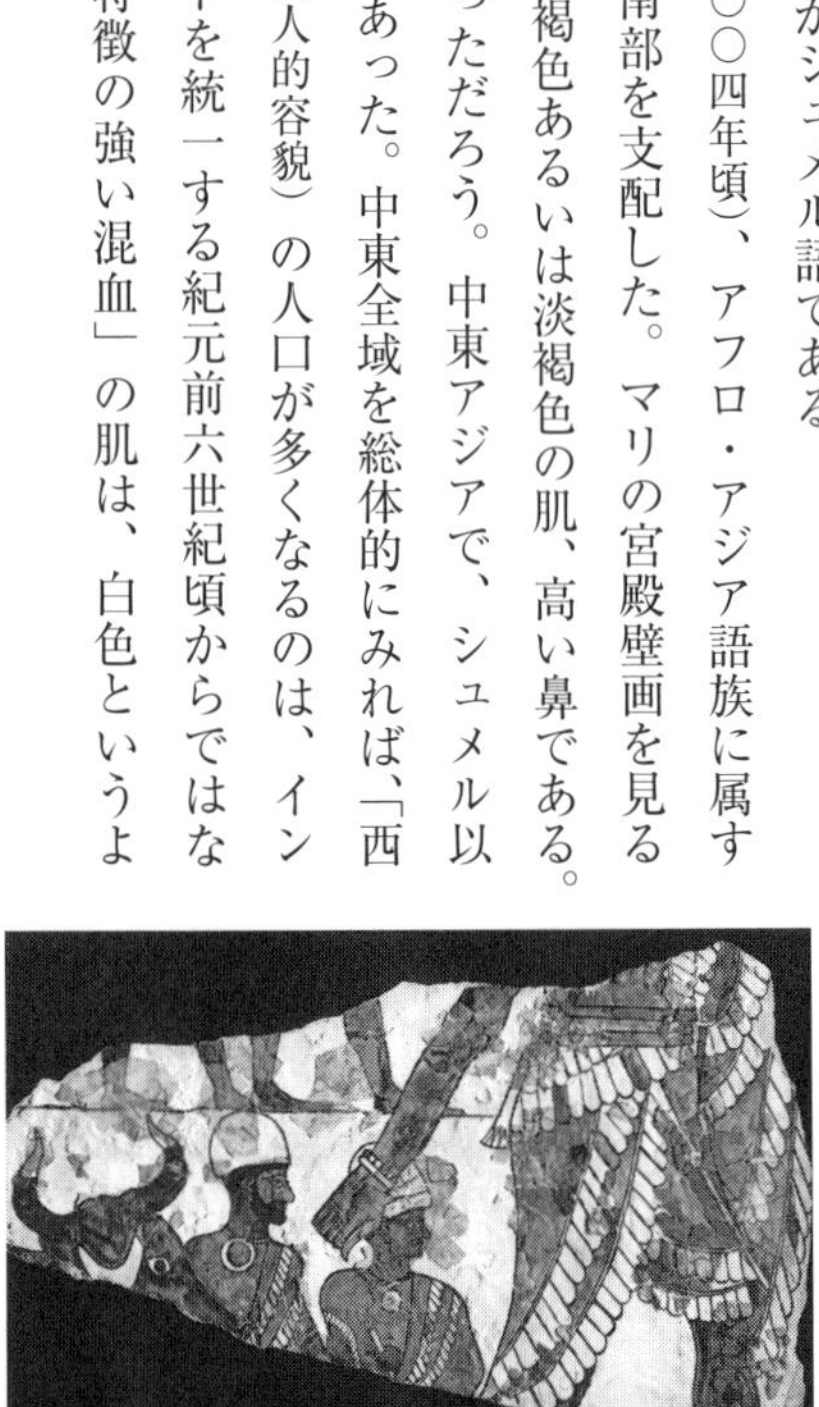

図9　マリの宮殿壁画

「西ユーラシア人的特徴の強い混血」と「初期東ユーラシア人的特徴の強い混血」について説明が必要だろう。子供は両親の遺伝子を半分ずつ受け継ぐが、たとえば、ある日本人とあるヨーロッパ人が結婚し子供が生まれると、その子供たちは日本人的容貌とヨーロッパ人的容貌というように、どちらかの容貌に似ている子供ができる。その日本人的容貌の子供が日本人と結婚すれば日本人的容貌に似るだろう。ヨーロッパ人的容貌の子供がヨーロッパ人と結婚すれば、今度はヨーロッパ人的容貌似の子供が生まれる確率が高い。これを古代中東社会の混血社会に当てはめてみれば理解できるであろう。どちらの人口が多いかで、その混血社会の「民族的特徴」が決まる。私は「初期東ユーラシア人的特徴の強い混血」は、インド人的容貌に近かったのではないかと想像している。

シュメル人を「初期東ユーラシア人的特徴の強い混血」とする説は、欧米人には受け入れがたいかもしれない。エジプトはもちろん、「最古の文明人」シュメル人が白人的容貌の薄い混血、最古の農耕（正確には最古のムギ作）も同種の混血、極端に言えば「黒人」が農耕や文明を始めたということになってしまうからである。

❖現生人類の形態的変化

最初のホモ・サピエンス＝現生人類がアフリカのどこで暮らしていたのかわからない。化石はエチオピア、東アフリカ、南アフリカで見つかっている。最古のものはエチオピアである。いずれにせよサハラ砂漠以南は、北回帰線から赤道を経て南緯三〇度あたりまでなので、皮膚は褐色ないし黒色であった。

アフリカを出なかった集団は、キュヴィエの分類では「ネグロイド」である。しかし、一律に「ネグロイド」と分類された「黒人」は混血を繰り返したので、多様な身体的形質がある。身長の大きいやせ形のヌエル人やマサイ人から小さな「ピグミー」や「ブッシュマン」（欧米人が付けた名前であるが、彼ら自身もこう名乗る）まで、皮膚の色も真黒から茶褐色まで、顔もさまざまである。「黒人」とは欧米人が創り出したものである。むしろ西ユーラシア人（コーカソイド）や東ユーラシア人（モンゴロイド）の方がある程度均一的形態をもっている。本書ではあくまで便宜的に、サハラ砂漠以南をアフリカ人と呼ぶ。大きな氷河地帯のそばで「白色化」した人々の子孫を西ユーラシア人（北アフリカ含む）、東南アジアで形態変化した人々の子孫を東ユーラシア人（アメリカ先住民、太平洋住民含む）という分類を使う。

また、出アフリカ後の移動の過程で、北アフリカ・地中海域、中東アジアからインドに留まった集団がいた。初期東ユーラシア人である。彼らはいずれ西ユーラシア人と混血する。初期東ユーラシア人は、大陸東南アジアに移動しオーストラリアまで入った。前述したように、現在、初期東ユーラシア人の特徴を残しているのはメラネシア系の人々である。

西ユーラシア人と（初期）東ユーラシア人の混血は、氷期には、つまり一万四五〇〇年前以前には、ほとんど、というより全く起こらなかった。人類の拡散経路をみてきたわれわれには理解できるだろう。氷期が終わると、西ユーラシア人の南下が始まり混血がでてくる。

エジプトやシュメルは混血文明の先駆けである。インドも混血文明化する。中東は紀元前六世紀からインド・ヨーロッパ語族であるペルシア人、ギリシア人、ローマ人などに征服され「白人色」が強くなるが、紀元後一〇世紀以降は東ユーラシア人のトルコ系諸民族が流入してくることになる。中東は一貫して東西ユーラシア人の混血文明なのである。

紀元前後から、とくに、ユーラシア大陸では人の移動と交流が活発化する。「草原の道」「シルクロード」「海上の道」は有名である。その過程で混血がおこなわれる。もともと東ユーラシア人であったが、西進して「西ユーラシア人化」してしまったのが、今のトルコ共和国の人々である。トルコ人の先祖はもともとモンゴル高原にいて唐の時代までは黒髪、直毛、黒目の典型的東ユーラシア人であったが、九世紀以降西に動きながら西ユーラシア人との混血を繰り返した。逆に、アラブやペルシアの商人は中国に定住し、「東ユーラシア人化」してしまった。彼らの子孫が現存するが、中国人の容貌である。最も典型的なのは中南米である。ヨーロッパ人の入植後、東西ユーラシア人、アフリカ人三者の大規模な混血が繰り返され、多様な容貌の人びとが混在する社会が成立した。最終氷期終了後の世界史は混血の歴史である。

主要参考文献（本文既出除く）

岡田明子・小林登志子『シュメル神話の世界』
片岸直美ほか『ナイルに生きる人びと』
樺山紘一ほか編『オリエント世界』
後藤健『メソポタミアとインダスのあいだ』
小林登志子『五〇〇〇年前の日常』
佐藤次高編『アラブ』
杉勇『古代オリエント』

第Ⅱ部

文明の新たな定義「コア」

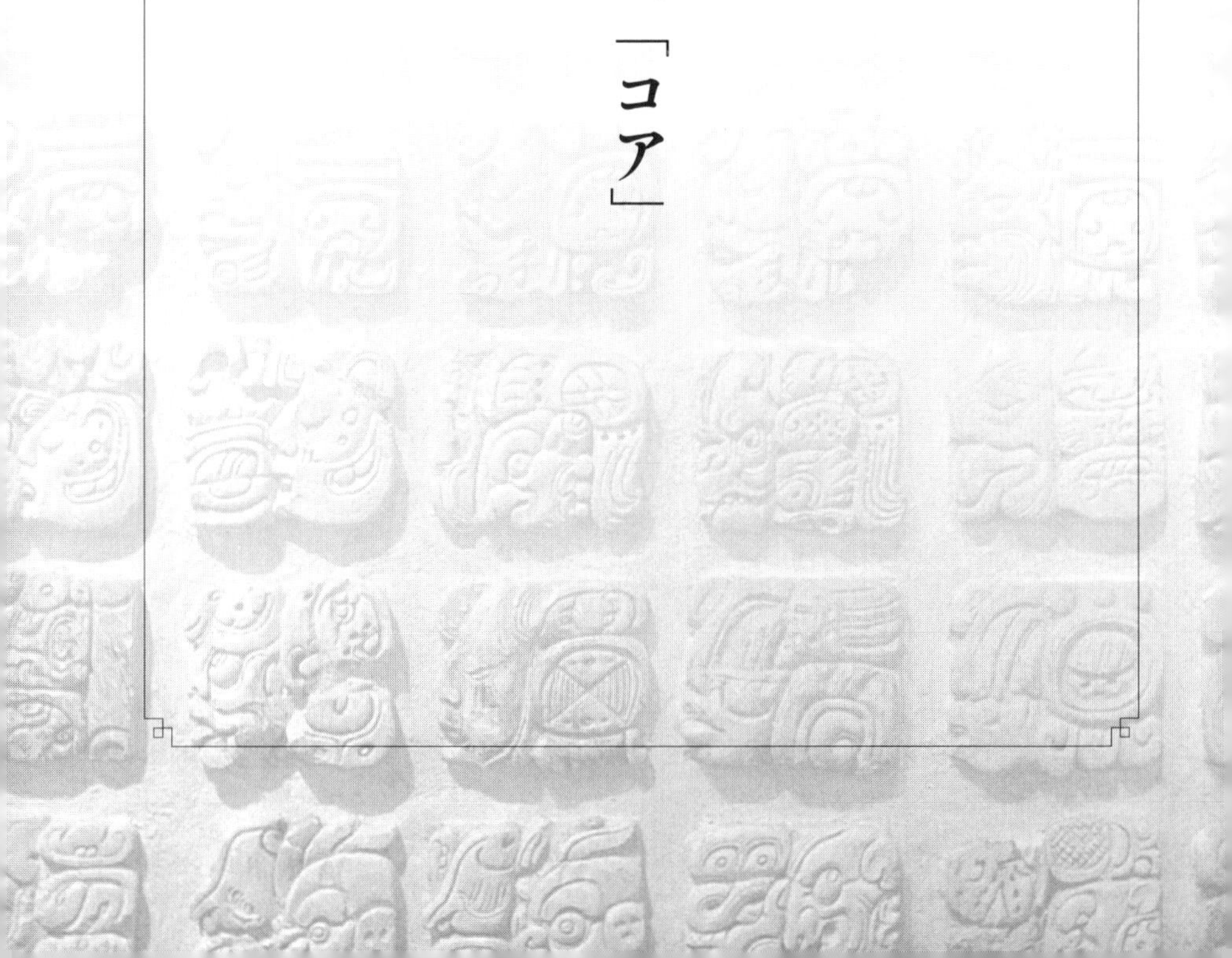

【4章】ユーラシアの「コア文明」
——中東・中国・インド

❖「四大文明」に囚われるな

日本で古代文明といえば、メソポタミア、エジプト、インダス、黄河といった大河の流域に興った四大文明が有名である。今では欧米でもこの言葉は知られているが、初めて古代四文明を言ったのは、列強の半植民地状態となっていた当時の中国の梁啓超《りょうけいちょう》（一八七三～一九二九年）という人物であった。

梁は、一八九九年の大晦日、渡米途上の太平洋上で創った「二十世紀太平洋歌」のなかで、古代文明の祖国は「四つ」であり、中国、インド、エジプト、安息（アルケサス朝パルティア）＝小アジアとした（一九〇二年にはメキシコも追加）。さらに、文明を三期に分け、第一期「河流文明時代」、第二期「内海文明時代」、第三期「大洋文明時代」とした。第一期の大河は、中国の黄河と長江、インドのガンジス川、エジプトのナイル川、小アジアのティグリス川とユーフラテス川である。第二期の「内海」は地中海、ペルシア湾、アラビア海、インド洋、黄海、渤海を挙げた。そしてアメリカ大陸「発見」によって「大洋文明時代」が始まった。大西洋と太平洋である。今や世界を制覇した欧米文明に何とか対抗しようという彼の思いが読み取れる。中国も立派な文明があったのだ、いや今も存在すると。

彼は古代文明の一つとしてインダス文明を挙げた訳ではなかった。インダス文明が世界へ紹介されたのは

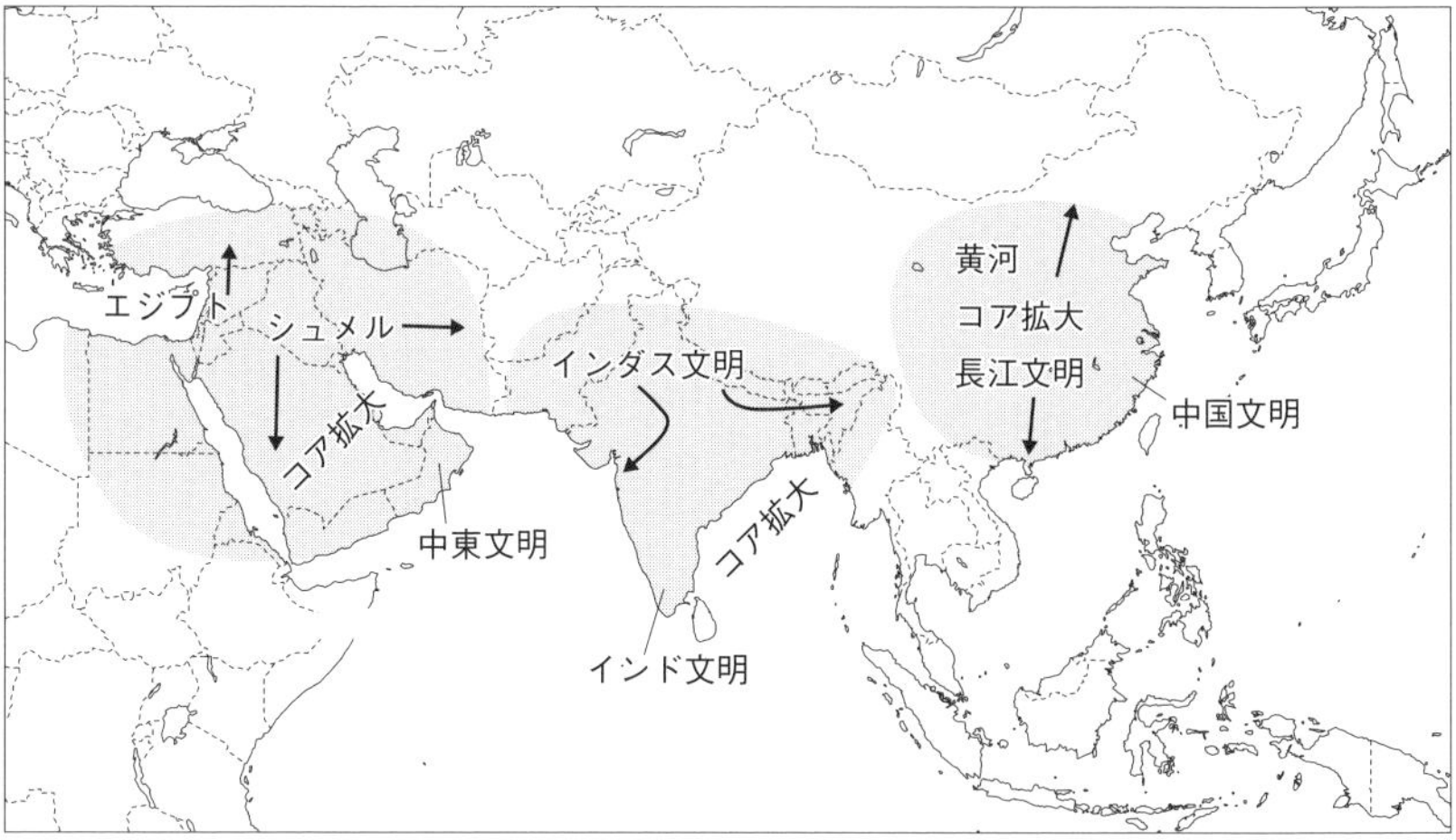

地図4　ユーラシアのコア文明の場所

一九二四年であるから知るわけがない。しかしインドは中国とともに古い歴史があるから加えたのである。梁啓超が古代文明は大河の流域に興ると「賢明にも」述べたのは、ヨーロッパ人によるエジプトと小アジア（あきらかにメソポタミアを指している）の研究を勉強していた証拠である。そこから中国とインドの大河を持ち出した。興味深いのは、彼は黄河だけではなく長江も挙げていることである。後述するように、長江文明は中国文明の「コア」であったが、彼の時代に長江文明の存在は知られていない。古代文明が大河流域に興るというのは、メソポタミアとエジプトの例から敷衍した彼の独創であろう。

いずれにせよ、これが変形されて、インド→インダス文明、中国→黄河文明として、第二次世界大戦後、世界史の教科書に取り入れられて日本で普及した。しかし、古代文明は大河流域だけに興ったわけではない。クレタ文明、ミケーネ文明、メソアメリカ文明、アンデス文明には大河はない。インダス文明もインダス川流域だけの文明ではなかった。大河流域文明は中東（メソポタミア・エジプト）と中国だけである。中国の古代文明は、後述するように、黄河以前に長江である。

本書は、四大文明とは若干異なった地域を取り上げる。そして、歴史上、他文明からほとんど影響を受けることなく独力で「高度な文明」を成立させた地域（およびその文明）を「コア文明」と呼ぶことにする。コア（中核）とは、アメリカの歴史家ホジソンによれば、人類史で初めて畑が広がった地域、メソポタミア、エジプト、インダス、黄河、メソアメリカで、穀物生産による人口増加で文明を誕生させた地域である［宮崎正勝『文明ネットワークの世界史』］。私もこの用語を拝借するが、もっと具体的にいえば、農耕、牧畜、階級制度、国家、文字、宗教など、いわゆる「最初のもの」が誕生した地域と考えよう。そして、コア文明が他地域に伝播して「派生文明」が生まれると理解する。

1. 中東コア

❖中東文明

まず、ユーラシア大陸では中東文明が一つのコアである。古代文明として有名なメソポタミア文明とエジプト文明は、中東コア文明として一つとみた方がわかりやすい。経済的・文化的に相互に影響し人や物が往来した。時には戦争もおこなった。紀元前二千年紀のヒクソスのエジプト侵入、逆にエジプトの中東アジア遠征、ヒッタイトとの戦争などである。中東は、現在の地理でいえば、トルコから、イラク、シリア、パレスティナ、北アフリカ、アラビア半島、イラン辺りまでだろう。しかし、もともとの中東コアはメソポタミア、トルコ東部、シリア、パレスティナ、エジプトにかけてである。後に周辺のペルシア人、アラブ人、さらにトルコ人が中東コアの担い手になって、中東文明コア地域が拡大する。

中東コアで初めて、コムギ、オオムギの栽培と、山羊や羊の牧畜が始まった。ビールの醸造は紀元前四〇〇〇年以前に中東アジアでおこなわれていた。シュメル人はエンマーコムギとオオムギからパンとビールをつくった。記

年表4　中東文明（年代は頃）

前 5000	銅の冶金術？
前 4000	ギリシア本土とエーゲ海域にギリシア人南下（～前 3000）
前 3500	中東で青銅器登場（～前 3000）
前 3300/3200	シュメル絵文字発明
前 3100	エジプトのヒエログリフ発明
前 3000	シュメルとエジプトに王朝国家成立
前 3000	中東で製鉄法（～前 2000）
前 2300	中東でアッカド人勢力増す
前 2004	ウル第三王朝、エラム人によって滅亡
前 2000	インド・ヨーロッパ語族中東へ南下開始
前 2000	クレタ文明（～前 1400）
前 1600	ミケーネ文明（～前 1150）
前 1500	カナン文字
前 1200	ヒッタイト滅亡
前 12/11 世紀	フェニキア文字とアラム文字
前 1000	イラン北西部にペルシア人入る
前12～前9世紀？	ゾロアスター（ザラスシュトラ）（生没年不詳）
前 648	アッシリア中東コア統一
前 639	エラム王国がアッシリアによって滅亡
前 550	アカイメネス朝ペルシア（～前 330）
前 558	ペルシアのダレイオス1世在位（～前486）。中東コアの覇権を握る
前 336	アレクサンドロス大王在位（～前 323）
前 247	アルサケス朝パルティア（～紀元後 226）
226	ササン朝ペルシア（～ 651）。『アヴェスター』成立（3 世紀）
661	ウマイヤ朝（～ 750）
750	アッバース朝（～ 1258）
909	ファーティマ朝（～ 1171）

録では、ビールはシュメル人によって本格的に始められ、それがエジプトに伝わって盛んとなった。ビールは古代エジプトでは基盤食に準じたほどであった。

ワインの原料のブドウの原産地はカフカス（コーカサス）山脈南麓、今のジョージア（トルコ北東部に位置する）で、中東コアの最北端である。いつ、どこでワイン醸造がはじまったかは議論があり、古くはブドウ栽培化と同時期の紀元前七〇〇〇年頃、おそくとも紀元前五〇〇〇年頃にはワイン醸造はおこなわれていた。いずれにせよ中東アジアにおいてである。ブドウ栽培は温暖・乾燥・日射量など気候的条件に左右されるから、気候の安定した地中海域で盛んとなった。

農耕に欠かせない犂《すき》は紀元前四千年紀（紀元前四〇〇〇～前三〇〇〇年）に発明された。冶金《やきん》術について、銅は古くて紀元前五〇〇〇年頃には使用されていたという研究者もいる。錫《すず》を混ぜると融点が低くなって鋳造しやすいので、錫あるいはヒ素を混ぜて青銅とした。紀元前四千年紀後半に青銅器を生み出した。ロバあるいはオナガー（アジアノロバ）に曳かせた二輪荷車も開発した。文字の発明（シュメル人の絵文字）もこの頃であった。そして最初の（都市）国家と王朝が成立したのも紀元前三〇〇〇年頃である。シュメルとエジプトである。

製鉄法は紀元前三千年紀にアナトリア半島のハッティ人（インド・ヨーロッパ語族のヒッタイト人が侵入してくる以前の先住民）が発明した。その後、鉄を炭火で鍛えるという炭素を含んだ鋼の製造法も先住のハッティ人の考案である。ハッティ人は、シュメル人同様、「初期東ユーラシア人的特徴の強い混血」あるいは純粋な初期東ユーラシア人であった。

❖シュメルとエジプト

最初の主役はシュメル人という「初期東ユーラシア人的特徴の強い混血」であろうことは前述した。シュメルは都市国家文明で、神殿を中心に王と神官が支配階級として定着したのは紀元前三〇〇〇年頃である。ウル、ニップル、ラガシュ、ウルクなどの諸都市が抗争を繰り返した。都市の人口は一万人を超えていたといわれる。

世界最古の文字は紀元前三三〇〇年あるいは紀元前三一〇〇年頃、ウルク市でつくられた絵文字である。シュメルでは、太陰暦、印章、奴隷制度、六〇進法、法典、文学、学校（書記学校）、行政組織、冶金術、神殿建築など、すべて「高度な文明」と呼ぶに値するものが出そろっている。シュメルの神々と神話も部分的に形を変えながら、その後の中東諸民族に引き継がれた。だから研究者は世界最古の文明とみなしている。この文明は一千年以上も続いた。

シュメル人の後、メソポタミアではアッカド人、アッシリア人などアフロ・アジア語族、さらにペルシア人などインド・ヨーロッパ語族が主役となっていった。アッカドはすでに紀元前二三〇〇年頃メソポタミアを一時制覇したが、アフロ・アジア語族の活躍は紀元前二千年紀に入ってからである。シュメル文明は紀元前二〇〇四年頃、ウル第三王朝の崩壊によって終わりを告げた。

エジプトでは紀元前三〇〇〇年頃、強大な権力をもつファラオのもとに統一された。アッシリアやペルシアに征服される紀元前七・六世紀まで二千年以上続いた。身体的特徴は初期東ユーラシア人と西ユーラシア人の混血であったが、言語は西ユーラシア人の持ち込んだアフロ・アジア語が公用語となった。エジプトの文明は、ピラミッド、ミイラ、巨大な神殿、ヒエログリフ（文字）、太陽暦、パピルスなど詳述する必要もないであろう。

太陽暦はナイル川の増水サイクルからつくられた。人類は月の満ち欠けによる太陰暦をどこでも採用していたが、エジプト人が初めて太陽暦を採用した。これがローマに引き継がれて、さらにキリスト教会が採用して西暦となった。ヒエログリフは、シュメルの絵文字に影響されて紀元前三一〇〇年頃つくられた。ここにも「高度な文明」に値するすべてがそろっていた。

❖文字とは何か

ところで、文字は、絵や記号とどう区別されるのか。たとえばクロマニョン人によるラスコーの洞窟壁画には牛、馬、鹿などが描かれている。牛の絵は当時のクロマニョン人の言語で、たとえば、音声で「ushi」と発音されたとする。しかしこの岩絵は一般には文字とはみなされない。道路標識も文字ではない。たとえば、一方通行の記号はその意味を表し、日本語なら「ippoutsūkō」と発音される。しかし、これらを文字と呼ぶにはためらいがある。「この道はこの方面からのみ通行可」と発音することも可能だからである。

前項でみたように、メソポタミアとエジプトで最初に出来た文字は絵文字であった。それは、一つの絵が意味を表す「表語文字」であると同時に、特定の音声を表す「音節文字」でもあった。また日本語を例に出そう。「私」という形はそれだけで意味を表すが、「わたし watashi」「シ shi」といった音声が対応している。だから特定の絵や形が特定の音節に対応し、それがある集団で「ルール化」した時文字が成立したと理解しよう。「鶴」はこれだけで意味を表す表語文字であるが、「つる tsuru」や「カク kaku」と発音される音節が対応している。これを t, s, u, r, u といった最小単位に分割した文字（音素）がアルファベット（ここでは欧文文字ではなく、諸言語の文字一般をさす）である。アルファベットは「音素」のみから成る。アルファベットは個々には何の意味も表さない。

❖なぜ文字が生まれたのか

文字は自然に成立しない。誰かが何かの目的で考案したものである。文字は、神や先祖への報告や神からのお告げのために発明されたという説がある。たとえば聖書とコーランは「神の言葉」である。

エジプトのヒエログリフをつくったのは、神話によれば神トトである。「死者の書」は冥界のオシリス神の審判を受けるために、あるいは神々へ来世の安寧を祈るために書かれた。ファラオの偉大さを文字に残したのも、後世の人へというよりも神々に報告するためかもしれない。

また、占いや予言（あるいは預言）は神からの御神託である。エジプトの神々の託宣は記述された。マヤ文明では石、土器、樹皮紙に神からの予言が書かれた。マヤの暦は神からの御神託であった。エジプトやマヤで、神殿や王墓に文字が書かれたのは、神々との「交信」のためであった。中国の亀甲や牛の骨に焼きごてでひびをいれて占ったのも、神や先祖からのお告げである（実際はよい結果が出るように工夫され、後日実際におきたことも付け加えられた）。文字の霊力はエジプトのみならず、多くの文明圏にみられる。日本のお札《ふだ》の文字をイメージすればわかりやすいだろう。

ただシュメル人の粘土板に記録された楔形文字はほとんど会計目的（会計簿）で、神々とは無関係に見える。王

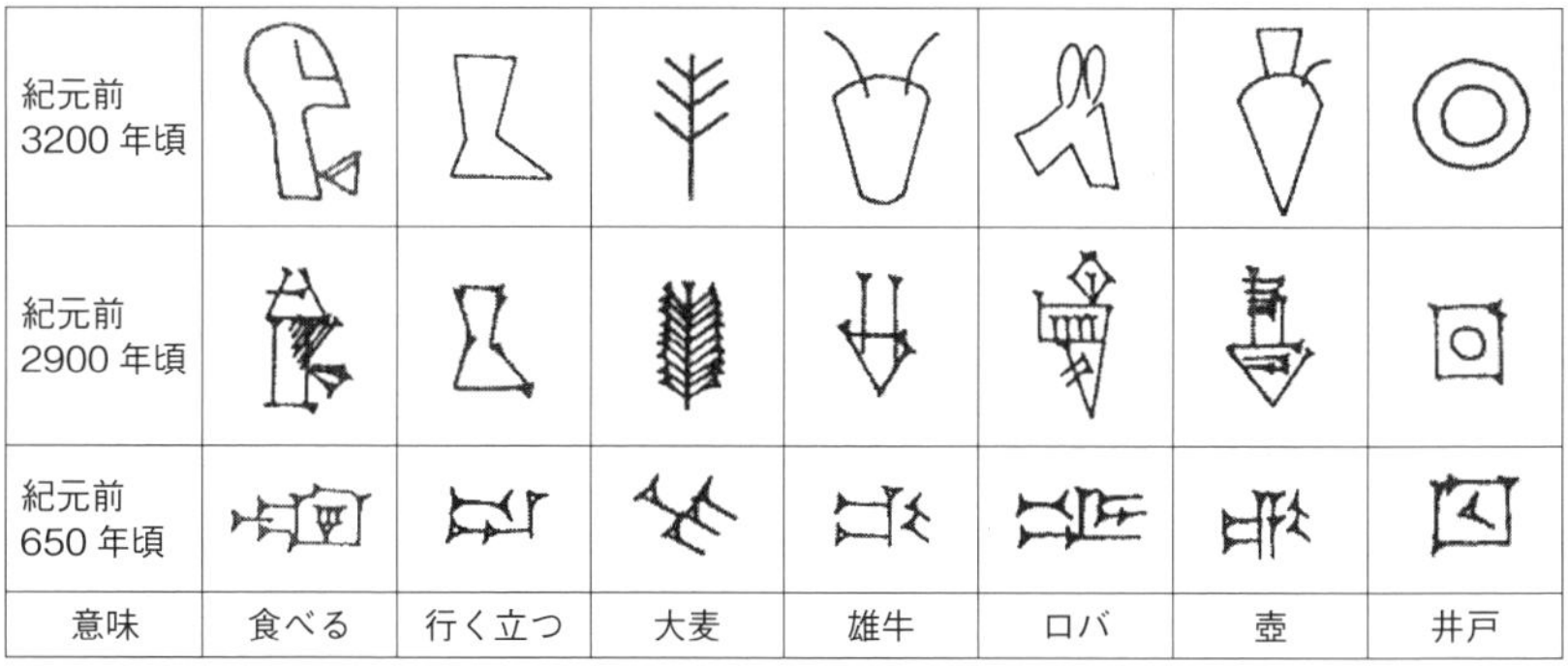

図10　シュメル絵文字と楔形文字

宮や神殿の書記が記録した。シュメル文字はほとんど食料や作物、家畜の貯蔵管理・交易の記録である。しかし、シュメル文字は最初神々のためで、それが実用的に用いられるようになっていったとも解釈できる。事実、シュメルの諸都市の神殿には、日本でいう絵馬が王によって奉納された。神殿には王とその家族の肖像とともに楔形文字が刻まれた。また夢占いや内臓占い（生け贄の動物の内臓の形で占う）をおこない、神々の御神託が楔形文字で記録された。占いはやがて占星術に発展していった。

❖ヒエログリフと楔形文字

シュメルの絵文字は、特定の絵が意味をもち、かつ特定の音節に対応している。「表語文字・音節文字」であった（ちなみに後述するマヤ文字も同様）。楔形に変化したのは紀元前三一〇〇年頃である。楔形文字が完全に整備されたのは紀元前二五〇〇年頃であった。シュメルの絵文字は約一千文字である。楔形に変化しても約六〇〇文字あった。

　ヒエログリフも絵文字であった。これは先行のシュメルの絵文字に影響されてつくられたが、独自に絵文字を開発したことは間違いない。ヒエログリフは、表語文字とアルファベットの両方の機能をもった。絵文字は七〇〇文字以上あった。ヒエログリフのアルファベットの場合、特定の絵が特定の音素に対応した。子音字は二四〜二六個（変形体の数え方で異なる）あった。こ

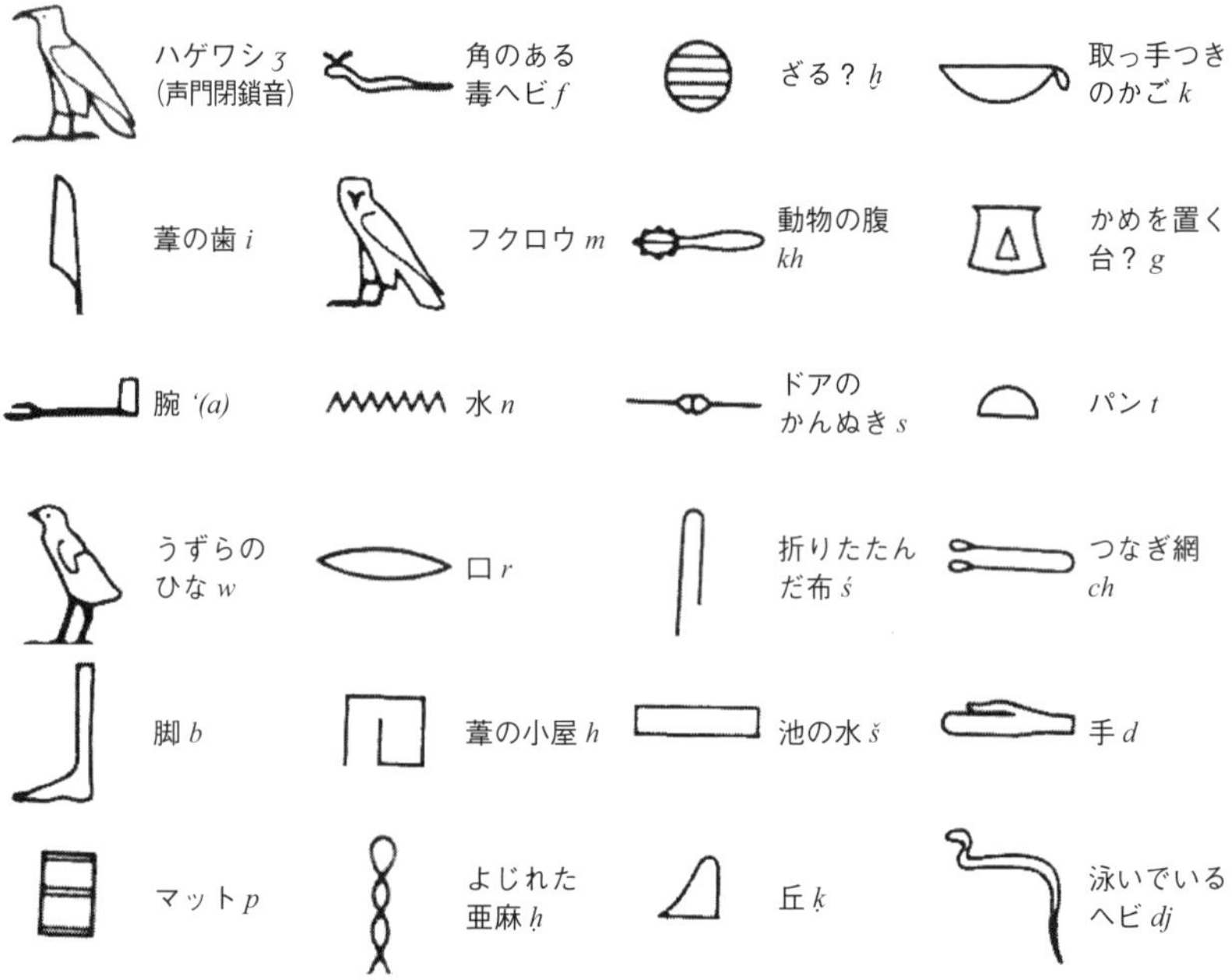

図11　ヒエログリフ

れは世界最初のアルファベット、しかも絵のアルファベットである。ヒエログリフはヒエラティックという筆記体となり、さらに紀元前七世紀にデモティックという筆記体に変化した。

楔型文字もシュメルの絵文字が発展したもので、バビロニアやアッシリア、ペルシアなど中東アジアのアフロ・アジア語族とインド・ヨーロッパ語族（西ユーラシア人）が借用した。ヒッタイト人、古代ペルシア人は改変楔形文字を開発した。ヒエログリフと楔形文字は約三千年間使われた。

❖アルファベットの誕生

紀元前一五〇〇年頃、最古の「完全アルファベット」、つまり音素のみからなる文字体系が考案された。それはパレスティナの原カナン文字である。少し遅れてシリアのウガリット文字ができた。前者はエジプトのヒエログリフをもとに、カナン語をアルファベットだけで表記した。後者は楔形文字でウガリット語をアルファベット化したものである。ともに三〇字未満の子音字であった。ウガリット文字はその後廃れた。

原カナン文字をもとに、フェニキア文字とアラム文字（ともに二二子音字）が、紀元前一二〜前一一世紀につくられた。フェニキア文字はギリシアに伝わりヨーロッパのアルファベットの起源となったことで有名である（ギリシア文字、ラテン文字、キリル文字）。紀元前七三〇年頃にはギリシア人はギリシア文字を使用していた。

中東コアでもっぱら使用されたのはアラム文字であった。それは、新バビロニア、アッシリア、ペルシア帝国の公用文字になったばかりか、旧約聖書にも使われた（ヘブライ語をアラム文字で書いたということ）。後にヘブライ文字はアラム文字からつくられた。

イエス・キリストはアラム語で説教したといわれる。アラム語は、アレクサンドロス大王以後のヘレニズム時代（紀元前四世紀後半〜前一世紀後半）ギリシア語が普及したにもかかわらず、中東のイスラム化によってアラビア語（アラビア文字もアラム文字起源）が広まるまで、一貫して中東コア文明の国際語であった。今でいえば、英語のようなものであった。アラム文字は、漢字文化圏以外の中東以東の文字のほとんどの起源となった。だから世界史的にみれば、フェニキア文字よりこちらの方が重要である。

ちなみに、エジプトでは、ヒエログリフやデモティックは衰退し、四世紀頃、ギリシア文字を借用したコプト文字でエジプト語（コプト語）を表記した。エジプト人がキリスト教に改宗してつくったコプト教会は、イスラム化されるまでコプト語とコプト文字を使った。

❖エーゲ文明も混血文明

中東コアの話にもどろう。中東コアの農耕、牧畜、王制、都市国家、文字、宗教などは、西は地中海域（エーゲ海域）、東はペルシアに伝播した。クレタ文明（紀元前二〇〇〇頃〜前一四〇〇年頃）ミケーネ文明（紀元前一六〇〇年頃〜前一一五〇年頃)、ギリシア・ローマ文明(紀元前八世紀頃～後四七六年)、ビザンツ文明(五世紀頃～一四五三年)、ペルシア文明(紀元前七世紀末～イスラム化)は中東コア文明の派生文明である。

また中東コアの北方草原にいたペルシア人などのインド・ヨーロッパ語族やアラビア半島の砂漠にいたアラブ人も、中東コアから農耕・牧畜、二輪戦車などを取り入れたので派生文明である。ペルシア人とアラブ人は、後に中東コア文明の主役となっていく。

紀元前二千年紀に成立したギリシアのエーゲ文明(クレタ文明とミケーネ文明)は中東コアの影響下で成立した。エジプトと中東アジアのアフロ・アジア語族が植民(移民)して、紀元前二千年紀前半にエーゲ海域の先住民を文明化したとバナールは言っている。問題は、ここでいう先住民とはいったい誰だったのか。

まず、ギリシア本土、そしておそらくエーゲ海域島嶼部に、紀元前四〇〇〇～前三〇〇〇年にインド・ヨーロッパ語族のギリシア人の一派が南下してきた。だから紀元前二〇〇〇年頃エーゲ海域に住んでいた住民は、初期東ユーラシア人、初期東ユーラシア人と西ユーラシア人との混血、西ユーラシア人(インド・ヨーロッパ語族)という三者が考えられる。

まず、クレタ文明の担い手は、教科書では語族不明ということになっている。これは、クレタの先住民が西ユーラシア人と混血していたとしても「初期東ユーラシア人的特徴の強い混血」集団であったことを予想させる。そこに中東コアのアフロ・アジア語族、とくにエジプト人が植民して成立したのがクレタ文明であった。エジプトのアフロ・アジア語族は混血であった。いずれにせよ混血文明となる。シュメル人同様、混血しても初期東ユーラシア人の力が強かったので初期東ユーラシア語が話された。クレタ語は初期東ユーラシア語の一種である。

次に、ミケーネ文明の舞台であるギリシア本土には、インド・ヨーロッパ語族のギリシア人と初期東ユーラシア人の混血、しかも「西ユーラシア人的特徴の強い混血」(要するに白人風)が住んでいた。ギリシア人が南下定住して混血したが、ギリシア人の勢力が強かったのでギリシア語が話されていた。そこに、さらに中東アジアとエジプトのアフロ・アジア語族が入って成立したのがミケーネ文明である。アフロ・アジア語族が入ってきてもギリシア語が話されたのは、ギリシア人の人口が多かったからであろう。

それでも、バナールによれば、ギリシア語の語彙の半分近くはエジプトと中東アジアのアフロ・アジア諸語からの借用であるという。宗教も中東コアの神々が持ち込まれた。ギリシア神話のポセイドンは、元来エジプト神話の砂漠と海の神セトあるいはシリアのウガリット神話の海の神ヤムであった。アテナ神は、エジプト神話のネイト女神あるいはウガリット神話のアナト神から来ているという。

クレタ文字は、最初は絵文字で、後に線文字Aと線文字Bに替わった。クレタの絵文字はエジプトのヒエログリフを借用してつくったカナン地方のビブロス絵文字（音節文字）を基につくられたといわれる。解読されているのは線文字Bだけである。クレタに侵入したギリシア人が線文字Bを借用してギリシア語を書いたからである。

こういったことを総合すれば、エーゲ文明は中東コアの植民によって成立した混血文明であったと理解できる。身体的容貌や言語でみれば、クレタ文明は、シュメル同様「初期東ユーラシア人的特徴の強い混血」社会で、ミケーネ文明は「西ユーラシア人的特徴の強い混血」社会である。紀元前後のローマ帝国期になっても、東地中海域の混血色は残存していたと想像される。ちなみに西地中海域の先住民も「白人」ではないだろう。インド・ヨーロッパ語族のケルト人やラテン人の南下でかなり「白人化」が進行したが、混血のはずである。まして、東地中海域のクレオパトラやイエス・キリストを純粋な「白

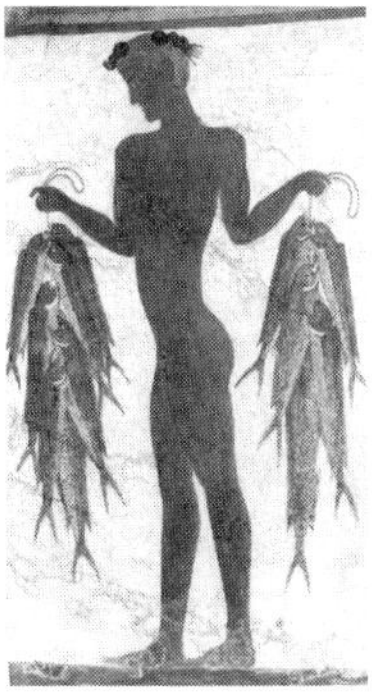
図12　漁夫のフレスコ画
（前17世紀）

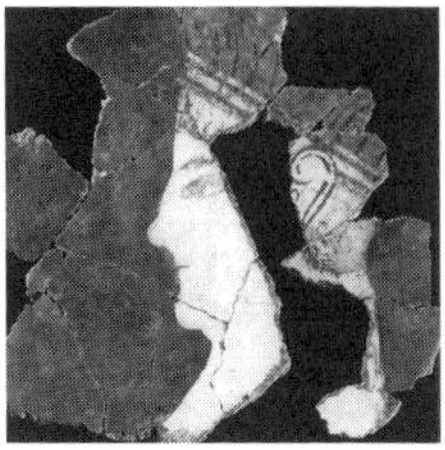
図13　女神のフレスコ画
（前13世紀）

人」と捉えることは無理があろう。彼らが「白人」となったのは後世の産物である。

✣ペルシア人は中東コアの一員となった

紀元前二〇〇〇年頃から、インド＝ヨーロッパ語族が中東コア文明に侵入する。アナトリア半島（トルコ）東部に入ったヒッタイト（先住民ハッティからつくった用語）と北メソポタミア・シリアに入ったミタンニである。彼らは中東コアに入ることで文明化した。先住民との混血がおこなわれたことは疑いない。このインド・ヨーロッパ語族の侵入は以前考えられていたほど中東コアに大きな影響を与えたわけではない。ヒッタイトとミタンニは中東コアに呑み込まれてしまったからである。インド・ヨーロッパ語族の影響は後のペルシア人まで待たねばならない。

ちなみにヒッタイト人は、「初期東ユーラシア人的特徴の強い混血」あるいは初期東ユーラシア人であった先住民ハッティ人から鋼の製造法を伝授され、それを国家機密とした。紀元前一二〇〇年頃にヒッタイトが滅亡し、製鉄技術は紀元前一千年紀前半のうちに中東コア全体に定着した。

今のイラン北西部にも紀元前一〇〇〇年頃、インド・ヨーロッパ語族（アーリア人）が入る。紀元前八三五年頃のアッシリアの年代記にはメディア人（ペルシア人と総称しておく）の記録がみられる。イランにはもともと語族不明のエラム人が居住しており、複数の都市国家もあった。エラム文明は中東の派生文明と理解できる。ただエラム文明については謎が多い。彼らが初期東ユーラシア人あるいはシュメル人同様混血だったかわからないが、エラム人の勢力が強くペルシア人は簡単に進出できなかった。このエラム人がシュメルのウル第三王朝を滅ぼす（前二〇〇四年頃）。エラム王国がアフロ・アジア語族アッシリアに滅ぼされたのは紀元前六三九年頃であった。こうしてペルシア人（メディア）がイラン全域に入ることができた。このペルシア人は騎馬遊牧民であった可能性が高い（後述）。騎兵軍団である。

アフロ・アジア語族のアッシリア（紀元前一八〇〇年頃建国〜前六一二年）は、紀元前七世紀前半にはエジプトを含めた全オリエントを統一した（イランは除く）。アッシリアは最初の中東文明の帝国（統一王国）と呼べる。中東コアの覇権は紀元前六世紀にはアカイメネス朝ペルシア（紀元前五五〇〜前三三〇年）という派生文明に取ってかわられる。これはアッシリアを凌ぎ、インダス川西にいたる大帝国であった。ペルシア人は中東コアを支配すると同時にコアに呑み込まれた。エジプトを支配したペルシアのダレイオス一世（在位：紀元前五五八頃〜前四八六年）は過去のファラオ王とおなじよう神殿に自らの名前をヒエログリフで刻んだ。コアのしきたりに従ったのである。

このペルシアの覇権も西のマケドニア（ギリシア）のアレクサンドロス大王（在位：紀元前三三六〜前三二三年）の帝国と後継のセレウコス朝シリア（紀元前三一二年〜前六三年）に取って替わられる。アレクサンドロスの帝国が、ギリシア・エジプトからイラン、インダス川に及んだ。マケドニア人・ギリシア人は中東コアを一時的に支配したが、その後の歴史では中東コアからは距離をおくことになる。

ダレイオス三世（?〜紀元前三三〇年）を破ったアレクサンドロス大王はペルシアの行政機構や王の儀式をそのまま受け継いだ。彼は、エジプトではファラオ王、ペルシアではペルシア王として即位した。アレクサンドロス大王も中東コアに入るとコアの習わしを継承した。だからコアなのである。周辺の派生文明に征服されても、コア文明は征服民族を呑み込んでしまう。

❖中東コアの変遷

紀元前六世紀中葉〜紀元後七世紀前半は、中東コアの派生文明が覇権を握った時代であった。アカイメネス朝ペルシア、アレクサンドロス大王の帝国、後継のセレウコス朝（中東アジア）とプトレマイオス朝（エジプト）、その後シリア・パレスティナ・エジプトを支配したローマ帝国とビザンツ帝国、その東隣のアルサケス朝パルティア（紀元前二四七年〜後二二六年）と後継のササン朝ペルシア（二二六〜六五一年）である。これらの王朝はすべてインド・ヨーロッパ語族という観点でみれば理解しやすい。この時代に中東コアの「白人化」が本格化したと推察できる。

つまり紀元前三〇〇〇年以降の中東コアをこうみればよい。まずシュメル人が紀元前三〇〇〇年頃から一千年間支配、紀元前二〇〇〇年頃から約一五〇〇年間はアフロ・アジア語族の支配、その後の約一千年をインド・ヨーロッパ語族が支配する。ようやく七世紀中葉に、アフロ・アジア語族であるアラビア半島のアラブ人が覇権を回復した。アラブ人はシリア・パレスティナ・エジプトからビザンツ帝国を追い出し、ササン朝ペルシア帝国を滅亡させた。ここからイスラム文明＝中東文明となる。

アラビア半島はもともと中東の派生文明であった。しかし、すでに紀元前一千年紀には、オアシス農業・牧畜（羊、山羊、ラクダ）社会、交易社会・都市社会として中東コアに組み込まれていた。中東からコアからアラム系文字も借用した。交易は砂漠の遊牧民（ベドウィン）が担い、彼らは商人でもあり、乳製品や皮革をオアシス都市市場で売買した。

アラビア半島では集団（部族）間の戦争も日常的であった。遊牧民も農耕民も商人も戦士であった。ムハンマド（五七〇頃〜六三二年）もこうした遊牧民商人であった。アラビア半島というと、通常ラクダの隊商をイメージするが、ラクダとともに騎兵を戦争で使用していた。馬は中東コアから取り入れたものであるが、徐々に砂漠の遊牧民ベドウィンによって飼いならされていった。アラブ人も馬の扱いには慣れていたのである。『コーラン』では馬を「至上の祝福」と呼んでいる。征服の過程でアラブ人は「南からの騎馬遊牧民」となっていった。

以後、アラブ人が中東コアの主役の一人となる。彼らはイスラムという一神教をもって中東コアを征服したことが最大の特徴である。これが中東コアの最大画期であったといってよい。イスラムは、その後も現在まで一貫として中東コア文明の柱として機能することになるからである。イスラム以前の中東コアは、宗教でみれば、ある意味不安定であった。在地の「原初的宗教」、ゾロアスター教、ユダヤ教、キリスト教が混在しており、宗教状態はカオスであったが、イスラムの登場で一変した。イスラムはいわば「接着剤」であった。中東コアに入ったものは、接触したもの、近づいたものはすべてイスラムという接着剤で一体化していった。これが、中東コアが以後益々強力でありつづけた一因である。

❖ゾロアスター教からイスラムへ

イスラム以前のペルシア人の宗教はゾロアスター教であった。ゾロアスター（ザラスシュトゥラ）は紀元前一二世紀〜前九世紀の人物といわれる（研究者によって生没年異なる）。ペルシア人が中央アジアかイラン北部に留まっていた頃である。彼（とその後継者）は、古代ペルシア人の多神教信仰から独自の世界観をつくり上げた。世界を善と悪の二つの原理の闘争の場とみた。善とは光の神創造主アフラ・マズダー（ゾロアスター以前からペルシア人に信仰されていた）である。悪＝大悪魔は暗黒の神アンラ・マンユ（アーリマン）である。宇宙、人間、生命、秩序、正義などは善であり、死、闇、邪悪、破壊などは悪である。

アフラ・マズダーは天、水、大地、植物、動物、人間、火などからなる世界を創造した。ここに悪神が侵入し、世界を破壊した。こうして善悪の戦いが始まった。しかし、最後に救世主サオシュヤントが現れ悪は滅ぼされる。また、人は死後ハラ山の頂に架かる「チンワト橋」を通り善人は天国へ行けるが、悪人は橋から落とされ地獄行きとなる。ゾロアスターのこの発想はユダヤ教に影響を与え、キリスト教とイスラムで明確化することになる。

ゾロアスターの考えは、イラン高原に入ったペルシア人に徐々に普及していった。ペルシア人もアフラ・マズダー信仰者だったので、この時期ゾロアスター教が成立したと理解できる。アカイメネス朝時代には、天日のもとで火の儀礼と祈りをおこなったが、ササン朝時代になるまでには拝火寺院をもつようになった。ゾロアスター教の教えは口承で伝えられてきたが、ササン朝時代三世紀に中世ペルシア語・パフラヴィー文字（アラム文字起源）で書かれた『アヴェスター』が成立した。

イスラム初期王朝であるウマイヤ朝（六六一～七五〇年）とアッバース朝（七五〇～一二五八年）は広大な領域を支配した。ウマイヤ朝からアッバース朝にかけて、中東コアではキリスト教、ユダヤ教、ゾロアスター教などからイスラムへの改宗が徐々に進行した。イラク・シリア方面では改宗はかなりの早さで進行した。ペルシアでは、七五〇年頃ムスリム人口は八%に過ぎなかったが、一〇世紀には七〇～八〇%に達した。イスラム改宗には二〇〇～三〇〇年ほどの長い期間を要したことになる。一番遅かったのはエジプトである。ファーティマ朝（九〇九～一一七一年）初期一〇世紀前半でも、従来のキリスト教コプト教会の信者が多数であった。ムスリムが九割近くになるのは一二～一三世紀のことである。

❖中東の三民族

アラビア語は、アラビア半島のみならずイラク、シリア、パレスティナ、エジプト、北アフリカの各民族に受容されたので、彼らも広義のアラブ人と呼べる。

アラブ人は官僚としてペルシア人を重用した。アッバース朝以降の官僚層はペルシア人によって握られた。ペルシア系諸語はイランから中央アジアの一部で話されている。

その後、中東各地にできたイスラム諸国に、東ユーラシア人の騎馬遊牧民トルコ人が侵入してくる。彼らは西ユーラシア人系騎馬遊牧民との接触過程で、一〇世紀以降イスラムに改宗し中東コアに組み込まれた。トルコ系諸語はアナトリアから中央アジアまで広範に使用されている。

このように中東コアでは、アラビア語圏、ペルシア語圏、トルコ語圏の三つにほぼまとめられる。文字はアラビア文字が使われたが、ペルシアではアラビア文字を改変したペルシア文字である。トルコ共和国では二〇世紀に入りラテン文字で表記するようになった。旧ソ連下にあった中央アジアのトルコ系とペルシア系諸国家・諸民族では、ソ連時代にラテン文字、さらにキリル文字への切り替えが断行された。独立後はアラビア語系文字を使うアフガニスタン以外は、キリル文字あるいはラテン文字表記となっている。

2．中国コア

✣中国文明のコアは黄河流域にあらず

ユーラシアのもう一つのコアは中国文明である。中国文明に関する従来の理解はこうであった。黄河中流域に紀元前五〇〇〇～前二五〇〇年頃彩陶《さいとう》文化（仰韶《ぎょうしょう》文化）、黄河中・下流域に紀元前二五〇〇～前二〇〇〇年頃黒陶《こくとう》文化（龍山《りゅうざん》文化）が発達した。これらは農耕をおこなっており、土器文明である。紀元前二〇〇〇～前一六〇〇年頃に伝説の夏王朝を経て、実存が確認される最古の王朝、殷が成立するのが、ようやく紀元前一六〇〇年頃である。

欧米人の書いた概説書には、少しの違いこそあれ、まず紀元前三〇〇〇年頃、メソポタミアとエジプトで文明が発生し、五〇〇年くらい遅れてインダス文明、紀元前二〇〇〇年頃クレタ文明、さらに紀元前一六〇〇年頃、中国黄河流域で文明が成立したと記

年表5　中国文明（年代は頃）

前6000	長江流域で玉器製作
前5000	仰韶文化（～前2500）
前3500	中国で青銅器登場（～前3000）
前3300	長江中・下流域に都市国家群成立
前2500	龍山文化（～前2000）
前2000	長江文明滅亡。夏成立。黄河流域で甲骨文字の原型製作？
前1600	殷（～前1070）
前13世紀	最古の甲骨文字出土
前1070	周（～前256）
前770	春秋時代（～前403）
前8世紀	中国で鉄器製作
前403	戦国時代（～前221）
前221	秦（～前206）
前206	前漢（～後8）
25	後漢（～220）
105	蔡倫が紙発明
222	六朝時代（～589）

される（アメリカ大陸はさらに遅く、アフリカは記述なし）。

殷（紀元前一六〇〇年頃～前一〇七〇年頃）の成立をもって文明としているのは、王朝、青銅器、文字がその時期から始まったからである。殷墟では甲骨文字（亀甲・牛の肩甲骨に刻まれている）、大量の青銅器が発見された。その後周王朝（紀元前一〇七〇年頃～前二五六年）、春秋時代（紀元前七七〇～前四〇三年）・戦国時代（紀元前四〇三～前二二一年）を経て秦（紀元前二二一～前二〇六年）による統一が描かれる。

以上の歴史は、黄河中・下流域（中原）を主な舞台にしたので黄河文明と呼ばれた。しかし、黄河から中国文明という図式は、現在では疑問符が付けられる。黄河流域のもともとの主要作物はアワ、ヒエ、キビなどの雑穀であった。黄河流域におそらく西方からコムギが入ったのが紀元前二〇〇〇年頃で、この時期夏王朝が成立している。「麦」は昔、「來（来）」と書き外来のものであることを物語る。コムギ（パンではなく麺や饅頭にした）という強力な基盤食をもつことで黄河流域に王制（夏）が成立した（五経では禹《う》が開祖）。夏は「華」でありその周辺は「夷《い》」となった。こうして、秦・漢以降、中国史では、一貫として黄河中心の歴史が書かれることになった。「華北中心史観」である。北の黄河と南の長江の間に位置する淮河《わいが》の北を華北という。

しかし、夏王朝の成立をもって中国文明の成立としても、中東コアより一千年も遅れている。コムギが中東コアから伝わったのなら、中東の派生文明になってしまう恐れもある。甲骨文字の原型も紀元前二〇〇〇年頃であるから、これも中東コアより一千年は遅れをとっている。

✣長江文明が中国最初のコア文明

私の考えによれば、雑穀を基盤食とする地域には「高度な文明」は誕生しない。中国といえば長江流域が稲の発祥地である。ムギ作の中東と同時期かそれより早く、稲が栽培され始めた。だから、コア文明が成立したとするな

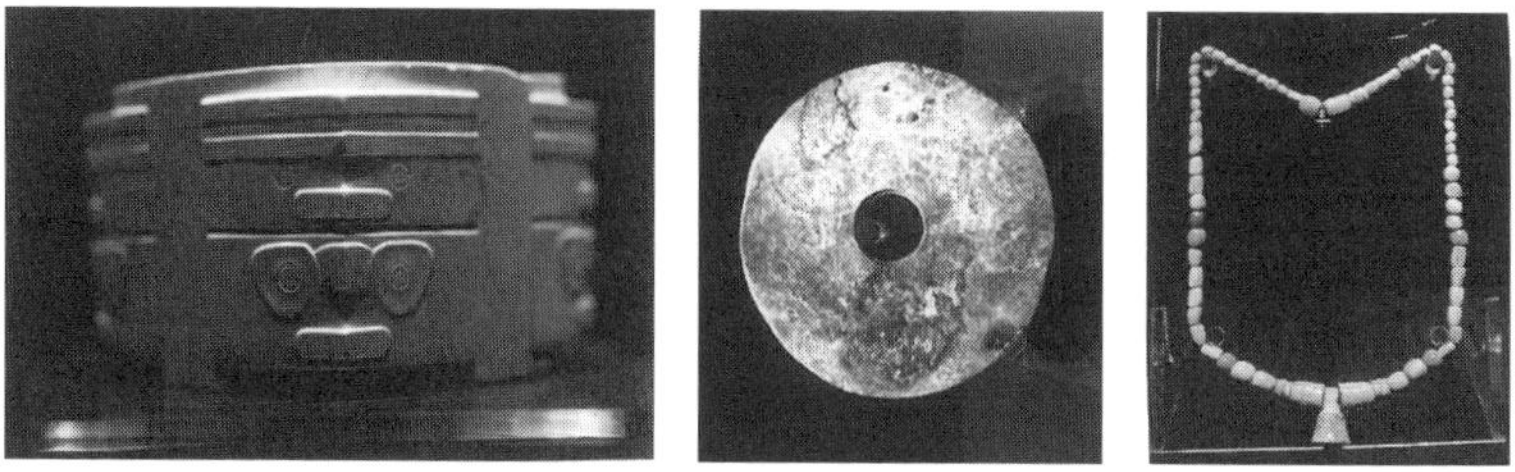

図14　長江・良渚《りょうしょ》遺跡群出土の玉琮《ぎょくそう》（左）、玉璧《ぎょくへき》（中）、玉の首飾り（右）

ら南の長江流域しか考えられない。

現在では、考古学的調査によって、紀元前三三〇〇年頃の長江中・下流域に都市国家群があったことが明らかになっている。コメが基盤食であるなら、コアは長江流域にあった方が自然であるのだ。この長江文明は城壁に囲まれ王宮・王制と神殿をもち、さまざまな形の玉器（長江の玉器は紀元前六〇〇〇年からつくられた）を製作した。長江は養蚕を発明し絹をつくった文明でもあった。

ただ、青銅器は最初存在しなかったが、その代わりに玉器製作の技術は現代でも再現できないほど高度なものであった。玉《ぎょく》とは堅い鉱物で青く光る宝石で、光も通す。青銅器のない長江文明では、玉剣が戦争の武器として使われたと思うかもしれないが、大量生産するほど原石があったとは思えないので、玉剣は儀礼用・威信財であろう。そもそも青銅剣も威信財の要素が大きかったので、鉄器をもたなかったシュメル文明と同じである。

長江文明は紀元前二二〇〇～二〇〇〇年頃、黄河流域から侵攻した勢力（漢民族）によって滅ぼされた。徐朝龍『長江文明の発見』によれば、長江中流域は紀元前二一〇〇年頃、夏王朝をつくることになる集団の攻撃を受け崩壊したが、下流域は存続して、それが後の呉と越となる。しかも、黄河の夏王朝は長江下流域の越地方の文化（人々）が黄河流域に入って在地文化と混淆して成立したとさえ主張する。

❖コアの黄河流域への拡大

つまりこう解釈できる。都市国家を成立させた長江文明がまず先にあって、コア文明を形成した。黄河流域の「蛮族（漢民族）」は長江文明と接触して文明化した。しかし黄河の「蛮族」は軍事的には強く、紀元前二〇〇〇年頃長江コアに侵入して、それを崩壊させ、黄河流域に戻って夏王朝を成立させた。夏は長江文明を一時的に破壊したが、春秋時代には下流域には呉、越、中流域には楚が興る。これは長江流域がコア文明として存続していたことを意味している。楚は、呉越を征服し華南（淮河以南）を統一する（紀元前三三三年）。

中東コア文明では、紀元前二千年紀にインド・ヨーロッパ語族（ヒッタイト、ミタンニ、ペルシア）が南下して、中東コアに取り込まれた。中国で、このインド・ヨーロッパ語族に相当するのが黄河流域の集団（漢民族）で、中国コアは南の長江流域にあった。黄河流域の集団は、軍事的には勝ったが、文化的には長江コアに取り込まれてしまったと理解できるのではないのか。長江流域に留まって在地人と混血した人々も多かったかもしれないが、黄河流域に戻った部族長クラスが王朝国家を建設した。黄河流域の気候は稲作に適していなかったが、長江征服によって華北でもコメが基盤食として定着していった。

このように中国文明は長江から始まった。紀元前三〇〇〇年頃、長江文明がまずコアとして成立し、紀元前二〇〇〇年以降黄河流域がコアに組み込まれたという図式は、確かに物証がまだ少ない。ただ、長江文明の代表である玉器についていくつかの発掘成果がある。華北の周王朝では盛んに玉器がつくられており、陝西省《シャンシー》では紀元前一〇～前九世紀の玉の胸飾りが出土した。同じく同省で紀元前八～前七世紀の玉剣も出土した［東京国立博物館「始皇帝と大兵馬俑」］。これは、長江文明の玉器製作技術が、職人とともに華北へもたらされたものであろう。

中国史は長江文明にはじまる華南が北の「蛮族」に繰り返し攻撃され、統一と分裂を繰り返す歴史であった。最初の「蛮族」は華北の漢民族（もともとは黄河流域の諸民族の総称）で、その後はさらに北方の騎馬遊牧民であった。

統一王朝は騎馬遊牧民に敗れては華南に逃れ、華南で文化が栄えていった。侵入を繰り返した騎馬遊牧民（6章）も華南を中心とした中国コア文明に吸収され同化していった。

六朝時代（三～六世紀）の道教の発展、書家王羲之《おうぎし》（三〇七年頃～三六五年頃）、画聖顧愷之《こがいし》（三四四年頃～四〇五年頃）、詩人陶淵明《とうえんめい》（三六五年頃～四二七年）、数学者祖冲之《そちゅうし》（四二九年頃～五〇〇年）、宋代の青磁、南宋画、朱子学など、文芸はほとんど華南の産物である。

❖中国の青銅器の起源

これまで、青銅器は中東から伝わったとみなされてきた。殷墟でみつかったものは、紀元前一三世紀頃のもので、中東コアで青銅技術は紀元前三五〇〇年～前三〇〇〇年にはすでに確立していたからだ。しかし、土器製作は中国の方がずっと早いわけだから、青銅器も中国で独自開発されたとみるのが自然である。そもそも、殷周の青銅器は中東とは明らかに違う。

図15　周時代の青銅器
（紀元前1100～前1000年）

近年、中国最古の青銅器の製作は黄河流域で、紀元前三五〇〇年から三〇〇〇年であったといわれる。となれば、中東とほぼ同時期である。しかし、本格的には紀元前二〇〇〇年頃からの夏王朝時代であろう。

重要な点は原料の銅は長江地域に多く、そこから輸入していたことが明らかになっている。だから、まだ考古学的証拠はないが、長江流域が先に銅・青銅技術を開発し、それが黄河流域に伝わったという見方もできる。長江の青銅器は殷の時代のものが最古だが、黄河流域と形態が違っている。長江流域は殷とは異なる独自の青銅器文化をもっていたようだ。あるいは長江の玉器製造技術が、華北の青銅器製作に影響を与えたともいわれている。長江文明の職人が北へ移動することで、黄河の青銅器技術が発達していったのではないだろうか。長江流域から紀元前三五〇〇年～前三〇〇〇年の青銅器が発掘されれば都合がよいが、歴史はそれほど図式的ではない。

また、中国の鉄器についてはは正確にはわかっていない。春秋時代に初めてつくられたといわれるから紀元前八世紀にまでしか遡れないだろう。しかし長江流域の呉で発明されたといわれるため、やはり技術力は長江が上のような気がする。また、中東コアでは製鉄法は、すでに紀元前三千年紀にアナトリア半島のハッティ人が発明していたが、普及したのは紀元前一千年紀前半である。それを考えれば大差はないし、繰り返すが冶金術を重視するのは欧米人の考えで同調する必要もない。

❖中国の文字

ところで、甲骨文字の起源も長江にあると推測してしまいそうであるが、長江流域からは、符号はあっても文字と呼べるものは出土していない。長江流域で甲骨文字の原型となった文字が発見される可能性はあるのだろうか。そうなれば中国古代史は全く書き換えられるだろう。

黄河流域の甲骨文字（約四五〇〇字）の原型は紀元前二〇〇〇年頃つくられたといわれるが、最古の甲骨文字は紀元前一三世紀のもので、それ以前七〇〇年の変遷はわかっていない。甲骨文字で、祭祀、戦争、農業、狩猟、天候、災厄など占いが記された（甲骨占卜《せんぼく》）。

周は字体の統一を図ったが、春秋・戦国時代に各諸侯が独立したため地域の字体が相違した。秦による字体の統一が篆書《てんしょ》である。漢代に簡単な隷書《れいしょ》が普及した。だから漢字と呼ばれる。隷書は、現在の楷書体・行書体・草書体のもとになった。文字の発明では中東に遅れをとったが、紙は中国で発明され二世紀から普及した。それ以前には

図16　甲骨文字、篆書、隷書

竹簡《ちくかん》・木簡《もっかん》に書いていた。

中国と中東との違いは、中国では北から侵入してきた集団のつくった文字（漢字）を採用したということである。漢字と王朝システムは朝鮮半島、日本、ベトナムに伝わって派生文明を生んだ。漢字は現在でも日本と中国で使われている。現在世界で使われている文字表記の起源を中東にもたないのは漢字だけである。かつてベトナムでは漢字とそれをもとにつくった字喃《チュノム》が使われていたが、フランス植民地時代以降ラテン文字にとって替わられた。なおハングル（訓民正音《くんみんせいおん》）は一四四六年李氏朝鮮の世宗（在位：一三九七〜一四五〇年）によって導入されたが、何文字を基につくったかは不明とされている。パスパ文字（モンゴル文字つまりアラム文字系統）から創ったという説があるが、フィッシャー『文字の歴史』は、日本のカナ同様、漢字から考案したと述べており、同感である。

3．インドコア

❖インド最初のコアとしてのインダス文明

中東と中国の間にインドがある。ここもコア文明である。インダス文明は都市国家群の総体をいい、西北インドとパキスタン東西一五〇〇km、南北一八〇〇kmに及んだ。これは北海道から九州までの日本列島の距離に匹敵する広大な文明圏である。遺構の数は約二六〇〇を数える。土器、石器、銅器、青銅器、焼成《しょうせい》レンガ、都市計画、上下水道施設、沐浴場、度量衡、文字をもった。しかし、印章、銅版、土器に記されたインダス文字は解読されていない。インダス文字に類似する刻印のある土器は紀元前三五〇〇年頃のものである。となると、シュメル文字とは関

図 17　インダス印章
（紀元前 2500 ～前 2000 年）

年表 6　インド文明（年代は頃）

前 7000	インド最古の農耕遺跡
前 5000	稲作が東南アジア経由で伝わる
前 3500	インダス文字らしきの刻印ある土器
前 2600	インダス文明（～前 1900）
前 1500	インドにアーリア人侵入（～前 1000）
前 1100	インドで鉄器製作
前 8/7 世紀	ブラーフミー文字、カローシュティー文字つくられる
前 500	インドで小国割拠する。文法学者パーニニによるサンスクリット語の整備。東南アジア大陸部で鉄器使用
前 317	インド最初の統一国家マウリヤ朝（～前 180）
前 1 世紀	インド南部にアーンドラ朝（～後 3 世紀）
1 世紀	クシャーナ朝（～ 3 世紀）
320	グプタ朝（～ 500）
6 世紀	ヴァルダナ朝（～ 7 世紀）
11 世紀～	トルコ系騎馬遊牧民の侵入続く
14 世紀～	東南アジア海域・島嶼部にイスラム浸透開始
1526	ムガル帝国（～ 1858）

係なく発生した可能性が大きい。

インダス文明（紀元前二六〇〇～前一九〇〇年頃）は初期東ユーラシア人の文明である。長田俊樹『インダス文明の謎』によれば、インダス文明の担い手は「アフリカ人のようだった」というから、八万年前東ルートを選択し、モンゴロイドに形態変化する以前の集団の末裔であったものと推測される。

インダス文明の諸都市共同体は「民主主義的共同体」であったといわれる。今のところ王権の存在が確認されないからである。都市間の戦争の痕跡もない。都市は「祭祀センター」であったという。ただ武器の類は少数ながら出土しており、城砦跡も発見されているから戦争はあったに違いない。推測の域を出ないのは発掘調査が進んでいないのが原因である。文字が解読されれば、また違った像が出てくるだろう。

インダス都市間で交易をおこなっただけではなく、シュメル人とも海上を使って交易していた。メソポタミア交易を媒介したのはアラビア半島南東部（オマーン）の海洋民であった。インダスからは紅玉髄《こうぎょくずい》（宝石）の加工品などを輸出していた。陸上では西隣イラン高原のエラム人との交流もあったといわれる。ということは彼らとの混血もおこなわれた可能性もある。

不思議にも、インダス文明が滅んだ時期は、中国では長江文明が征服され、中東ではシュメル文明が滅び、インド・ヨーロッパ語族の南下が始まった時期と重なっている。紀元前二〇〇〇年前後である。一説には気候の乾燥化・寒冷化で民族移動があったという人もいる。確かに現在のインダス川流域は砂漠化している。都市を捨ててガンジス川方面や南へ移動し、都市は廃墟となった。以前は、インド・ヨーロッパ語族（アーリア人）が破壊したとされたが、今では否定されている。

とはいってもインダス文明地帯から人が全くいなくなったわけではない。都市文明を維持するための食糧生産性がなくなったということである。農耕・牧畜社会は存続し、土器や青銅器の技術は受け継がれた。それを発展させて紀元前一一〇〇年頃には鉄器も登場して、紀元前一〇〇〇年頃にはガンジス川流域に伝わった。時期的にみても中東から伝わったものではなく、自前で開発した可能性が大きい。インド全般における鉄器の普及は紀元前八〇〇年頃である。

✣インダス文明の食料と信仰

インド地域では、紀元前七〇〇〇年頃、今のパキスタン・アフガニスタン国境に最古の農耕（オオムギとコムギ）遺跡がある。中東からムギ農耕が伝わったかは不明である。アワとキビといった雑穀もつくられた。そして、牛、山羊、羊、ロバの牧畜がおこなわれた。基盤食としてのムギを曳く石臼はシュメル人との交易で伝わった可能性がある。だから、インダス文明初期までは、オオムギ、コムギ、雑穀類はパンにせずに茹でて食べていた。

図18　地母神像

コメもすでにインダス文明期には食べられていた。稲作は、紀元前五〇〇〇年頃東南アジア経由でガンジス流域に伝わった。そこから西へ伝播した。モンゴロイド化した民族が持ち込んだとすれば、彼らとの混血も起こったかもしれない。インダス文明が特定の民族によってではなく、種々の民族が関わっているという説がある。先のオマーン人やエラム人との接触も考慮すれば、それも説得的かもしれない。だが、私は、多くの都市は初期東ユーラシア人の文明と推察している。

インダス文明期の信仰は、樹木崇拝（菩提樹）、動物崇拝（牡牛、孔雀など）、地母神信仰などであった。植物や動物あるいは石などあらゆるものに精霊が宿るという信仰をアニミズムという。地母神も土地に神が宿るという信仰だから一種のアニミズムである。死者の霊魂がいく冥界観もあった。水の祭儀利用、牛の神聖視、シヴァ神を連想させる印章なども特徴である。これらは後のヒンドゥー教の習俗に受け継がれた。インダス文明の諸都市は消滅したが、インド文明の最古層であることは間違いない。この初期東ユーラシア人主体の文明は、やがて西ユーラシア人との融合で大きく発展することとなる。

❖アーリア人の侵入・混血

先住初期東ユーラシア人の世界に、紀元前一五〇〇年頃～前一〇〇〇年頃にかけて継続的に、北西からインド・ヨーロッパ語族（自らを高貴な人を意味するアーリア人と呼んだ）がパンジャーブ地方（現在のインドとパキスタン国境）入ってきた。彼らは西北インドからガンジス川方面に徐々に移動したので、北インドで混血がより進んだ。

紀元前一五〇〇～前五〇〇年は、侵入してきたアーリア人と先住民の戦い、アーリア人諸部族同士の戦い、アーリア人と先住民の混血化の時代であった。混血の結果、紀元前一〇〇〇～前五〇〇年頃までには現在のインド人のだいたいの身体的特徴ができたと思われる。今のインド人は初期東ユーラシア人と西ユーラシア人の混血の末裔である。緯度の関係とともに、初期東ユーラシア人の数が相対的に多かったのであろう。混血しても皮膚は褐色を維持した。

カースト（ポルトガル語でカスタ＝種別の意味）は、すでにバラモン教最古の経典『リグ・ヴェーダ』に表現されている。カーストはサンスクリット語では「ヴァルナ varna」といわれ、もともとは「色」のことであった（ヴァルナ神 varuna とは発音が異なり、別物である）。バラモン（聖職者）、クシャトリヤ（王族）、ヴァイシャ（庶民）、シュードラ（隷属民）の四姓制度は、支配階級としてのアーリア人が色の黒い先住民を差別したことに由来する。肌色にもとづく区別は最初おそらくアーリア人と先住民の二区分であった。先住民の多くがシュードラとなった。アーリア人のなかにも階級があった。それが上位三ヴァルナの基である。しかし混血が進むと身体的特徴での区分は薄れた。だから、ヴァルナ間の通婚が忌避となったのは、アーリア人と先住民との混血がかなり進んだ後のことである。

やがて「生まれ」（ジャーティ）にもとづく職能集団・社会集団が数多く誕生した。ジャーティとヴァルナは不可分であるが同一ではない。バラモンでも軍人や商人はいる。ヴァイシャの富裕層もいる。ただし僧はバラモン出自にしか許されない。ジャーティは数千の種類があるといわれ、上下関係も複雑である。ヴァルナのみならずジャーティ間の通婚も困難である。インド独立後の憲法（一九四七年）では、ヴァルナもジャーティも廃止されたが、現実には現在も少なからず機能している。

❖王国の盛衰と南北インド

紀元前五〇〇年前後の北部インドは小国割拠状態であったが、なかでもマガダ国が強かった。最初の統一王朝はマガダ国から出たマウリヤ朝（紀元前三一七年頃～前一八〇年頃）である。マウリヤ朝はインド南部まで支配した。マウリヤ朝崩壊後、西ユーラシア人・イラン（ペルシア）系騎馬遊牧民クシャン人が侵入し、クシャーナ朝（一～三世紀）が成立した。この王朝は西北インドを支配した。グプタ朝（三二〇年頃～五〇〇年頃）も北部インドを統一したに過ぎなかった。グプタ朝時代にゼロ（零）の発見とインド数学が発展した。

グプタ朝は西ユーラシア人・イラン系騎馬遊牧民エフタルの侵入で崩壊した。六〜七世紀には北部にヴァルダナ朝（六〜七世紀）が成立したが、衰退後は小国分立状態となった。一一世紀以降になると、イラン系騎馬遊牧民に代わって、イスラム化したトルコ系（東ユーラシア人）騎馬遊牧民の侵入が続いた。しかし、北部のイスラム諸国家は南部に勢力を張ることはできなかった。熱帯性気候とデカン高原の地形が障害となって騎馬遊牧民の侵入を防いだのだろう。

インド北部には最初イラン系騎馬遊牧民、続いてトルコ系騎馬遊牧民が侵入を繰り返した。最後はトルコ系ムガル帝国（一五二六〜一八五八年）で、ほぼインド全域を支配下においた。最初のマウリヤ朝と最後のムガル朝だけがインドを統一できたのは皮肉だろうか。しかし南部の支配は長く続かなかった。

インドでは、北部の騎馬遊牧民・陸上国家と南部の海洋国家は近代まで統合されることなく、ある意味別個の文明をなしていた。南部の最初の統一王朝はアーンドラ朝（紀元前一〜後三世紀）であった。インドのコア文明としての特徴は北部の陸上国家と南部の海洋国家が統合されなかったことにある。侵入した騎馬遊牧民はインド北部のみ支配できた。中東コアと中国コアが、総体として常に騎馬遊牧民の挑戦を受けつづけたのとは明らかに異なっている。これについては、6章で取り上げる。南北はヒンドゥー教のみでつながっていた。つまり、ヒンドゥー教こそインド文明そのものであった。ヒンドゥー教についてもあらためて述べる。

❖インドの文字と言語

インドでは、インダス文字消滅以来ずっと文字をもたなかった。中東のアラム文字を改変したブラーフミー文字（ブラフマンの文字という意味）とカローシュティー文字が紀元前八〜前七世紀に創られ、紀元前五世紀には広く普及した。同時期、文法学者パーニニが、インド・ヨーロッパ語系諸方言をサンスクリット語として文法的に整備した。

ブラーフミー文字から多くの派生文字が生まれた。おおきく北方系と南方系に分かれる。ブラーフミー文字はインド南部の非インド・ヨーロッパ語であるドラヴィダ語系言語にも使われたのみならず、チベット語、東南アジアの諸語の文字の起源となった（インドネシアとフィリピンでは植民地化の影響で完全にラテン文字にとって替わられた）。ちなみに、ドラヴィダ語はインダス文明の言語の子孫という説もある。

現在のインドは二〇近い言語が話されている。主なものはインド・ヨーロッパ語系のヒンディー語やベンガル語、ドラヴィダ語系のタミル語などである。ヒンディー語はサンスクリット語から発展したもので、ブラーフミー文字から派生したデーヴァナーガリー文字で記す。タミル文字は南方系ブラーフミー文字から発展したものである。なお、日本の塔婆などに記されている梵字《ぼんじ》はブラーフミー文字である。字体は北方系ブラーフミー文字の一変種「シッダマートリカ」が基である。この漢訳が悉曇《しったん》文字、つまり日本でいう梵字である。

❖東南アジアはインドの派生文明

東南アジアは、インドシナ半島大陸部（ミャンマー、タイ、ラオス、カンボジア、ベトナム）と、海域・島嶼部（マレー半島、スマトラ島、ジャワ島、ボルネオ島など）に区分できる。東南アジアは、宗教（ヒンドゥー教と仏教）、文字、法について、インドの影響が圧倒的に強い。法についてはヒンドゥー教のマヌ法典が模範とされた。鉄器使用は紀元前五〇〇年頃で、インドから伝わったものと思われる。

中国の漢字や唐の法制度を採用したのはベトナムだけであった。その他中国の影響は稲作の伝播で、東南アジア大陸部から海域まで伝わった。ベトナム（北部）、カンボジアなどの王朝は中国に朝貢した。大陸東南アジアには中国人が移住してきた影響もあるのだろうが、顔つきはインド風ではなく中国風である。もともと東ユーラシア人（モンゴロイド）が多く（前述のように最初に入ってきたのは初期東ユーラシア人で、ここでモンゴロイドに形態変化した）、

図19　アンコール・ワット（12世紀）

インドのように西ユーラシア人との混血はほんとんどおこなわれなかったという説明がいちばんわかりやすいだろう。それに対して海域・島嶼部が多様であることは前述した。

大陸東南アジアに伝わった上座部仏教は、原則個人の解脱を目的とする。だから出家者を支援（布施《ふせ》）することで現世と来世の救済を期待した（一部大乗仏教も伝播。仏教については後述）。仏教とヒンドゥー教は在地の信仰と混淆した。ヒンドゥー教が栄えたのはベトナム南部のチャンパー王国（二～一五世紀）とカンボジアのクメール朝（九～一五世紀）である。クメール朝は、アンコール・ワットの遺跡が有名である。

ヒンドゥー教は、南部インド人の移民にともない、とくに海域・島嶼部に浸透した。南部インドは東南アジア海域・島嶼部と海上交易で強く結ばれていた。バリ島は、現在でも三〇〇万人のヒンドゥー教徒がいるが、祖先崇拝と混淆している。島嶼部に大乗仏教が入った形跡はジャワのボロブドゥール寺院にみられる。

海域・島嶼部は一四・一五世紀以降、ムスリム商人とムスリム神秘主義教団（後述）を介してイスラムが浸透する。現在、海域・島嶼部はバリ島を除いて、圧倒的にムスリムが多い。マレーシアはイスラムを国教としている。インドネシアは世界最大のムスリム人口をもつが、先行のヒンドゥー教的要素と混淆している。たとえば、ジャワ人は公式にはイスラムだが、冠婚葬祭やもろもろの行事の折にはヒンドゥー教と混淆した在地の神々に供え物をして祝っているという。他方大陸部ではイスラム化は局所的にしか起こらなかった。

東南アジアは、ヨーロッパの植民地になっても、ほとんどキリスト教化することはなかった。それは、先行のヒンドゥー教、仏教、イスラムが「高等宗教」（後述、第Ⅳ部）であったからである。キリスト教化されたのは「原初的宗教」が色濃かった地域である。オランダの植民地であったインドネシアのキリスト教徒人口は約九％にすぎない。例外はフィリピンで、ここではキリスト教徒が九〇％以上（ほとんどカトリック）である。フィリピンには先行の「高等宗教」が入っていなかったからである。

主要参考文献（本文既出除く）
青木健『ゾロアスター教』
同『アーリア人』
梅原猛・厳文明・樋口隆康『長江文明の曙』
梅原猛・安田喜憲『長江文明の探究』
大城道則『古代エジプト文明』
落合淳思『甲骨文字小字典』
月本昭男『目で見る聖書の時代』
手嶋兼輔『海の文明ギリシア』
内藤雅夫・中村平治編『南アジアの歴史』
平山郁夫シルクロード美術館・古代オリエント博物館編『メソポタミア文明の光芒』
堀敏一『古代の中国』
村治笙子・片岸直美『図説エジプトの「死者の書」』
安田喜憲『古代日本のルーツ　長江文明の謎』
山本栄史『現代中国の履歴書』
山本由美子『マニ教とゾロアスター教』
吉成薫『エジプト王国三千年』
ボッテロ／ステーヴ『メソポタミア文明』
ロビンソン『[図説]文字の起源と歴史』

〔5章〕アフリカとアメリカの「コア文明」
——西アフリカ・メソアメリカ——

1. アフリカのコア

❖西アフリカ文明の畑作民と稲作民

サハラ砂漠以北は、エジプトを含む中東文明、その派生文明としての地中海南岸およびエチオピア（キリスト教文明）である。サハラ砂漠以南のアフリカで狩猟採集だけで生活していたのは例外に属し、多くの民族はヤムイモと雑穀農耕をおこない、山羊・牛の牧畜あるいは遊牧を営んだ。これらと狩猟採集も混ぜた混合型も多かった。アフリカは人類発祥の地である。そこで「高度な文明」が誕生しないわけがない。

コアは今のナイジェリアのニジェール川流域の「西アフリカ文明」である。北緯五度〜二〇度あたり、現在のナイジェリア、ニジェール、マリからギニア湾岸・大西洋沿岸地帯にかけてである。農耕は、紀元前五〇〇〇〜前三〇〇〇年、モロコシ（ソルガムともいい中国では高粱《コーリャン》という）、シコクビエ、トウジビエといった雑穀とヤムイモ栽培が始まった。これは畑作農耕である。中国の項で、雑穀だけでは高度な文明は成立しないと述べたが、アフリカはヤムイモの存在が大きかった。イモ類は穀類に準ずる。

年表7　アフリカの諸文明（年代は頃）

前 7000	ナイル・サハラ語族のソンガイ人東方から西アフリカに移動（～前 3000）
前 5000	ニジェール・コンゴ語族バントゥー系諸民族が西アフリカで雑穀とヤムイモを栽培化（～前3000）
前 2000	バントゥー系農耕民、西アフリカからアフリカ各地へ移動（～紀元前後）
前 3500	西アフリカ最古の土器
前 500	鉄器製作
前 3 世紀	ニジェール川中流域で稲作
2/3 世紀	アフリカ東岸熱帯地方でココヤシ、タロイモ、バナナ、砂糖、稲の栽培
600	青銅器製作
7 世紀	西アフリカ・ニジェール川中流域にガーナ王国とソンガイ王国成立
9 世紀	西アフリカにイスラム商人来るようになる
9/10 世紀	アフリカ東岸熱帯地方にスワヒリ混血社会が形成
9 世紀	チャド湖周辺にカネム王国（～ 13 世紀）
12 世紀	西アフリカ・ガーナ王国滅亡。マリ王国成立。東南アフリカにマプングブエ王国成立
14 世紀	ニジェール川下流域にベニン王国勢力もつ（～18世紀）。東南アフリカにグレート・ジンバブエ王国
14/15 世紀	ヴィクトリア湖周辺にバチュウェジ王国
15 世紀	コンゴ川流域にコンゴ、ルバ、ルンダ王国。東南アフリカにムタパ王国、トルワ王国
17 世紀	東南アフリカにチャンガミレ王国
17/18 世紀	ニジェール川下流域に複数の王国分立
19 世紀	南アフリカにズールー王国
1818	西アフリカ・マーシナ王国（～ 1862）
1848	西アフリカ・トゥクロール王国（～ 1897）

地図5　アフリカ・コアと派生の位置（年代は年表参考）

特筆すべきは稲（水稲）が西アフリカ・ニジェール川中流域で栽培されていたことである。紀元前三世紀まで遡れる。アフリカ自生の稲である。これは強力な基盤食になる。現在でもニジェール川の一部流域では重要な基盤食となっている。

西アフリカ文明の担い手は、ヤムイモと雑穀（モロコシ）を基盤食とするバントゥー系諸民族（ニジェール・コンゴ語族というアフリカ最大の語族のなかでもバントゥー諸語が最大）と、ニジェール川中流域でコメを基盤食とするソンガイ人であった。ソンガイ人はナイル・サハラ語族に属し、紀元前七〇〇〇年～前三〇〇〇年にアフリカ東方から移住してきた民族である。牛の牧畜は両民族ともおこなったが、ソンガイ人に特徴的なのはニジェール川の漁の文明である。稲作と魚の組み合わせというのは長江文明や日本と似ている。

しかし、稲作をおこなったソンガイ人は西アフリカ文明では少数派であった。ここでは畑作のバントゥー系諸民族が多数派であった。結局ソンガイ人の稲作は普及することはなかった。稲作が普及していたら、また別の歴史があったかもしれない。アフリカにおける稲栽培の普及の弱さは何なのだろうか。アジアの稲はバリ島（南緯八度）など熱帯地方でも栽培化された（東インドネシア島嶼部とニューギニア島は除く）。ソンガイ人の稲も熱帯地方のものである。稲は熱帯向き（もちろん温帯も）で寒冷地帯には育たない。結局多数派であるバントゥー系が採用しなかったことが最大の理由なのだろう。

西アフリカ文明の基盤食はヤムイモと雑穀が主役であった。ソンガイ人の稲を取り入れなかったことがコアとして一つの弱点になったように感じる。もし畑作民のバントゥー系諸民族が稲を基盤食に組み入れていたら中国のような強力なコアになっていたかもしれない（中国文明は長江の稲を基盤食に取り込んだ）。

ちなみに、西アフリカ文明最古の土器は紀元前三五〇〇年頃である。鉄器製作は、紀元前五〇〇年以前からおこなわれていたようである。青銅器は、紀元後六〇〇～一〇〇〇年の遺跡でみつかっている。鉄器が先で青銅器が後というより、発掘が進めば鉄器以前の青銅器が見つかるのではないだろうか。

かつてのヨーロッパ人は、鉄器の発明は「黒人」には無理だと考えた。ある者はナイル川上流で栄えたクシュ王国のメロエから西アフリカに伝播したとした。つまり中東から伝わったと理解した。別の説はカルタゴのフェニキア人の製鉄技術がベルベル人（北アフリカの西ユーラシア人系遊牧民）経由でサハラ砂漠を越えて伝わったとした。しかし、現在は独自でつくったというのが定説である。鉄鉱石は地球上どこにでも分布しているのでそうみるのが自然である。もちろん青銅器も同様であろう。

❖王国の成立と発展

西アフリカ文明最初の王朝国家は、バントゥー系の畑作民ソニンケ人と稲作民ソンガイ人によって同時期七世紀に成立した。ソニンケ人によって築かれたガーナ王国とソンガイ人によるガオ王国（ソンガイ王国）である。どちらもニジェール中流域（現在のマリからモーリタニア付近）に展開したが、ガーナ王国が上流寄りにあった。

一一世紀のガーナ王国は、二〇万人以上の常備軍を備えていたという。畑作民のガーナ王国は一二世紀には崩壊し、マリ王国に取って替わられた。一三・一四世紀にはマリ王国は、稲作民ソンガイ人も支配し、大西洋にいたるまでの大帝国を築いた。一五世紀中葉にソンガイ王国がニジェール川中流域に一時的に再興し隆盛を極めたが、一六世紀末には衰退した。稲作民ソンガイ人は、最後まで西アフリカ文明の主役になれなかった。つまり「西アフリカ文明」が「コメ化」することはなかった。

西アフリカは金《キン》の産地であったため九世紀頃から、金をもとめてムスリム商人が来るようになった。彼らは塩をもってきた。サハラ以南では、塩は何よりも重要な輸入品であった。交易品の数は徐々に増え、馬、宝石、衣類、陶磁器などがもたらされ、見返りに、奴隷、黒檀《こくたん》（木材）、ゴム、象牙などを提供した。

図 20　ベニンの青銅製飾り板

図 21　ヨルバのテラコッタ頭部像

ニジェール川がギニア湾に注ぐのデルタ地帯には一一世紀に都市国家が築かれていたが、一四世紀にはベニン王国が勢力をもった。基盤食はヤムイモと雑穀であった。この王国は一八世紀末まで続き、ヨーロッパと対等な貿易をおこなった。奴隷、金、象牙、工芸品などを出す代わりに塩と銃器を得た。王都の道路は広く整備され、堅固な城をもった。王都は城壁で囲まれ、強力な軍隊をもった。ベニン王国とその西方ヨルバ諸国（一三世紀頃成立）の青銅像、象牙の工芸品、テラコッタ像と呼ばれる焼き物、木彫り像といった造形芸術は世界的にみても優れたものである。中東やヨーロッパへ輸出された。

一七・一八世紀には西アフリカ文明の中心は、ニジェール川下流域（ハウサランドと呼ばれる）に移り複数の王国が分立した。ニジェール川の西のギニア湾岸地帯では、一六・一七世紀からダホメー（現ベナン）、アクワム、アシャンティ（ともに現ガーナ）といった国家が興亡した。一九世紀に入ると、ニジェール川中流域にマーシナ王国（一八一八～六二年）、トゥクロール王国（一八四八～九七年）（ともに現マリ）といったイスラム国家が成立したがフランスに屈した。

西アフリカ文明の歴史は、他のコア文明と比較すると新しいようにみえるが、それは発掘調査が進展していないことも関係しているだろう。将来、発掘調査が進めば、中東や中国に匹敵するような古い文明の痕跡が見つかるかもしれない。ちなみに、ムギ類やトウモロコシの栽培は、ヨーロッパ植民地時代、一九世紀末から二〇世紀前半に普及した。

❖西アフリカ文明の派生文明

紀元前二〇〇〇年から開始されたバントゥー系農耕・牧畜民の移動は、紀元前後までにアフリカ各地にヤムイモ、雑穀（とくにモロコシ）、アブラヤシなどの栽培化を伝えた。現在アフリカ各地で盛んな牛の牧畜の発祥地も西アフリカ文明と推測される。冶金術もそうである。西アフリカ文明で独自に青銅器や鉄器をつくり、それが中央アフリカ、東南アフリカに伝播した。伝播者はバントゥー系諸民族である。鉄器は紀元前三世紀頃東アフリカのヴィクトリア湖周辺、紀元後二～四世紀にはコンゴ盆地、さらに東・南アフリカに普及した。

アフリカの主役はバントゥー系諸民族であった。バントゥー諸語の祖地はカメルーン西部のギニア・サバンナ（ニジェール川下流域東岸）、つまり西アフリカである。これは遺伝子を調べた調査でも実証されている。バントゥー系諸民族が西アフリカから各地へ雑穀とヤムイモ農耕・牧畜・文明を伝えたのである。

王朝国家や都市国家も西アフリカ文明の影響のもとに成立した。西アフリカ文明から東に位置するチャド湖周辺には、カネム王国が九～一三世紀に栄えた。熱帯のコンゴ川流域では、一五世紀に、コンゴ、ルバ、ルンダの各王国が成立した。東アフリカ内陸部ヴィクトリア湖東岸には、一四・一五世紀にバチュウェジ王国が成立した。東南アフリカ・ザンベジ川・リンポポ川流域では、一二世紀にマプングブエ王国が形成された。一四世紀にはグレート・ジンバブエ王国、一五世紀にはムタパ王国とトルワ王国、一七世紀末にはチャンガミレ王国が続いた。ムタパ王国は、勢力が衰えながらも一九世紀末まで存続した。南アフリカには一九世紀初頭に強大なズールー王国が成立した。

❖西アフリカ文明のコアとしての弱さ

西アフリカ文明では「原初的宗教」しか存在しなかった。これがコアとしては致命的であったと思われる。強力なコア文明となるためには「高等宗教」を必要とする。詳しくは後述（第Ⅳ部）するが、ここでいう「原初的宗教」とは、便宜的用語としてシャーマニズム（降神術・降霊術）、アニミズム（万物に精霊・霊魂が宿るという信仰）、祖先崇拝、神々信仰などと一応理解しておこう。とはいっても、これらは複合的（混淆して）に現れるので上記の概念ですべて説明できるほど単純ではない。「原初的宗教」は現世志向が強い。現世でのご利益を期待する。各地の民族にみられる信仰である（ヨーロッパ人も例外ではない）。

それに対して、「高等宗教」とは死生観を体系化・論理化した宗教である。死生観（死後の世界の観念）はどの民族ももっていたが、これを体系化・論理化させるとは、現世と来世の関係を哲学的に練り上げることをいう。教義や神学をもつと言い換えてもよい。そして「高等宗教」の特徴は来世に救済を求める。現世志向ではなく来世志向である。「高等宗教」はキリスト教、イスラム、ヒンドゥー教、仏教などである。

しかも、西アフリカ文明が独自の文字をつくりだした証拠は今のところない。イスラムが入ってきても文字文化が発達しなかった。これも弱点であろう。

❖西アフリカの宗教

西アフリカでは、祖先崇拝、神々崇拝・精霊崇拝および呪術が混淆していた。祖先は精霊祭儀で重要な役割を果たした。とくに豊穣をもたらす大地の精霊祭儀と祖先祭儀は結合していた。西アフリカの多くの神話では、天神（天空神）あるいはその従者が人間を大地から創り、生命を吹き込んだという。その結果、人間の生命力は天神の一部とみなされる。ヨルバ族では、天神オロルン、その従者オリシャ、大地の女神オニル、宣託の神オルンミラが知られている。しかし、身体に生命をあたえているのは天神だけでなく祖先から受けた霊的要素がより重要であった。祖先は川の対岸にある冥界に住み、時に生者の共同体に戻ってくる。それによって共同体の安寧を保証し、時には警告や罰を与える。

　こうして西アフリカでは祖先崇拝が中心的役割を占めた。祖先になれなかった死者は亡霊となって災いをもたらすので死者儀礼が必要であった。また呪術師が存在し、彼（女）は共同体に害を及ぼす側面と益を供する側面をもつ。前者はヨーロッパでいえば魔女である。後者は例えば多産を与え病気を癒し予言をおこなう。いずれにせよ、「高等宗教」に特徴的な来世での救済という死生観が感じられない。

　しかし、西アフリカは一二世紀から徐々にイスラム化されていった。最初は王権が、イスラム商人との関係を良好にするためだったとも考えられる。一般民衆は長らく彼らの「原初的宗教」を残存させていたが、やがてイスラム神秘主義（後述）が在地の信仰と融合し、イスラムが浸透していくこととなる。

✣「高等宗教」との遭遇

イスラムが浸透した赤道以北のアフリカ北部、西部、東部では、ヨーロッパ（イギリス、フランス、ドイツ、イタリア、ベルギー、ポルトガル、スペイン）の植民地化（「アフリカ分割」は一八八四・五年。ベルリン会議にはアメリカ合衆国も参加）によってもキリスト教化されることはなかった。

　キリスト教が広まったのは「原初的宗教」の強かった赤道以南地域であった。また、西アフリカでも、たとえば現在のガーナはキリスト教が多数である。ナイジェリアは北部がイスラム、南部がキリスト教であるが、これは諸民族間の違いの反映である（北部ハウサ人など、南部イボ人やヨルバ人など）。

　イスラム化にせよキリスト教化にせよ、現地民衆の改宗は、単に「高等宗教」に呑み込まれたという単純な図式ではない。呑み込まれたというのは良い表現ではない。「高等宗教」が普及（勝利？）するには、現地の「原初的宗教」との混淆が必ず必要であった。あるいは「高等宗教」は単なる外皮に過ぎないのかもしれない。

他方、ヨーロッパによる植民地支配への抵抗の場や論理を、イスラムやキリスト教が提供した。「白人」支配に対するメシア運動はその典型である。

✣スワヒリ混血文明

東アフリカ熱帯沿岸地方（現在のソマリア、ケニア、タンザニア、モザンビークにいたる全長約二四〇〇km、幅一〇kmの海岸線。北緯一〇度から南緯二〇度あたり）では、一・三世紀以降、熱帯の海洋性気候を利用してココヤシ、タロイモ、バナナ、砂糖、そして稲が栽培されていた。稲作をもたらしたのはソンガイ人ではなく、ココヤシやバナナ同様、東方から移住したペルシア人とアラブ人である。ペルシア湾岸と熱帯アフリカ東岸の間の人と物の移動は早くから始まっていた。東アフリカ沿岸地方では、移動してきたバントゥー系の人々が伝えたのはモロコシで、これが彼らの主食であった。

東アフリカ熱帯地方にはペルシア湾岸からイスラムとなった西ユーラシア人（ペルシア人とアラブ人）が移住して、バントゥー系アフリカ人と混血して、九・一〇世紀頃「スワヒリ混血社会」がつくり出された。混血化は、すでにイスラム以前の一世紀半ばに始まっていた。「スワヒリ」は岸部や縁を意味するアラビア語の「サワーヒル」が語源である。スワヒリは、バントゥー系アフリカ人と西ユーラシア人系ペルシア・アラブ人の混血だけではなく、一五世紀までにはインド人も渡来・定住したからより複雑な混血文明となった。スワヒリ混血文明も、バントゥー系が基盤にあるが、他の派生文明とは一線を画した独特の文明であった。

スワヒリ混血文明の担い手は、イスラム教徒であり都市文明を築いた交易商人であった。奴隷の他に大陸内部からは金、鉄、銅、象牙、犀角《さいかく》、獣皮、乳香（芳香樹脂）などが集められ、スワヒリの交易港から中東、インド洋海域、中国に送られた。他方、中東からはガラス器、本、インドからは綿布、中国からは陶磁器などが入ってきた。中国の唐代や宋代の貨幣が多数発見されている。

ここではバントゥー系のスワヒリ語が話された。アラビア語、ペルシア語あるいはヒンディー語からの借用語も多い。スワヒリ社会には、一六世紀ポルトガルが進出を試みるが、アラビア半島のイスラム国家オマーン王国によって食い止められた。それによって、スワヒリ社会は、さらなる経済的・文化的繁栄を築いていった。一九世紀末のヨーロッパ列強による植民地化まで独自な文明圏を築いていた。

熱帯東アフリカ沿岸はザンジュ海岸とも呼ばれた。ザンジュとは黒人奴隷の意味である。かつて東アフリカ沿岸地域に支配権を行使したササン朝ペルシア（二二六～六五一年）の商人は、バントゥー系アフリカ人を、アフリカ熱帯東海岸から労働奴隷として現地の首長を通じて購入したというが、これが黒人奴隷貿易の先駆であろう。

2．アメリカのコア

✣メソアメリカ文明

アメリカ大陸のコアは、現在のメキシコ南部からグアテマラにかけて「メソアメリカ文明」（北緯一五～二五度付近）である。マヤ文明が有名であるが、マヤはメキシコ湾に突き出たユカタン半島の文明で、メソアメリカはより広範囲を指す。メソ（meso）とは中央という意味で中米文明といってもよいが、メソアメリカ文明としておこう。ほぼ熱帯地方である。地球儀を右に回すと、西アフリカ文明とほぼ同緯度にあることに気付く。ユーラシアの三つの原コアであったシュメル・エジプト、インダス、長江が北緯三〇度ラインにあるのとは大きく異なる。

１章で詳述したように、東北アジアの集団がアメリカ大陸に移動・拡散したのは最終氷期が終わった一万四五〇〇年～一万三五〇〇年前であるから、農耕の始まりもそれ以前には遡れない。紀元前八千年紀（紀元前

年表８　アメリカの諸文明（年代は頃）

前 8000	メキシコ西部でトウモロコシ栽培化
前 6000	南米で最初の植物栽培（綿とひょうたん）
前 5600	アンデスで土器製作
前 5000	アンデスでジャガイモ栽培化
前 3000	メソアメリカで定住村落。アンデスで神殿建築（～前 1000 チャビン文明）
前 2200	オアシスアメリカにトウモロコシ農耕伝わる。
前 2000	メソアメリカで農耕社会の成立。トウモロコシとカボチャ栽培化アメリカ全土に伝播
前 1800	メソアメリカで土器の出現
前 1500	アンデスで銅器製作
前 1200	メソアメリカから伝わったトウモロコシ栽培がアンデスで普及。農耕社会の成立
前 1200	メソアメリカ・オルメカ文明（～前 400）
前 1000	オルメカ文字発明（～前 800）
前 1000	メソアメリカ・マヤ文明（～紀元後 16 世紀）
前 500	メソアメリカ・サポテカ文明（～紀元後 750）
前 100	メソアメリカ・テオティワカン文明（～紀元後 600）。アンデスのナスカ文明（～紀元後 700）
前 3 世紀	最古のマヤ文字壁画
1 世紀	アンデス文明最初の王国であるモチェ王国（～ 8 世紀）
250	マヤ文明最盛期（～ 900）
600	南米からメソアメリカに冶金術伝わる
600	アンデス文明・ティワナク王国（～ 1100）
700	アンデス文明・ワリ王国（～ 1100）
700	アンデス文明・チムー王国（～ 1470）
850	アンデス文明・シカン王国。のちにチムー王国がシカン王国を征服（1375）
900	メソアメリカ・トルテカ文明（～ 1150）
900	メソアメリカ・ミシュテカ文明（～ 1522）
1350	メソアメリカ・アステカ文明（～ 1521）
15 世紀	アンデス文明・インカ帝国（～ 1532）

八〇〇〇～前七〇〇〇年）にメキシコ西部で、トウモロコシなどの農耕が始まったとされるが、これは中東や中国より少し遅い。カボチャの栽培化も同時期であったが、しばらくは狩猟採集との併用であった。初期のトウモロコシは小さく、品種改良を数千年かけて栄養価の高い穀物となった。だから、農耕社会が成立するまでには長い時間を要した。狩猟・漁労を基盤にした定住村落が成立し始めるのは紀元前三〇〇〇年以降で、トウモロコシ農耕を基盤にした農耕社会の成立は、ようやく紀元前二〇〇〇年頃である。農耕社会成立の遅れが、都市国家形成の遅れと連動していたと考えられる。土器の出現は紀元前一八〇〇年頃であった。

❖メソアメリカ文明の特徴

コア文明の地域はメソアメリカ全体と考える。基盤食はトウモロコシであった。補

地図6　アメリカの諸文明
（年代は年表参照）

助食・保存食としてマメ類（インゲンマメ）、カボチャ、トウガラシ、キャッサバ（マニオクとも呼ばれ低木で根が食料）、さらにアボガド・パパイヤ・バンレイシ・グァバといった果実類、蜂蜜などが食べられたようである。カカオもタバコも原産である。タバコは嗜好品というより、トウガラシ、カカオ同様病気治癒のための薬であった。カカオ豆は粉に挽かれ飲料とされた。炎症、歯痛、解熱などに効いたようである。

基盤食としてのトウモロコシは、メキシコからアメリカ大陸南北に伝播した。トウモロコシは、平地のみならず傾斜地でも栽培可能で、森を焼いて種を蒔く焼き畑農耕で高い収穫量を得ることができた。耕作用家畜は必要としなかった。というよりいなかった。トウモロコシは、そのままゆでたり焼いたりもしたが、一般的には粉にしてトルティーヤにした。現在では肉、マメ、野菜などを挟んで食べる。タマルと呼ばれるトウモロコシの蒸団子や、粉を蜂蜜と混ぜたアトレも食べられていた。トウモロコシはチチャという酒を生んだ。メキシコ高地のリュウゼツラン科マゲイの樹液でプルケという酒を醸造した。蜜蜂酒もあった。

トウモロコシは文明の基盤食としては、コメやムギ類に劣ってはいない。メソアメリカ文明に欠けていたのは牧畜であった。家畜化できる大型動物が生息していなかったからである。家畜は犬と七面鳥のみで、食用にされた。牧畜の代わりに魚（河川や海岸部）を獲った。鹿、ウサギ、イノシシ、鳥類などの狩猟も存続していた。

文化としては蒸し風呂（テマスカル）があった。綿花を栽培し衣服をつくった。翡翠《ひすい》やその他の宝石も都市市場に出回っていた。

諸地域間の交易は、陸路よりは、むしろ海岸部やマヤ低地の河川を航行するカヌーが頻繁に使用された。ラクダや馬など陸上の交通手段としての大型動物がいなかったからである。

青山和夫は、メソアメリカ文明は「石器の都市文明」であったという。神殿ピラミッド、黒曜石製石刃、黒曜石の矢尻、磨製石斧、製粉用磨製石盤（メタテ）、石棒（マノ）などである。とくに黒曜石製石刃は重宝され、調理道具や武器だけでなく、髭剃りや散髪にも使われた。黒曜石の粉は解熱などの薬にもなった。

七世紀以降は、南米・アンデス地方から伝わった冶金術で、金・銀・銅・青銅などの装身具・儀式器が発達した。ただ、鉄器はつくることができなかった。カカオ豆は貨幣としてつかわれた。また翡翠の玉器がペンダントや指輪などの装飾品として製作された。そして、メソアメリカ文明も文字を独自でつくった。中東、インダス、中国以外で独自で文字を開発したのはここだけである（イースター島にも文字らしき記号があったが未解読）。

❖オルメカ文明とマヤ文明

メソアメリカは都市国家文明であった。紀元前一二〇〇年頃、メキシコ湾岸低地にオルメカ文明（紀元前一二〇〇〜前四〇〇年）が成立した。熱帯雨林の文明である。農耕と漁労を基盤とし、大規模な土木工事と石造記念碑、土器、翡翠の玉器、木像を残した。文字、数字、暦も発明した。発掘された宮殿は王の存在を推測させる。都市（時代順に三つの中心地：サン・ロレンソ、ラ・ベンタ、ラグーナ・デ・ロス・セロス）には少なくとも五千人以上が居住していたと推測され、オルメカがアメリカ最古の都市国家文明であったといってよい。紀元前三〇〇〇年頃の中東や中国ほど古くはないが、メソアメリカコア文明の礎石が置かれたのだ。

他方、ユカタン半島一帯にマヤの都市国家群文明が成立したのは紀元前一〇〇〇年頃である。マヤ文明（紀元前一〇〇〇年〜一六世紀）である。神殿ピラミッドと公共広場があった。先行のオルメカ文明の影響もあって、王制、貴族、神官、高度な行政、軍事システムをもった都市国家群が割拠した。都市が周辺地域を支配するという構造である。彼らはオルメカ人と同じミヘ・ソケ諸語を話した。都市の周辺部に農民が居住して支配層に産物を提供した。

図22　ティカルの北アクロポリス

とくに紀元後二五〇〜九〇〇年は古典期といわれマヤ文明の全盛期であった。学問と芸術が発展し、数百の都市国家が成立した。天文学、数学、石彫、彩色土器、織物、球技（宗教儀式の一種）などが発展し、メソアメリカの中心となった。

マヤ人はインド同様ゼロの概念を発明し、二〇進法を使った（インカ帝国では一〇進法）。一年が三六五日という太陽暦を使ったが、太陰暦も併用した。マヤ文明の書記官は貴族であり工芸品もつくり戦士でもあった。つまり、支配層が書記、天文学者、宗教者、手工業者を兼ねた。支配層だけが読み書きできた。

七～八世紀に最盛期の都市人口は、周辺も合わせて概数でティカル六万二千人、カラクルム五万人、ツィビルチャルトゥン四万二千人、コバー四～六万だったというから、かなり「大都市」である。カラコルは一一～一五万を有した。しかし多くは八千人未満であった。メソアメリカ全体と同様、マヤ諸地域も最後まで統一されることはなかった。ただ各地の交易は盛んで黒曜石はその中心であった。

マヤ文明は一〇世紀頃から衰退し、人口が減り都市が捨てられた。衰退の要因は、農耕による環境破壊、戦争、外来のトルテカ人の侵入、気候変動、自然災害などさまざまにいわれている。

❖その他の諸文明

メキシコ高原では都市モンテ・アルバンを中心としたサポテカ文明（紀元前五〇〇～紀元後七五〇年頃）と「太陽のピラミッド」「月のピラミッド」で有名なテオティワカン（神々の住まいの意）文明（紀元前一〇〇～紀元後六〇〇年）が繁栄した。テオティワカンは一・二世紀頃人口二〇万を超え、緻密な都市設計、中心市場をもったメソアメリカ最大の都市であった。都市民の多数は農民で、郊外に農耕地をもっていた。もちろん手工業者や商人も居住していた。約六〇〇の神殿ピラミッドをもった。テオティワカンは、マヤ地域などメソアメリカの各都市国家と交易・交流した。メキシコ高原では、その後、都市国家群割拠の時代が続いた。なかでも北方から来たチチメカ人のトルテカ文明（九〇〇～一一五〇年）が繁栄した。王都トゥーラ最盛期に人口は六～八万に達した。

メソアメリカ文明は、原則都市国家が特徴であったが、ある程度の領域を支配した王国が最後に登場した。トルテカと同系チチメカ人（メシカ）のアステカ文明（一三五〇年～一五二一年）である。王都テノチティトラン（現在のメキシコシティ）は「大神殿」を中心に計画的に整備されていた。二〇万の人口を擁した。しかし、テノチティ

図 24　マヤ文字

図 23　テオティワカン中心部

トランはユカタン半島北部まで一千km以上も離れ、マヤを含めたメソアメリカを統一することはできなかった。メキシコ高原西部太平洋沿岸のミシュテカ文明（九〇〇～一五二二年）もアステカ王国に屈服することがなかった。

メソアメリカ文明では、各地に成立した都市国家が相互に影響し合って（交易と戦争）、アメリカ大陸のコア文明を創造したのである。

❖メソアメリカ文字

メソアメリカ最古の文字はオルメカ文明起源である。重さ一二kgの岩製ブロックに刻まれた六二の文字は、紀元前一〇〇〇～前八〇〇年頃と推定されている。このオルメカ文字がメソアメリカ各地に伝播した。オルメカ文明衰退後、メソアメリカ各地で文字が出現しているからである。サポテカ文字、マヤ文字、ミシュテカ文字、アステカ文字である。そのなかで文字体系としてはマヤ文字が最も整備されていた。

マヤ文字は独自の絵文字で最古は紀元前三世紀の壁画に記されたものである。表語文字と音節文字の組み合わせである。シュメルやエジプトの絵文字と同じである（エジプト・ヒエログリフは音素）。文字数は四～五万あった。樹皮から一種の「紙」を製造した。

マヤ文字は、後期オルメカ文字から生まれたミヘ・ソケ文字に由来する。このミヘ・ソケ文字が南米のアンデス文明に伝わったといわれる。

✣戦争の時の武器は

マヤを含めたメソアメリカ文明は最終的には一六世紀にスペイン人によって征服されたが、メソアメリカ内でも戦争が絶えなかった。彼らの武器は何だったのだろうか。

ユーラシアやアフリカのように鉄剣はない。チャート（堆積岩の一種）か黒曜石製石刃が武器であった。剣と盾をもつアステカ絵文書が残されている。アステカ王国の戦士の武器は「マクアウィトル」と呼ばれる平たい棍棒に黒曜石製石刃を取り付けた剣、「アトラトル」という基部に引っかけて投げる投槍器、そして弓矢であった。銅器・青銅器は原則武器としては使用せず、（おそらく支配階級）兵士の象徴としての装身具であった。やはり、石器の都市文明である。

アステカ王国はスペイン人によって簡単に征服された印象を与えられているが、そう単純ではない。アステカ王国は内外に多くの敵対勢力が存在した。それを巧みに利用したのがスペイン人であった。確かに石器の武器と鉄剣は比べようがないであろう。だからといって、少数のスペイン人に簡単に破られることはない。ヨーロッパ人が入ってきた頃にはすでに、メソアメリカ文明は衰退期にあったのである。これはローマ帝国が「蛮族」ゲルマン人に滅ぼされたごときである。さらに、天然痘（あるいはインフルエンザ、麻疹、チフス、ジフテリア）の威力は激しいものであった。長期的にみれば、メソアメリカ文明は感染症によって滅ぼされたといえる。アメリカ大陸の先住民人口は、戦争と感染症によって一五〇〇年の二六〇〇万から一〇〇年間で一〇五〇万と激減した。

しかしマヤ人の抵抗は、ヨーロッパによる植民地化後も続き、一六九七年マヤ最

図25　絵文書、アステカの戦士

後の都市タヤサルが陥落したが、一八・一九世紀に入ってもたびたびマヤ人の蜂起はあった。メキシコ政府の統治を受け入れたのはなんと二〇世紀後半であった。現在でも三〇のマヤ諸語が話されている。

3．アンデス文明とメソアメリカコアとの関係

✣もう一つの高度な文明としてのアンデス

高度な文明に値する地域がもう一つ、南半球のアンデス文明である。現在のペルーを中心とする地域で（赤道～南緯三〇度あたり）にあった。平野部はアンデス山脈西の細長い太平洋沿岸部だけである。高地の文明である。

太平洋沿岸の最初の栽培植物は紀元前六〇〇〇年頃始まった綿とひょうたんであった。それらを食べるのではなく、魚網と浮をつくって漁をしていた。まだ狩猟採集段階である。ここでも基盤食の普及は遅かった。トウモロコシ農耕がメソアメリカから伝わってくるが、普及するのは紀元前一二〇〇年以降のことである。さらに、補助食としてマメ類とカボチャもメソアメリカから伝わってきた。

アンデス原産のジャガイモ（ちなみにサツマイモやトマトも）栽培がいつ始まったかはよくわかっていない。一説では紀元前五〇〇〇年～前四〇〇〇年頃といわれる。食用植物の栽培化の知恵は、おそらくメソアメリカから伝わったものであろう。ただ、トウモロコシ同様、ジャガイモ栽培の普及は紀元前一二〇〇年以降である。農耕社会の成立はメソアメリカよりさらに遅れたことになる。

アンデス文明では土器作りが盛んであった。土器製作の開始については、紀元前五六〇〇年～前五〇〇〇年頃と推定されメソアメリカ（紀元前一八〇〇年頃）よりかなり古い。土器は神殿で使用される儀礼用であった。土器製作技術が冶金術の開発を促したのだろう。すでに紀元前一五〇〇頃に銅器製作がおこなわれていた。農耕社会成立

以前ということになる。日本の縄文時代のような世界を想像すればよい（縄文時代では冶金術はなかったが）。冶金術はアンデス文明独自に開発され、これがメソアメリカに伝播した。メソアメリカ同様鉄器は開発しなかった。

アンデス文明には、リャマと近縁のアルパカ（リャマ属）という家畜がいた。耕作用でも、移動用でも、あるいは荷車（これもなかった）に曳かせることもなく、荷を背に載せる運搬用であった。家畜としては気性が荒かったからである。食用にもなった。肉は保存食（蛋白源）になる。ただ、ユーラシアの家畜（牛、羊、馬、ラクダ）のように搾乳するには不十分な量しか出さなかったので、乳製品はなかった。アルパカの毛は織物などに利用された。

❖謎の神殿遺跡と小王国の成立

アンデス文明最古の石の神殿遺跡は紀元前三〇〇〇年頃である。これはメソアメリカより早いだけでなく、中東や中国コアに匹敵する。しかし都市国家の形跡はない。一〇〇以上の神殿だけが各地に建てられ内部には多数の石の彫刻が刻みこまれている。神官による儀式がおこなわれ、土器も作られていた。不思議としかいいようがないが、狩猟採集を基本とする縄文人が神殿建築をおこなっていたようなことを想像すればよい。この状態が二千年も続いた。山中にあるチャビン・デ・ワンタル遺跡は世界遺産となっている。チャビン文明と呼ばれている。

アンデス文明で最初の王国は、ペルー北部のモチェ王国（一～八世紀頃）である。国家の成立をもって高度な文明の開始とするなら、中東・中国はもとよりメソアメリカ（オルメカ文明）より一千年以上遅れている。モチェ王国では、農業水路が整備され、精巧な土器、主に金を使った金属器製作、織物がつくられた。王は死後ミイラにされた。王のミイラはアンデス文明の特徴である。

当時、トウモロコシとジャガイモは二大基盤食として定着していた。その他、キャッサバ、インゲンマメ、カボチャ、ピーナッツ、そしておそらく魚介類が補助食となった。モチェ王国の後を受けて、ペルー北部ではシカン王

図26　モチェの戦士の陶製壺。左手に盾、右手に棍棒をもつ。

図27　チャンチャン遺跡

国（八五〇年頃～一三七五年）とチムー王国（七〇〇年頃～一四七〇年）が成立した。一四世紀にチムー王国はシカン王国を征服した。チムー王国はインカ帝国の軍門にくだることになる。チムー王国の首都であったチャンチャン遺跡は世界遺産である。

ペルー南部では地上絵で有名なナスカ文明（前一〇〇～後七〇〇年頃）が成立した。土器に多彩な図像が描かれた。地上絵は宗教儀式用であった。ナスカには農耕集落はあったが王国は形成されなかった。一～六世紀にはアンデス各地で、ナスカと同様な土器文明が発達した。ナスカ文明の後を受けて七〇〇年頃ワリ王国が成立した。トウモロコシの生産性が高まり、酒造りも盛んとなった。土器製作はナスカ時代からの伝統を引き継いだ。トルコ石を利用した人物像も彫刻された。アンデス文明では、すでに紀元前より金、銀、銅の合金がつくられていたが、ワリ王国では銅にヒ素を混ぜた青銅器が開発された。

ワリ王国と同時期、ペルー南部と東のボリビアにまたがるティティカカ湖周辺に、ティワナク王国（六〇〇年頃～一一〇〇年頃）があった。神殿ピラミッド、石造彫刻、独自の土器、青銅の装飾品をつくった。ワリ王国とティワナク王国はともに一一〇〇年頃に衰退した。

❖インカ帝国とアンデス文字

アンデス文明を初めてそして唯一統一したのが、クスコを王都とするインカ帝国（一五世紀中頃～一五三二年）であった。インカ帝国は八〇以上の民族集団が行政単位で編成されていた。祖先崇拝、太陽の神殿、石器、土器、金属器、武具としての棍棒と槍など、他のアンデス文明と基本的には同じである。臣民は王に労働奉仕し、上流階級は主にトウモロコシを基盤食とし魚介類を補助食としたが、庶民はジャガイモしか食べられなかったという。

アンデス文明で「文字」があったということはあまり知られていない。インカ帝国で発達したのは、キープという紐を使った「結び目文字」であった。これは数量を表示する勘定法で一〇進法が使われた。キープを文字というにはためらいがあるだろう。しかし、アンデス地方に、メソアメリカのミヘ・ソケ文字が伝わり、その影響で全く新たな文字が創られた。「パラカン文字」（「パラカン文化」といわれる。紀元前六〇〇頃〜前三五〇年頃）である。三〇三の異なる記号がみつかっているが、まだ文字とは断定されていない。図柄が豆に似ているので「ビーン記号」とも呼ばれている。「パラカン文字」はナスカ文明やモチェ王国、インカ帝国でもみられる。解読されていないが音節文字の可能性が大きいという。なぜ、メソアメリカ由来の絵文字を使用しなかったのかは謎である。

インカはイースター島と交流があったという説もあるが実態は不明である。イースター島の「ロンゴロンゴ」と呼ばれる未解読の「文字」は「パラカン文字」とは全く違う。「ロンゴロンゴ」はインダス文字に似ている。どちらも解読されていないので関係は不明である。

❖メソアメリカがコアである

メソアメリカとアンデスを比べると、前者は都市国家間の地域間交流が盛んで、都市は市場でもあった。他方アンデスは、小国が分立していたが、地域間交流は皆無とはいえないまでも、基本的に各地で閉じた自給自足の農業社会であったように思われる。またメソアメリカでは戦争に頻繁に使われた弓矢がアンデスでは使われず、槍と槍投器が使われた。弓矢の存在は知っていたのに意図的に使わなかったようだが、その意味はわからない。

やはりコアはメソアメリカ文明である。トウモロコシ農耕の伝播、都市国家の形成（メソアメリカの方が一千年以上も先行している）、市場経済の発達、ミヘ・ソケ文字の影響などを考えれば、メソアメリカの影響でアンデスが「高度文明」化したと理解できる。例外は冶金術でアンデスからメソアメリカに伝わった。

❖メソアメリカの宗教

両文明とも神殿が都市の中心であったから、宗教のもつ役割は大きかった。まず、メソアメリカ初期のオルメカ文明では、ジャガー（神）、火の神、羽毛のある蛇神、トウモロコシの神、雨の神、そして祖先が祀られた。

マヤ文明では、創造神イツァムナ、太陽神アハウ・キン、その対偶神で、月の女神イシュ・チェル、雨・雷・光・豊穣の神チャク、羽毛のある蛇神ククルカンなどがいた。これらの神々は民族の守護神でもあった。また宇宙創造は祖先とも結びつけられた。

テオティワカン文明は、その名前、その神殿の多さからもわかるように一大宗教都市・聖地・巡礼地であった。この都市は宇宙をイメージして設計されたといわれる。その中心には「羽毛のある蛇の神殿」が位置した。テオティワカン文明では、羽毛のある蛇神はケツァルコアトルと呼ばれるようになり、最高神の地位に就いた。その後のトルテカ文明では、ケツァルコアトルは創造神となった。

アステカ文明では聖なる力を「テオトル」といった。テオトルは霊的・神秘的源泉であるというから、神々、精霊、祖先などを生んだ力なのだろうか。アステカ神話の軍神ウィツィロポチトリも「羽毛と蛇」に関係する母から生まれた。メソアメリカの神話では、羽毛のある蛇の話は必ず登場する。アステカ神話では、ケツァルコアトルともう一方の創造神テスカトリポカが協力して天地創造をおこない、さらに人間と暦がつくられたという。

メソアメリカ文明では、死者の魂は冥界に行くものと信じられた。支配層の墳墓が神殿そばに造られ、墳墓は神殿にもなった。神殿が冥界への入り口であったのだろう。アステカ神話では天界は一三層、地下は九層から成り、それぞれに神々が居住している。死者の魂（祖先霊）は「ミクトラン」と呼ばれる最下層へ赴くが、神話では死者の蘇りの話もある。いずれにせよ神々崇拝と祖先崇拝はリンクしているようだ。

最も重要なのは、時が循環し、宇宙の創造と破壊が繰り返されるというヒンドゥー教に似た宇宙論をもっていたことである。太陽は夜に死に、朝に再生する。太陽の運行を持続させるためには人身御供（主に戦争捕虜）による血と心臓が必要とされた。死者の蘇り＝再生もこの文脈で説けば輪廻転生《りんねてんしょう》の死生観となる。アステカでは、神々に子供や女性も生け贄として捧げられた。儀式を執り行うのはシャーマン（神官）である。一五世紀になると人身御供を批判する哲学者集団が登場したが、メソアメリカ文明では死生観を体系化した「高等宗教」は成立しなかった。

✣宗教観のアンデスへの伝播？

アンデス文明を含む南米でも、創造神が宇宙と人間をつくり、宇宙はいくつかの層から成り、地下（あるいは天上）に冥界があるとされた。それぞれの層には諸々の神々、霊的存在（精霊）、死者の魂（祖先）が存する。天から地下に至るまでの垂直的な宇宙であり、これらの層は柱のようなもので繋がっている。シャーマンは陶酔状態の中で宇宙軸を上下に移動する能力をもち、冥界（祖先）、神々、精霊との仲介役となる。これはメソアメリカと同じ宇宙論である。この垂直的宇宙論は宗教学の大家エリアーデのいう「世界軸」（宇宙木）であり、世界中の多くの民族に共有されている。また、世界（宇宙）は大異変で破壊された後、刷新されるという考えもあった。これもメソアメリカと同じであるが、この宗教観はメソアメリカから伝わったのだろうか。

アンデス文明では精霊信仰（アニミズム）も顕著であった。精霊を「ワカ」という。ワカは山、岩、泉などの「空間」に宿り、ワカから多くの神々が生まれた。また、各共同体は特定の祖先を共有する集団であり、祖先も特定の場所にあるワカから出てきたとされる。これと似たような精霊信仰（あるいは祖先崇拝といってもよい）は北米先住民にも確認されるから北方から伝わってきたのだろうか。あるいは、アメリカ大陸に入ってきた頃、すでに宗教観は共有していて、それが大陸各地に移動しても残存していたのだろうか。いずれにせよ、メソアメリカもアンデスも、変質しても根っ子は同じ宗教観であるということである。

一五世紀のインカ帝国でも王は太陽の子であるとして、太陽のワカから王権を認められなくてはならなかった。だから王位は世襲ではなかった。インカ王は即位後パナカという親族集団をつくった。パナカは王の死後、そのミイラ(前王の象徴)を保存して、守りつづけた。そのため、新しいインカ王は、前インカ王のパナカを支配できなかった。

メソアメリカ同様、アンデスでも人身御供がおこなわれていたことは確かである。ワカに人身御供をして共同体や王国の安寧を願ったのであろうか。アンデスとメソアメリカの人身御供の論理に共通するのは破壊(死)と創造(再生)の繰り返しという宇宙論・宗教観である。メソアメリカは具体的には太陽の再生のためであった。アンデスでも、宇宙・生命、共同体・王国の再生と理解すれば同じである。

✣高度な文明がなぜ二地域にしか成立しなかったのか

アフリカでは、西アフリカ文明をコアにして各地に高度な派生文明、具体的には各地に王国や都市国家の成立をみた。アメリカでは、コアとしてのメソアメリカと高度な派生文明としてのアンデス以外見当たらない。

メソアメリカの北側、現在のアメリカ合衆国西部とメキシコ北部は「オアシスアメリカ」（北緯二五〜三五度付近）と呼ばれている。ここでは、紀元前二二〇〇年頃には農耕を開始し、トウモロコシ、インゲンマメ、カボチャ、綿などを栽培していた。紀元前一五〇〇年頃には灌漑用のダムを建設した。土器や土偶も製作し、七〇〇年頃には中心集落に球戯場や祭祀用の広場があったというから、明らかにメソアメリカの影響がみられる。メソアメリカとの交易もあった。ここはメソアメリカの派生文明と呼んでもよいが、なぜ都市国家が形成されなかったか不思議である。また、メソアメリカ文明とアンデス文明の「中間地域」も派生文明である。その名が示す通り、メソアメリカとアンデス両文明の接触・融合領域としての派生文明となった。南部ではアンデス文明の影響が強く、北部ではメソアメリカ式土器の影響がみられる。しかし、都市国家も王国も成立しなかった。

しかし、最もわからないのは、「オアシスアメリカ」の北東の大西洋岸平野部（北緯三〇～四〇度付近）に派生文明が出現しなかったことである。北緯三〇～四〇度はユーラシアではコア文明・派生文明ラインである。

通常、狩猟採集社会は、近隣に農耕・文明社会が現出すると、完全な狩猟採集生活ではなくなる。たとえば、自分たちで狩った動物の肉や毛皮を、近隣の農耕民がつくるトウモロコシと交換する。だから狩猟採集民の食生活も変化することになる。そしてコア文明が成立すると、それが伝播して派生文明が出現するのがアフロ・ユーラシア大陸の特徴であった。北アメリカもある部分は同様である。トウモロコシとカボチャの栽培は紀元前二〇〇〇年までにはアメリカ全土に伝わっており、完全な狩猟採集社会ではなかった。しかし、北アメリカの広大な土地が開墾され畑に変わるのはヨーロッパ人入植以後のことといわれる。なぜ先住民はみずから、土地を開墾し農耕を発展させ人口を増やし国家を成立させ「高度な文明」をつくらなかったのだろうか。

この北米・ミシシッピー川流域に九〇〇～一一〇〇年頃、巨大な土のピラミッドが建設されており、「ミシシッピー川文明」と呼ぶ研究者がいる（同じく「アマゾン文明」を主張する研究者もいる［実松克義『アマゾン文明の研究』］）。しかし、ここを高度文明とするのは無理があるように思われる。「ミシシッピー川文明」は、やがて高度文明に発展していった可能性は高いが、その前にヨーロッパ人によって潰されてしまった。

さらに、ユーラシアとアメリカでは時間がずれていた。ユーラシアと比較して、アメリカでは物の伝播が遅かった。トウモロコシ栽培の伝播も遅かったが、冶金術も同様である。アンデスでは紀元前一五〇〇年頃銅器製作が開始されたが、「中間地域」では紀元前五〇〇頃〜前三〇〇年頃、金、銀、銅の鋳造が開始された。メソアメリカで冶金が始まるのは紀元後六〇〇年頃である。伝播に二千年もかかっている。このように伝播が遅いのは人の流れが少ないということである。メキシコから北東アメリカまで行くのに、ここでは徒歩しかなかった。そう、ラクダや馬といった移動手段がなかったのである。

❖「高等宗教」なき文明

第Ⅱ部では、コア文明として、中東、インド、中国、西アフリカ、メソアメリカを概観してきた。メソアメリカ文明はアンデスを派生文明としたが、その他のアメリカ大陸に高度な派生文明は出現しないまま、最終的に一六世紀にヨーロッパに壊された。中南米ではヨーロッパ人と先住民およびアフリカから連れてこられた「黒人」が混血し独自の民族社会を生み出したが、言語も宗教もヨーロッパ化された。

西アフリカ文明はアフリカ各地の諸文明のコアであったが、一九世紀末にはヨーロッパに完全に壊され植民地となった。二〇世紀後半に独立し、半世紀過ぎた今でもアフリカ飛躍のチャンスはみえない。

このアメリカとアフリカのコア文明を壊したのはヨーロッパである。私は、ユーラシアのコア文明はヨーロッパに壊されることはなかったと思っている。確かにインドはイギリスの植民地となり、中東と中国は半植民地状態となった。しかし、これら、ユーラシア・諸コア文明の本質は決して解体されはしなかった。それは「高等宗教」をもっていたからである。これに関しては後章で詳述したい。

主要参考文献（本文既出除く）
青山和夫『古代メソアメリカ文明』
同『マヤ文明』

岩崎賢『アステカ王国の生贄の祭祀』
私市正年『サハラが結ぶ南北交流』
杉山三郎・嘉幡茂・渡部森哉『古代メソアメリカ・アンデス文明への誘い』
竹沢尚一郎『西アフリカの王国を掘る』
富永智津子『スワヒリ都市の盛衰』
増田義郎『世界の歴史　七　インディオ文明の興亡』
宮本正興・松田泰二編『新書アフリカ史』
山口昌男『世界の歴史　六　黒い大陸の栄光と悲惨』
コウ『古代マヤ文明』
大陸別世界歴史地図　五『アフリカ大陸歴史地図』

第Ⅲ部

文明の媒介としての「移動民」

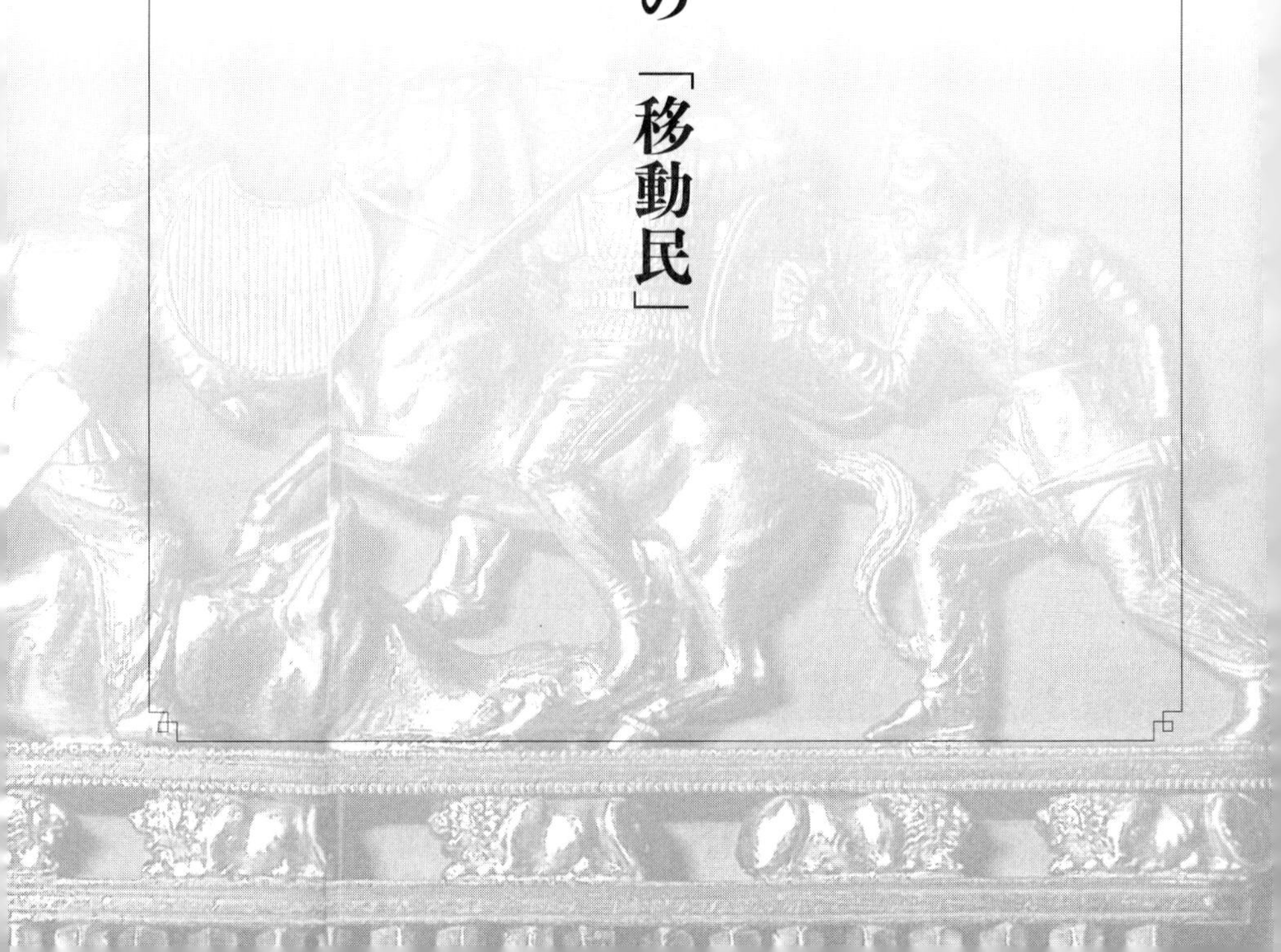

[6章] ユーラシア・コア文明と騎馬遊牧民

――陸上の道を制した東ユーラシア人――

✣遊牧民の誕生

文明間の媒介となり、科学技術・学問・思想・宗教・芸術・物産・情報などの相互交流を促したのは陸上では遊牧民、海上では「海洋民」（海の商人）であった。「移動民」と呼んでよいだろう。陸上の移動民の代表が騎馬遊牧民である。彼らは文明地帯の征服者でもあり、時には交易商人でもあった。

人類は農耕とともに牧畜を始めたが、すべての人類、すべての地域で一斉に始まったわけではない。農耕・牧畜を始め、その余剰生産物が潤沢だったところにコア文明が生まれた。農耕・牧畜は周辺の狩猟採集民に伝わった。完全に農耕・牧畜社会に移行する場合もあったが、農耕と狩猟採集をミックスしておこなう場合もあった。あるいは牧畜と狩猟採集を主体とする集団もあった。

定住する農耕・牧畜社会では、家畜の餌は、最初、農耕から得られる穀物の茎（藁《わら》）やもみ殻、それと野草であった。しかし冬にはこういった餌は減る。だから、牧草を栽培して、乾燥・保存して冬用の餌として備える必要があった。藁やもみ殻は他に使い道があったし、野草は枯れるか食べつくされてしまうからである。

したがって、定住して牧草の栽培をおこなわないとしたなら、野草を求めて、いくつかの地点を、家畜を移動・

年表9　陸上の道（年代は頃）

前 3500	シュメル人が二輪車つくる
前 3000	ウクライナの草原で馬が家畜化される（～ 2200）
前 2500	中国で馬を家畜化（～ 2000）？
前 2000	中東でスポークの付いた軽い車輪が発明される。中東で騎乗始まる
前 2000	中東でチャリオットが登場（～前 1800）
前 2000	インド・ヨーロッパ語族のミタンニとヒッタイトが中東に南下（～ 1500）
前 17 世紀	ユーラシアに遊牧民出現
前 1680	アナトリアに侵入したヒッタイト、統一王朝つくる
前 1595	カッシートがバビロニアを制圧
前 1440	ミタンニがアッシリアを破る
前 14 世紀	中国にチャリオット登場（～前 11 世紀）
前 1200	ヒッタイト滅亡
前 10 世紀	中東で騎乗が普及し、北方の草原地帯に伝わる
前 8C	最初の騎馬遊牧民スキタイ人登場
前 672	スキタイ人がペルシアに入りメディア王国形成（～前 550）
前 612	メディアがアッシリアを滅亡させる
前 336	アレクサンドロス大王在位（～前 323）
前 403	中国・戦国時代（～前 221）
前 4 世紀	最初の東ユーラシア人系遊牧民、匈奴の時代（～後 1 世紀）
前 200	漢が匈奴に敗北（白登山の戦い）
前 140	月氏が匈奴に敗れ西へ逃れ大月氏となる（～後 1 世紀）
前 2 世紀	サカ人、西北インドに侵入
前 1 世紀	匈奴が分裂し始める
1 世紀	大月氏の一部クシャン人、西北インドに侵入して王朝樹立。中国であぶみが発明される
2 世紀	モンゴル高原の覇権は鮮卑、柔然と続く（～ 6 世紀）
304	五胡十六国時代（～ 439）
350	フン族の西進
4 世紀	ソグド人が陸上交易の担い手（～ 9 世紀）。高句麗（～ 668）
5 世紀	エフタル人、イラン東部に侵入
550	エフタル人がインドのグプタ朝を滅ぼす
552	突厥が柔然を滅ぼす
567	エフタル滅亡
583	突厥、東西に分裂
6 世紀	ハンガリーにアヴァール人進出（～ 7 世紀）
698	渤海（～ 926）
7 世紀	ブルガル人がブルガリアに入る
744	ウイグルが東突厥滅ぼす
840	キルギスがウイグル滅ぼす。トルコ系騎馬遊牧民の西進始まる
874	中央アジアとイランにサーマン朝（～ 999）
9 世紀	ハンガリーにマジャール人進出
940	中央アジアにカラ・ハン朝（～ 1132）
962	アフガニスタンにカズナ朝（～ 1186）
1038	セルジューク朝（～ 1194）
1077	イランと中央アジアにホラズム朝（～ 1221）
1127	宋が女真に敗れ江南に逃れ南宋建国（～ 1279）
1148	北インドにゴール朝（～ 1215）
1206	モンゴル帝国（～ 1368）。北インドにデリー・スルタン朝（～ 1526）
1229	オスマン朝（～ 1922）
1241	モンゴル軍ハンガリーに入る
1250	エジプトにマムルーク朝（～ 1517）
1258	アッバース朝がモンゴルによって滅亡
1274	第一次元寇
1281	第二次元寇
1368	中国の元滅亡
1370	ティムール帝国（～ 1507）
1453	ビザンツ帝国がオスマン朝によって滅ぼされる
1501	イランにサファビー朝（～ 1736）
1502	ジョチ・ウルス滅亡
1526	ムガル帝国（～ 1858）
1529	オスマン軍のウィーン攻撃失敗

周回させる必要がでてくる。ある地域で留まっていたら野草が枯渇してしまう。ある程度食べさせたら、別の草原に移動する。決してすべてを食いつくすことはしないで、野草の成長を待って再度戻る。このように、農耕をおこなわない牧畜は、必然的に家畜の移動をおこなわざるをえない。こうして、移動しながら牧畜するという遊牧が発生した。遊牧の対象となった家畜は羊、山羊、牛、水牛、ラクダ、そして馬であった。これらは食肉用というより乳製品を産出することが決定的であった。遊牧民の食生活は乳製品から成り立つ。

遊牧はアフリカでもユーラシアでもおこなわれたが、アメリカ大陸では遊牧の対象となる生産性（とくに乳製品）のある家畜がいなかった。中央アンデス高原のリャマとその近縁のアルパカが家畜化されたが、遊牧の対象とはならなかった。ユーラシアの草原に遊牧民が登場するのは、牧畜の開始からかなり遅れた。早くとも紀元前一七世紀以降のことであった。騎馬遊牧民の出現は、それから、さらに一千年近く遅い。

✣馬の飼育化と二輪戦車（チャリオット）

騎馬遊牧民が登場する前段階として、馬の家畜化が起こらなければならない。馬の家畜化は羊、山羊、牛、豚、ロバ、ラクダなどよりもかなり遅れた。林俊雄『スキタイと匈奴』『遊牧民国家の誕生』や本村凌二『馬の世界史』によれば、馬の家畜化は、黒海北岸、現在のウクライナの草原地帯で紀元前三〇〇〇～前二二〇〇年に始まったようだ。食肉用であった。あるいはそれ以前にメソポタミアで家畜化されていた可能性もある。

馬の家畜化と最初に連結したのは荷車（二輪車）であった。二輪車は紀元前三五〇〇年頃メソポタミア（シュメル人）で発明された。しかし馬に牽かせていた証拠はない。スポークのついた軽い車輪の登場は、中東コアで紀元前二〇〇〇年頃であるという。この二輪車を馬に牽かせた戦車を「チャリオット」という。紀元前一八〇〇年頃までには中東コアで実用化されていた。ちなみに、エーゲ海域にはエジプト経由で紀元前一八世紀末にもちこまれた。

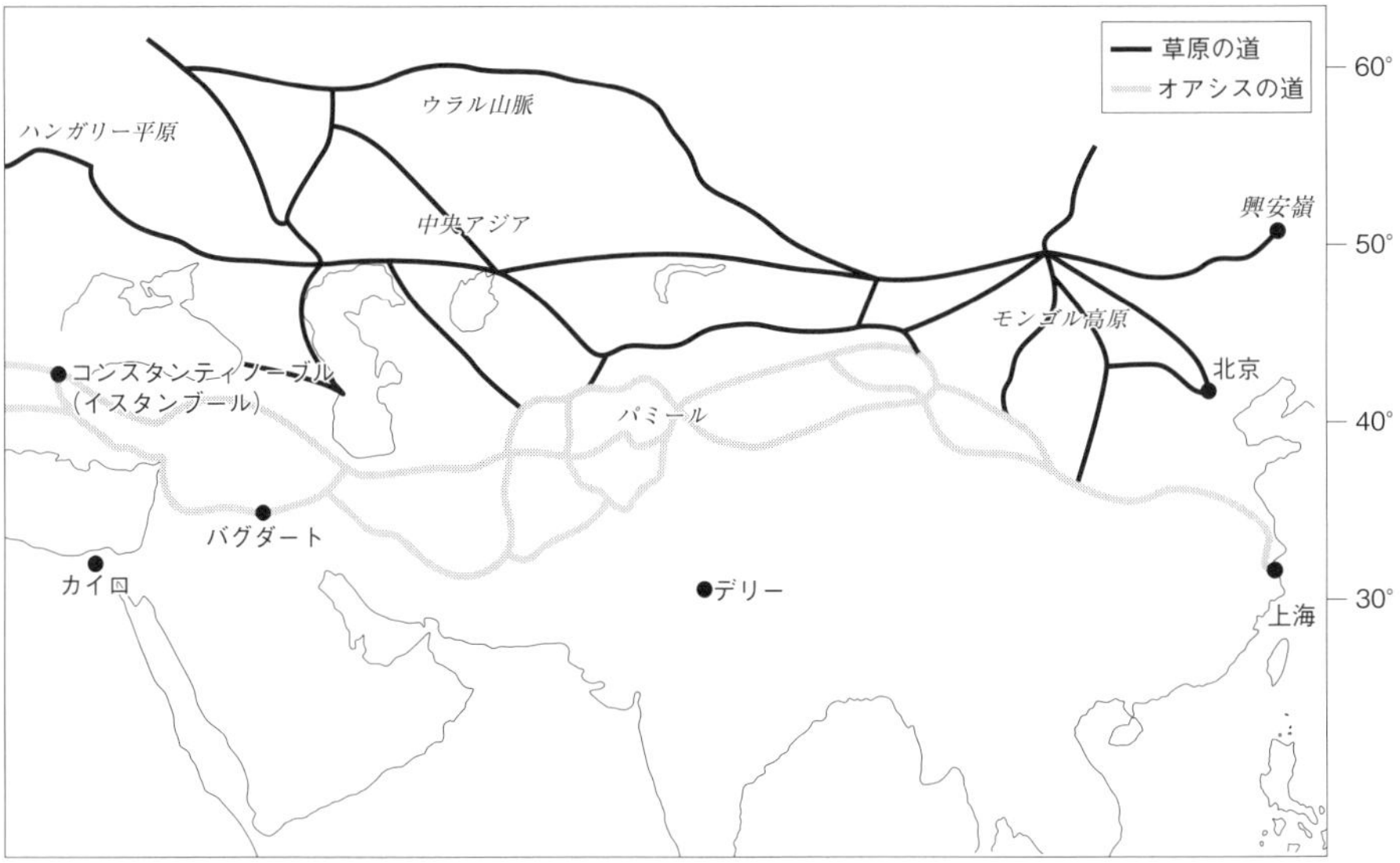

地図7　陸上の道

地図8　東西騎馬遊牧民

図28　ペルシアのチャリオット
（金の模型、紀元前500～前300）

紀元前二〇〇〇～前一五〇〇年、ミタンニとヒッタイトといったインド・ヨーロッパ語族が中東コア文明に侵入した。チャリオットを中東コア文明から最初に取り入れたのはミタンニであった。ミタンニは、北メソポタミアからシリアにかけて侵入、紀元前一四四〇年頃、アッシリアを一時破った。アナトリア（小アジア）に入ったヒッタイトは、ミタンニとの攻防のなかでチャリオットを取り入れ、紀元前一六八〇年頃、統一王朝にまとまった。紀元前一五九五年頃、イラクにカッシートが入りバビロニアを制圧し三五〇年以上支配した（バビロン第三王朝）が、カッシートはインド・ヨーロッパ語族ではなかったというのが現在の主流のようである。

かつて、チャリオットと鉄器（鉄剣）をもって中東コアを「見事に」征服したこれらインド・ヨーロッパ語族が教科書などに記述されていたが、それはヨーロッパ人が描いた神話に過ぎない。チャリオットを発明し実用化したのは中東コア文明であった。鉄器技術も中東コアの発明である。北方草原のインド・ヨーロッパ語族であるミタンニとヒッタイトは、コア文明への接触と侵入によって、チャリオットと製鉄技術を知ったが、中東コアを征服したのではなく、中東コアに呑み込まれてしまった。

❖中国は独自でチャリオットをつくったのか

中国が自前でチャリオットをつくったのか、西方から伝わったのかは不明である。紀元前二五〇〇～前二〇〇〇年頃の黒陶文化（龍山文化）に馬の家畜化の形跡がある。ほぼ中東と同時期である。馬の家畜化は独自でおこなったものと想像できる。

しかし、一般にチャリオットは西方から伝播したといわれている。ただ、中国が自前で馬の家畜化をおこなったとするなら、車輪、そしてチャリオットも中国独自で開発していたとしても不思議ではない。しかし、今のところ物証はない。西方由来とするなら、西ユーラシア人の遊牧民から東ユーラシア人の遊牧民にチャリオットが伝わり、それが中国にもたらされたことになる。

中国でチャリオットが登場するのは殷の時代（殷墟）、紀元前一四〜前一一世紀である。中東よりは五〇〇年は遅い。殷と周との闘いはチャリオットの戦いであったというが、実際は歩兵部隊中心であろう。

ちなみに、中東ではその後四輪車が発明されるが、古代中国には普及しなかった。当時の四輪車は牛がひく荷車で、馬車といえば二輪車が一般的であった。

❖チャリオットを過大視してはいけない

ところで、紀元前二〇〇〇年〜前一〇〇〇年に中東コアやイラン、インドに入ったインド・ヨーロッパ語族の武器は何であったのか。これはコア文明にも当てはまる。騎乗して鉄製の長剣（あるいは弓矢や槍）をもって戦うというスタイルは、紀元前一〇〇〇年以前ではありえない。鉄器・鉄剣が中東コアに広まるのは紀元前一千年紀前半（紀元前一〇〇〇〜前五〇〇年）であった。中国コアでは紀元前一千年紀後半（紀元前五〇〇〜紀元前一年）であった。

前述したように、中東でのチャリオットの発明は紀元前二〇〇〇年〜前一八〇〇年である。チャリオットの上から放つ弓矢は研磨した矢尻（動物の骨や石刃）を取り付けた程度のもので、狩猟する際の武器と同じものである。これはチャリオットの上に二人が乗り、一人は馬を操作し、もう一人は弓矢を放つという、よくよく考えればそれほど有効な武器ではなかった。揺れる車上で放った弓矢が的中する確率は低かったであろう。チャリオットが主力武器になったとはとうてい思えず、過大評価するのは危険である。主力は歩兵で、チャリオットは補助的武器だった。騎兵（騎乗した兵士）はまだいないため、ヒッタイトとミタンニは騎馬遊牧民ではない。

では、主力の歩兵部隊の武器は何だったのか。銅剣は部族長クラスしか所有できず、大量生産は無理であった。おそらく歩兵の武器は石器の剣、槍、弓矢、棍棒、投石であっただろう。アメリカ大陸ではこの状態が続いたが、ユーラシアでは鉄（鋼）剣と騎兵の登場によって戦争のスタイルは一変した。この主役が騎馬遊牧民であった。

✣ユーラシアの騎馬遊牧民

騎馬遊牧民がユーラシアの歴史に繰り返し影響を与えつづけたことは、研究者の間では常識になっているが、一般的にはあまり知られていない。騎馬の登場は人類史にとって一つの画期であった。馬によって短期間での移動が可能となり、各地域の人類の交流が盛んになったからである。馬は鉄道が現れるまで陸上では世界最速の移動手段であり（海上でそれに対応するのが帆船→蒸気船）、最強の戦争用武器でもあった。

最初の遊牧は、人間が徒歩で羊や山羊の集団をコントロールした。あるいは犬を補助として使ったかもしれない。しかし、徒歩ではなく騎乗してコントロールし始めたのが騎馬遊牧民であった。馬に乗って移動する（騎乗）という行為はメソポタミアで紀元前二〇〇〇年頃始まったが、騎乗の技は難しくそれが普及するのは紀元前一〇世紀頃で、北方の草原地帯に伝わった。

騎乗した人間が多数の羊・山羊などの集団を移動させるほどの大草原をもっていたのは、ユーラシア大陸森林地帯の南に位置する北緯五〇度ラインおよびその支線の六〇度ライン地域であった。アラビア半島や北アフリカなど砂漠の遊牧民は家畜のコントロールは人間自身で、主な移動手段はラクダ（ヒトコブラクダ）であった。もちろん馬を利用しなかっ

図29　騎馬遊牧民像

た訳ではない。ラクダも馬も、その上に人が乗って移動することができる。荷を運ぶこともできたし、食料として乳製品も提供した。だが、砂漠ではラクダの方が有用であった。サハラ以南のアフリカでは、ムスリムやキリスト教商人から奴隷との交換で馬を獲得した。戦争でも使ったが、気候上そして地形的に馬を頻繁に利用するのは制約があった。

❖陸上の道

騎馬遊牧民の世界は、緯度でみればコア文明・派生文明のあった北緯三〇〜四〇度の上の世界である。ユーラシアの大きな文明である中東、北インド、中国、ギリシア・ローマ、ビザンツ、朝鮮半島と日本は北緯三〇〜四〇度の枠内にほぼ入る。カイロ、バクダード、北インド（デリー）、長江（上海）は三〇度ラインで、ローマ、コンスタンティノープル（イスタンブール）、北京は四〇度ラインである。南にずれているのは南インド、アラビア半島、東南アジアで、北にずれているのはヨーロッパである。ヨーロッパは北緯五〇〜六〇度にあって、この図式でいえば騎馬遊牧民の世界であった。

北緯四〇度ラインは「オアシスの道」（シルクロードで有名）と呼ばれ、北緯五〇度および支線の延びる六〇度ラインは「草原の道」と呼ばれる。草原の道は、東は現中国の北域・興安嶺《こうあんれい》から西はハンガリー平原付近である。草原の道とオアシスの道は別々に捉えるよりも、この二つの道は各所で南北に連結していたから、一つの道路ネットワークと理解した方がよい。これらの道を「陸上の道」としよう。全長約一万一千㎞に及んだ陸上の道は、パミール（現在のタジキスタン東部。中国国境西）あたりで東西に分けることができる（地図7参照）。

陸上の道を自由に移動し、コア文明である「西の横綱」中東と「東の横綱」中国の「仲介人」であったのが、騎馬遊牧民である。つまり大きく北緯四〇〜六〇度の空間が騎馬遊牧民の世界であった。とはいっても、オアシスの道は、概して東ユーラシアに砂漠と山岳が多い。移動にはラクダ（フタコブラクダ）の方が使い勝手が良い場合もあったため、オアシスの道の交易商人は馬とともにラクダを頻繁に利用した。

陸上の道は、次章でみる「海上の道」と並んで、東の中国からは絹、綿布、陶磁器、紙、茶、西の中東方面からは、ペルシア絨毯、金銀器、ガラス製品、乳香、宝石、薬品、奴隷（アフリカ）、南のインド・東南アジアからは香辛料、香木、珊瑚、鼈甲《べっこう》、藍《あい》、北のロシア・シベリア、満州方面からは毛皮、朝鮮人参、鹿角《かづの》、奴隷（おそらく西ユーラシア人）などその他多くの産品が行き来した。宗教、学問、情報なども伝播した。

騎馬遊牧民（初期はまだ遊牧民）は繰り返し南の文明地帯（北緯三〇～四〇度）に征服者として入って征服国家をつくった。その国家は、また近隣の騎馬遊牧民と交易や戦争を繰り返した。陸上の道の「オアシス都市」を拠点に「遊牧民国家」をつくる場合もあった。あるいは「オアシス都市」を拠点に交易商人になる騎馬遊牧民もいた。

✣騎馬遊牧民の誕生は紀元前八世紀頃

前述したように、中東コアで、騎乗の習慣が一般化したのは紀元前一〇世紀頃であった。それは、すぐに北のカスピ海北岸の草原の遊牧民（インド・ヨーロッパ語族）に伝わった。紀元前九・八世紀頃のことである。彼らは、ギリシア人に「スキタイ人」と総称された。騎乗技術が、草原でより発達したのは不思議ではない。中東コア文明では鼻輪に手綱をつないでいた。馬を御する手綱を馬の歯にかませる馬具「はみ」と「はみ留め」、つまり轡《くつわ》は西ユーラシア草原の騎馬遊牧民が発明した可能性が大きい。

歴史家ヘロドトス（紀元前四八五頃～前四二五頃）によれば、スキタイ人は、東方からきたマッサゲタイ人に押されて黒海北岸に移動し、同地にいたキンメリア人を駆逐したという。とすれば、スキタイ人はカスピ海北岸あたりにいたことになるだろう。マッサゲタイ人は、もともとスキタイ人と同系で、さらに東、現在のカザフスタン西部・ウズベキスタン北部にいたらしい。スキタイ人は、紀元前三世紀、東方からきたサルマタイ人によって崩壊した。これらの民族はすべてスキタイ系であったと理解してよい。スキタイ系は、黒海・カスピ海北岸から中央アジア方面に広がっていた。スキタイ系騎馬遊牧民（キンメリア人が騎馬遊牧民であったかは不明）は西ユーラシア人である。スキタイ人は優れた青銅器文化をもっていた。

本書では、スキタイ系騎馬遊牧民を、便宜的に「西ユーラシア人系騎馬遊牧民」と呼ぶ。西ユーラシア人系騎馬遊牧民は、キュヴィエ流にいえばコーカソイド（白人）であるが、東ユーラシア人と混血している可能性もあり、分類は便宜的なものである。実際、紀元前六～前五世紀の中央アジアの西ユーラシア人系騎馬遊牧民の一部は東ユーラシア人と混血していたという。

紀元後四世紀には西ユーラシア人系騎馬遊牧民サルマタイ人は、フン族によって追われることになる。フン族は東ユーラシア人である。東ユーラシア人の遊牧民あるいは狩猟採集民が、西ユーラシア人・スキタイ系騎馬遊牧民の影響で騎馬遊牧民化していったのか、独自で騎馬遊牧民となったかは保留しよう。匈奴など東ユーラシア人（形態的には東アジア系。キュヴィエのいうモンゴロイド）の騎馬遊牧民を「東ユーラシア人系騎馬遊牧民」と呼ぶ。

✣西ユーラシア人系騎馬遊牧民

研究者は、インド・ヨーロッパ語族のうちヨーロッパに移った以外の集団をアーリア人と呼び、アーリア人をインド系とイラン系（ペルシア系）に大別する。イランとはアーリアの意である。インド系は先住民と混血定住した。イラン系のメディア人、ペルシア人、パルティア人はイラン高原に侵入・定住し国家をつくった。中央アジアで遊牧民として残り、後にスキタイ系騎馬遊牧民になったのもイラン系であった。スキタイ・イラン系、つまり西ユーラシア人系騎馬遊牧民は、西はウクライナ平原（黒海北側）から東はタリム盆地（現在の中国ウイグル自治区）まで広範囲に活動した。

西ユーラシア人系騎馬遊牧民として、上述の他に、サカ人、（大《だい》）月氏《げっし》、エフタル人、バクトリア人、ソグド人が有名である。月氏・大月氏は中国名だが、西ユーラシア人系である。サカ人や月氏はタリム盆地まで東進した。当然東ユーラシア人系と混血しただろう。サカ人は紀元前二世紀中央アジアから西北インドにも入っている。大月氏の一部（クシャン人）も紀元後一世紀に西北インドに侵入しクシャーナ朝（一～三世紀）をつくった。

バクトリア人やソグド人は陸上の道の交易商人となった。とくにソグド人はサマルカンドを中心に紀元後一千年紀（四～九世紀）の陸上ユーラシア交易の担い手であり、中国やヨーロッパまで足を延ばした。ソグド人は中国各地に定住集落をつくり、故地中央アジアのソグディアナと結ぶネットワークを築いた。

ソグド人は従来ラクダをつかったキャラバン商人のイメージで捉えられていたが、本来は騎馬遊牧民である。中国の唐代では軍人としても活躍した。サマルカンドの馬は質が良く、中国への交易品あるいは皇帝への献上品であった。安史の乱（七五五～七六三年）の首謀者、安禄山と史思明はソグド人である。姓の安はブハラ、史はケッシュという中央アジアの地名からきている。サマルカンドは康である［石見清裕「ユーラシアの民族移動と唐の成立」］。

西ユーラシア人系騎馬遊牧民の信仰は、古代アーリア人のミトラ信仰（ミトラ神はインドのヴェーダの契約神）やゾロアスター教であった。ゾロアスター教はソグド人経由で中国に伝わった。祆《けん》教である。さらにゾロアスター教の変質したマニ教信者である場合もあった。マニ教とは、三世紀に中東で成立した宗教で、西はローマ帝国、東は中央アジアを介して中国まで伝わった。ゾロアスター教の光＝霊と闇＝物質の二元論を基礎に、ユダヤ教、キリスト教、ギリシア哲学、仏教などが折衷した難解な宇宙論をもつ宗教である。イスラム教の浸透は数世紀後である。ともあれ、最初は西ユーラシア人系騎馬遊牧民の勢力が東方に及んでいたことは確かである。

✣最初の騎馬遊牧民国家は現在のイラン

最初の西ユーラシア人系騎馬遊牧民・スキタイ人は、イラン高原に侵入し王朝を築いた。紀元前七世紀以前、イラン（ペルシア）はまだ中東コアには含まれていなかった。エラム人の文明が先行していた地域である。メディア人はすでに紀元前九世紀にはイラン西北部に住み着いたが、当時はまだ騎馬遊牧民ではなく、牧畜・オアシス農耕を営んでいた。やがて、紀元前七世紀に南下した騎馬遊牧民スキタイ人と混血・同化し、騎馬の技術を取り入れて強大となった。というより当時のメディアの大部分はスキタイ人であった。彼らは、紀元前六七二年頃メディア王国（～前五五〇年）をつくった。つまりメディア王国は西ユーラシア人系騎馬牧民スキタイ人のつくった国家といってよいのである。メディア王国は紀元前六一二年、中東コアの覇者アッシリアを滅亡させた。

その後のペルシア帝国はメディア王国から派生し、それに取って替わった王朝である（紀元前五五〇年）。ペルシア人もスキタイ人と同系で、紀元前九世紀イラン西南部に入ってきた勢力であった。イラン西南部が不毛の土地だったこともあってエラム王国に居住を許されたようである。そのエラム王国がアッシリアに滅ぼされたのは紀元前六三九年であった。ペルシア人は宗主国をアッシリアに乗り換えたが、アッシリアも滅んだのでメディア王国に服属した。この過程で騎馬技術を獲得したのだろう。

その後イラン東北から侵入したパルティア人（王朝は紀元前二四七頃～紀元後二二六年）もスキタイ系で、彼らは生粋の騎馬遊牧民であった。馬の蹄鉄を発明したのは彼らである。メディア、ペルシア、パルティアは、西ユーラシア人・スキタイ・イラン系騎馬遊牧民の出自と考えれば理解しやすい。

✣マケドニア人は騎馬遊牧民か

私は、アレクサンドロス大王で有名なマケドニア王国を西ユーラシア人系騎馬遊牧民国家の一つとみなしてよいのではないかと思っている。ウクライナの草原地帯から黒海左岸地帯に下ればマケドニアにたどり着く。スキタイ系騎馬遊牧民がそこに定住したのではないかと思ってしまうが、事情は異なる。

マケドニア人はもともと山岳地帯の遊牧民であった。紀元前七世紀中頃、平野部に住みつき諸王国が建設され、紀元前六世紀からマケドニア王国が強大となっていった。この頃すでに騎兵隊があったというから、西ユーラシア人系（スキタイ系）騎馬遊牧民との接触で山岳遊牧民が平野部の騎馬遊牧民となったと考えられる。しかし、やがて農耕をするようになったので、戦争の折には騎馬軍団を編成したものの、騎馬遊牧民ではなくなっていったとの推論は許されるだろうか。

✣最初の東ユーラシア人系騎馬遊牧民・匈奴

研究者は、ユーラシアの草原地帯にいた騎馬遊牧民を、西からイラン系、トルコ系、モンゴル系に三分類する。すでに述べたように、イラン系はスキタイ人に始まる西ユーラシア人系騎馬遊牧民である。トルコ系とモンゴル系が東ユーラシア人系騎馬遊牧民となる。

トルコ＝モンゴル系はアルタイ語族で、故地はモンゴル高原である。モンゴル人もトルコ人も祖先は同一ということである。西方に移動したのが、やがてトルコ系となり、故地に留まったり、満州方面へ移動したのがモンゴル系と理解すればよい。トルコ系は西ユーラシア人と混血を繰りかえした結果、西ユーラシア人に近い身体的形態に変化してしまった。現在のトルコ人は西ユーラシア人の形態的特徴を多くもつ。しかし、トルコ人の先祖は東ユーラシア人系騎馬遊牧民である。トルコ共和国の切手に匈奴の冒頓単于《ぼくとつぜんう》（在位：？～紀元前一七四年）が載っている（鼻筋の通った彫の深い顔であるが、東ユーラシア人風に描か

図30　現在のトルコ人女性

図31　トルコ切手の冒頓単于

れている）のは、トルコ人はそのことに誇りをもっているということだろう。
司馬遷《しばせん》（紀元前一四五頃〜前八六頃）は、秦・漢をおびやかした騎馬遊牧民を『史記』の「匈奴列伝」の中に記している。匈奴《きょうど》（紀元前四世紀〜後一世紀）こそ、最初の東ユーラシア人系騎馬遊牧民（トルコ＝モンゴル系）である。スキタイより四世紀ほど遅れて登場したのは、スキタイ系の影響で東ユーラシア人系騎馬遊牧民が成立したことを物語っているのだろうか。

殷や周の時代に騎馬遊牧民はいなかった。戦国時代（紀元前四〇三〜前二二一年）に「蛮族」を意味する西戎《せいじゅう》・北狄《ほくてき》が騎馬遊牧民となった。匈奴の東に東湖《とうこ》、匈奴の西に月氏、匈奴の北は丁令《ていれい》、堅昆《けんこん》（キルギス）がいた。月氏だけは西ユーラシア人系騎馬遊牧民である。月氏以外は東ユーラシア系と考えればよい。戦国の七雄（斉《せい》、楚《そ》、秦《しん》、燕《えん》、韓《かん》、魏《ぎ》、趙《ちょう》）も騎馬軍団を養成して対抗せざるをえないほど彼らは強かった。そのなかで趙が最初に騎馬軍団の編成をおこなったといわれる。それに他の列国もならった。

前二二一年、秦の始皇帝が中国全土を統一した。秦は、中国西方の出身で、もともと馬の飼育を専業とした牧畜民か遊牧民であった。だから騎馬技術を獲得しやすかったのだろう。しかし匈奴は、秦そして続く漢（前漢：紀元前二〇六〜後八年）にとって北方の大きな脅威でありつづけた。

タリム盆地付近にいた西ユーラシア人系騎馬遊牧民（月氏）と東ユーラシア人系騎馬遊牧民（匈奴）が刃を交えたのは紀元前二世紀（紀元前一七六年あるいは前一七四年ともいわれるが正確な年代は不明）で、月氏は敗れ西へ逃れまた大きな勢力となった。これが、バクトリア地方（ウズベキスタン、タジキスタン南部、アフガニスタン北部）の大月氏（紀元前一四〇頃〜後一世紀）である。この大月氏の一部（クシャン人）がインド西北に入りクシャーナ朝（一〜三世紀）を樹立する。その後も、騎馬遊牧民は、インド北部に侵入し続けた。

✣馬具の発明

中国は馬を操る決定的道具を発明したといわれる。鐙（あぶみ）である。跨《またが》って騎乗する人間の両足を乗せる馬具である。両足をあぶみに乗せることによって、馬のコントロールが格段に進歩した。あぶみの登場以前、騎馬兵は馬の制御に苦労したであろう。だから、紀元前四世紀のアレクサンドロス大王は騎兵だけには頼れずに、ギリシアから重装歩兵の発想を取り入れ、有名な歩兵長槍部隊を編成した。そのおかげで大帝国を築いた。

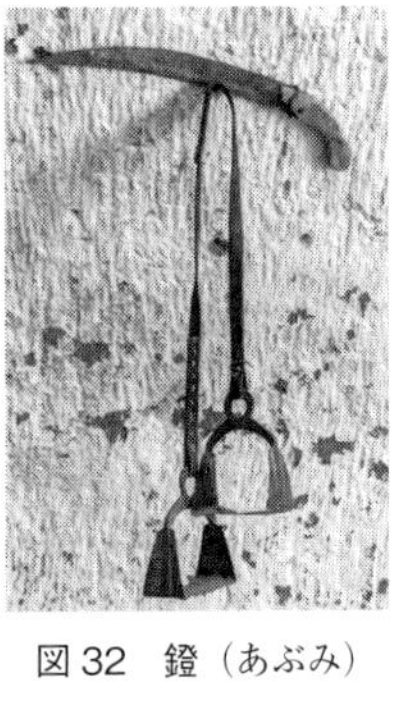

図32　鐙（あぶみ）

中国でのあぶみの発明がいつかははっきり特定できていない。紀元前三世紀以降使われていたという研究者もいる。文献や図像を探したが、紀元前の匈奴が使用した形跡はみつからなかった。フン族があぶみを西方にもたらしたといわれる。フン族の西進は四世紀である。紀元前の匈奴が使った形跡がないので、早くとも紀元後一世紀であろう。

軟式鞍《くら》（座布団のようなもの）は初期の騎馬遊牧民は使用していたが、木製の硬式鞍が中国で三世紀末から四世紀初頭に発明されている。くつわと蹄鉄《ていてつ》は西ユーラシア人に先行されたが、東ユーラシア人の発明したあぶみと硬式鞍によって乗馬の安定性が増した。中国で発明されたあぶみや硬式鞍をフン族が西ユーラシア人系騎馬遊牧民に伝え、騎馬軍団の戦闘力は格段に進歩し戦争の主力となった。

✣東ヨーロッパに入った東ユーラシア人系騎馬遊牧民

フン族が西進してゲルマン人の一派ゴート族が動き、四世紀～六世紀「ゲルマン民族の移動」となる。世界史の教科書でお馴染みである。三五〇年頃、フン族はカスピ海の北を流れるヴォルガ川を越え、西ユーラシア人系騎馬遊牧民サルマタイ人やアラン人を制圧した。アラン人が西方に逃れゴート族を圧迫したのが「移動」の始まりであった。三七五年、西ゴート族はドナウ川を越えローマ帝国内に入った。フン族はローマ帝国内に侵入するも首領アッティラ死後崩壊した。ちなみにゲルマン人は半農半狩猟採集生活で騎馬遊牧民ではなかった。ヨーロッパ人が騎馬戦力を取り入れるのは八世紀のフランク王国の時代である。

フン族は東ユーラシア人系騎馬遊牧民であった。このフン族は西方へ動いた最初の東ユーラシア人系騎馬遊牧民というだけでなく、ヨーロッパの内部にまで入った最初にして最後の騎馬遊牧民であった。ハンガリーにはアッティラの本拠地となった。ハンガリーのラテン語読みフンガリアは「フン族の地」という意味である。ハンガリーの母体ができる。アヴァール人は東ユーラシア人系騎馬遊牧民で、マジャール人は西ユーラシア人系・ウラル語族の騎馬遊牧民である。マジャール人が現在のハンガリー人の多くの祖先である。先住スラヴとも混血しているので西ユーラシア人の形態である。ただフンやアヴァールと混血して東ユーラシア人の遺伝子も残っているはずである。

ブルガル人（フン族の末裔という説もある）は五世紀末に東方からカスピ海・黒海北岸へとやってきた。そこで西ユーラシア人系騎馬遊牧民と遭遇し、さらに七世紀にブルガリアに入った。このブルガル人も東ユーラシア人系騎馬遊牧民といわれるが、やがて、先住スラヴ人との混血が進み、これも形態は西ユーラシア人となった。

フン族以降、徐々にユーラシア草原の騎馬遊牧民の軍事的勢力が西ユーラシア人系から東ユーラシア人系へ交替し始めた。西ユーラシア人騎馬遊牧民で最後に軍事的勢力をもったのはエフタル人（五〜六世紀）である。彼らは五世紀半ばイラン東部に侵入し、ササン朝ペルシア帝国に貢納を強いたほどであった。五五〇年頃、インドのグプタ朝を滅ぼしたのもエフタル人であった。

✣中国は騎馬遊牧民による征服の歴史である

漢にとって匈奴は「前門の虎後門の狼」であった。劉邦（在位：紀元前二四七〜前一九五年）の軍も騎馬軍を導入してはいたが、まだ馬の扱いに慣れてなかったのか、歩兵中心で戦わざるを得なかった。劉邦は、結局匈奴に毎年一定量の貢物（真綿〔絹の綿〕、絹織物、酒、米など）を献上するという屈辱的条約で匈奴を追い払った（紀元前二〇〇年、白登山の戦い）。匈奴は文字をもっていなかったので、漢との文書のやり取りは漢字であった。こういった有利な和平条約は、騎馬遊牧民が文明コアの物産を獲得する一つの方法であった。騎馬遊牧民には基盤食とよべる穀類、芋類がなく、基本は乳製品と肉だけである。だからコア文明との交易で穀類を獲得するか、コア文明を征服してしまうか、完全に征服しなくとも貢納を強いるかであった。

匈奴は一時、陸上の道のオアシス都市群を制圧した。騎馬遊牧民は、オアシス都市群から成る「遊牧民国家」と呼べるものをつくった。オアシス都市は交易都市であったが、農業や手工業もおこなわれていた。ただ草原で稲作はできない。雑穀、よくてムギ類、それも十分ではなかったであろう。

匈奴を完全に追い払ったのは武帝（在位：紀元前一四一〜前八七年）であった。今度は漢軍も多くの騎馬部隊を整えた。これにより紀元前一世紀半ばから紀元後一世紀半ばにかけて匈奴は分裂を繰り返した。最終的に長城以北に留まった集団と西方に移動した集団にわかれた。西方に移動した匈奴の末裔がフン族という説があるが、いずれにせよもともとは匈奴から枝分かれした集団の一つである。

三国時代（二二〇〜二八〇年）は魏（二二〇〜二六五年）・晋《しん》（二六五〜三一六年）によって終わりを告げたが、晋は再興した匈奴に攻撃され、江南（長江の南）に逃れた（東晋：三一七〜四二〇年）。華北では騎馬遊牧民族国家が割拠した。五胡と呼ばれる。「胡」とは騎馬遊牧民を指し、匈奴、鮮卑《せんぴ》、羯《けつ》、氐《てい》、羌《きょう》である。一括して、匈奴系騎馬遊牧民と考えればよい。五胡政権は漢人の官僚や儒学者を多く登用した。さらに、漢族と混血して定住農耕民に変容していった。鮮卑の一部は拓跋《たくばつ》部といわれる。華北のいわゆる五胡十六国時代（三〇四〜四三九年）は鮮卑拓跋部によって四三九年に統一された。鮮卑拓跋部も、華北に入ると、鮮卑の言語や習俗を捨て漢民族化（中国化）した。国名を中国風に北魏（三八六〜五三四年）とした。その後南北朝時代を経て、五八九年華北の隋（五八一〜六一八年）が江南の陳を倒し中国を統一した。隋とそれにつづく唐（六一八〜九〇七年）も鮮卑拓跋部出身であった。

❖東ユーラシア人系騎馬遊牧民の覇権交替

一世紀半ばモンゴル高原に出現した鮮卑は匈奴から出た分派である。匈奴以降、二〜六世紀、モンゴル高原は鮮卑、つづいて柔然《じゅうぜん》が支配した。五五二年突厥《とっけつ》（五五二〜七四四年）が柔然を破った。突厥とはトルコ（民族名）の中国名である。突厥は、ササン朝ペルシアと同盟して、西ユーラシア人系騎馬遊牧民エフタルを五六七年に滅ぼした。以後、西ユーラシア人系騎馬遊牧民の軍事的勢力は衰退する。

五八三年突厥は東西に分裂した。東突厥はモンゴル高原と周辺を抑え、西突厥は天山山中から中央アジア、西北ユーラシアを支配した。東西突厥は唐の登場によって勢力が衰え、六三〇年東突厥が、六五七年に西突厥が滅んだ。その後、東突厥は唐の支配を脱し、六八二年に再び建国したが、七四四年に同じ東ユーラシア人系騎馬遊牧民ウイグル（七四四〜八四〇年）に滅ぼされる。突厥もウイグルも西ユーラシア人系騎馬遊牧民ソグド商人を介して中国と交易した。馬を唐に運び、代わりに絹を持ち帰った。

六〜八世紀の突厥も八〜九世紀のウイグルも「遊牧民国家」を建設した。ウイグルは、初めマニ教を国教とした。その戦闘的宇宙論に惹かれたのかもしれない。後にはイスラム化する。

八四〇年ウイグルは同系堅昆（キルギス）に滅ぼされる。突厥やウイグルは草原に統一国家を築いたが、キルギスにはその力はなかった。その後のモンゴル帝国の出現まで約三世紀半待たねばならない。ウイグル人は国家滅亡後、交易で活躍していった。

紀元前から紀元後九世紀までのモンゴル高原一帯の覇権交替は、匈奴→鮮卑→柔然→突厥→ウイグル→キルギスとみればよい。すべて東ユーラシア人系騎馬遊牧民であるが、西ユーラシア人と混血しているだろう。

❖東ユーラシア人系騎馬遊牧民の大西進と中国

四世紀以降、フン族、アヴァール人、ブルガル人が東ヨーロッパ（フン族はローマまで）に入ったが、西ユーラシア人に吸収されてしまった。六世紀末~七世紀中葉、西突厥（トルコ）は中央アジア方面に進出し、西ユーラシア人系騎馬遊牧民と混血し同化した。

東ユーラシア人系騎馬遊牧民の大西進は、ウイグル滅亡をきっかけに九世紀に始まった。モンゴル高原の覇権をめぐって敗れた前述の東ユーラシア人系騎馬遊牧民の「残党」が西を目指したからである。ここにトルコ系とモンゴル系が初めて分かれたと理解しよう。もともと東ユーラシア人系騎馬遊牧民諸民族はトルコ＝モンゴル系として同系であった。西に向かったのがトルコ系となり、西ユーラシア人と混血を繰り返した。モンゴル高原に留まったり、満州方面へ東進した集団がモンゴル系となった。東進した集団は、沙陀《さだ》、キタイ（契丹《きったん》）、女真《じょしん》などである。

唐（六一八~九〇七年）が滅ぶと、五十年余り華北には五代、江南には十国の諸王朝が興亡した。五代のうち少なくとも三国はモンゴル系騎馬遊牧民の国家であった。それを漢民族出身の宋（九六〇~一二七九年。北宋は一一二七年まで）が鎮めた。

宋代は中国史上一代画期といわれる。貴族層が没落し、科挙が整備され科挙官僚中心の政治に切り替わったからである。これによって皇帝への権力集中が強化されたが、それとは裏腹に、都開封《かいほう》は自由主義市場となった。昼夜を問わず誰でも商売することができた。羅針盤、火薬、印刷術の発達もこの時代である。コークスを用いた陶磁器製作は宋磁を生んだ。後のヨーロッパにもいえるが、売買の自由、物つくりの自由などはテクノロジーを発展させる。中国の宋代はまさにそうであった。資本主義とテクノロジーをいち早く進展させるチャンスであったが、それを壊したのは騎馬遊牧民であった。

宋は、キタイ（九一六〜一一二五年に遼を建国）や西夏《せいか》（一〇三八〜一二二七年）というモンゴル系騎馬遊牧民に苦しめられた。最終的には女真族の金（一一一五〜一二三四年）に敗れ、江南の杭州に逃れ南宋（一一二七〜一二七九年）を建てた。モンゴル系はチンギス・ハン（在位：一二〇六〜一二二七年）に始まる大帝国を除き、常に中国だけを目指した。中国最後の王朝清（一六一六〜一九一二年）もモンゴル系（女真族）である。

中国史は、華北が騎馬遊牧民に征服され、敗れた漢民族（といっても騎馬遊牧民との混血民族）は江南に逃れ、江南がまた華北の勢力に統一され、さらにまた騎馬遊牧民が入るというサイクルであった。中国史上、純粋な漢民族＝中国本土農耕民の王朝は漢、宋、明だけであった。明（一三六八〜一六四四年）は江南（南京）を根拠地にして北の騎馬遊牧民王朝（元）を追いやり中国を統一した唯一の王朝であった。

ちなみに漢民族とはもともと黄河流域の人々を指したが、秦による統一後中国本土の諸民族の総称となり、さらに侵入してきた騎馬遊牧民と混血した。現代中国の漢民族は農耕民と騎馬遊牧民との混血複合民族である。

四世紀に朝鮮北部に建国した高句麗（四世紀〜六六八年）も、トルコ＝モンゴル系騎馬遊牧民の国家である。中国東北の渤海《ぼっかい》（六九八〜九二六年）も同様である。日本への馬の伝播は四世紀後半以降であるが、日本に騎馬遊牧民国家は成立しなかった。

✣東ユーラシア人系騎馬遊牧民の独壇場

東ユーラシア人系騎馬遊牧民の故地がモンゴル高原なら、西ユーラシア人系騎馬遊牧民では、カスピ海東岸から北岸にかけての中央アジアがそれに当る。イスラムが成立すると西ユーラシア人系騎馬遊牧民は改宗する。最初の西ユーラシア人系騎馬遊牧民のイスラム王朝は、中央アジアとイランに成立したサーマン朝（八七四～九九九年）である。ここに九世紀以降、東ユーラシア人系騎馬遊牧民（トルコ系）が西進してきた。ウイグル人は、カラ・ハン朝（九四〇年頃～一一三二年）をつくり、サーマン朝の影響でイスラムに集団改宗した。カラ・ハン朝は九九九年にサーマン朝を滅ぼし中央アジアを支配したが、内乱などによって衰えた。

ところでアッバース朝をはじめ、イスラム諸王朝はマムルークというトルコ系騎馬遊牧民子弟（奴隷というよりは買われて養育された）を軍人として雇った。一〇～一二世紀のアフガニスタンに建国したカズナ朝（九六二～一一八六年）は、サーマン朝に仕えていたトルコ系マムルークが建てた王朝であった。イランと中央アジアにはイスラム化したホラズム朝（一〇七七～一二二一年）が成立する。いずれも東ユーラシア人系騎馬遊牧民（トルコ系）国家である。

交易の担い手ももともとは西ユーラシア人系騎馬遊牧民のバクトリア人、とくにソグド人であった。彼ら西ユーラシア人系が活躍した九世紀頃までがオアシスの道（シルクロード）の全盛期で、それ以降はもっぱら草原の道が使われた。とはいってもこの二つの道は連結した道路網であったから、騎馬遊牧民や交易商人の活動ルートが北側に移行したといった程度に理解しておこう。

前述通り、ソグト商人は九世紀にいたるまで交易の中心であった。ソグド人の活動は、最初の西ユーラシア人系騎馬遊牧民のイスラム王朝サーマン朝に呑み込まれ廃れていった。その後一〇世紀以降は、ウイグル人など東ユーラシア人系交易商人が主役となっていく。

✣トルコの地

一〇世紀末、トルコ系オグズ族からセルジューク（?～一〇三八年）という人物が頭角を現した。彼の孫のトゥグリル・ベグ（在位：一〇三八～一〇六三年）の時、同系カズナ朝を破った。当時、バグダードは西ユーラシア人に属するカスピ海南西部の山岳民族ダイラム人・ブワイフ朝（九三二～一〇六二年）の支配下にあった。トゥグリル・ベグは、一〇五五年アッバース朝のカリフの依頼によりバグダードを取り戻し、さらに、ブワイフ朝を倒した。彼は、アッバース朝から「スルタン」の称号を受けた。セルジューク朝（一〇三八～一一九四年）の最盛期には西はアナトリア、シリア、メソポタミア、イラン、アフガニスタンを支配した。最初に現在のトルコ共和国（アナトリア）に入った東ユーラシア系騎馬遊牧民の王朝である。

一方、中央アジアは、一一世紀には「トルコの地」を意味するトルキスタン（ペルシア語）と呼ばれるようになった。現在この地には、カザフスタン、ウズベキスタン、キルギス、トルクメニスタン、タジキスタンといった独立国家がある。かつてはソ連支配下にあった共和国である。いずれも東ユーラシア人系騎馬遊牧民トルコ系（東アジア人風）と西ユーラシア人系騎馬遊牧民（白人風）の接触と混淆・混血の歴史が刻まれている。西ユーラシア人系騎馬遊牧民の影響の強いタジキスタン（ペルシア語系）以外の主な言語はトルコ語系である。

✣モンゴル帝国の成立

一二〇六年、テムジンという名の「成り上がり」がモンゴル高原を統一し、チンギス・ハンと名乗った。モンゴル大帝国の始まりであった。孫のクビライ（在位：

図33　チンギス・ハン（左）とクビライ（右）

一二六〇～九四年）の時代に大帝国となった。キタイ（契丹）人がモンゴル人の前身といわれる。東ユーラシアでは、金、南宋、西夏、第二次キタイ国（西遼）を制圧し、次に西ユーラシアではトルコ系イスラム王朝ホラズム朝を倒し、そして名門アッバース朝が名実ともに一二五八年滅んだ。ロシアと東南アジアは直接統治されなかったが服属した。ビザンツ帝国はアナトリアの大部分を取られた。統一された軍事組織力と情報収集のうまさが勝利を呼んだという。

征服や支配を免れたのは中東のエジプトとシリア、インド、ヨーロッパ、日本くらいである。エジプトのトルコ系マムルーク朝（一二五〇～一五一七年）は、モンゴルを撃退しシリアを守った。北インドには何度も侵攻したが、トルコ系デリー・スルタン朝を崩せなかった。しかし、いずれも元はトルコ＝モンゴル系である。

日本へは二回攻撃している（元寇）。一回目（一二七四年、文永の役）は、南宋掃討の一環で主力部隊は高麗軍であった。この際、鉄砲や弩《いしゆみ》といった日本人の知らない武器が使用された。しかし、目的は南宋と交易していた日本を威嚇することだったので深入りしなかった。第二回目（一二八一年、弘安の役）は、モンゴルの大戦艦隊が向かった。しかし戦闘員は滅亡した南宋の農民が多かった。いずれの状況も日本に有利に働いた。あるいは日本を本気で攻略する意図がなかったのだろう。

❖モンゴル時代

モンゴル帝国は陸上だけでなく海上も支配した。陸上の道と海上の道を統合した最初にして唯一の大帝国であった。海上支配については後述する。

モンゴル軍が極悪非道な殺人集団というのは、後にヨーロッパ人によってつくられた「イメージ」である。クビライは各地の官僚に西ユーラシア人ペルシア系のみならずアフリカ系（黒人）など多様な民族を登用した。中国の泉州はイスラム系商人で賑わい、新たに建設した大都（北京）には、イスラム教徒、チベット仏教徒、キリスト教

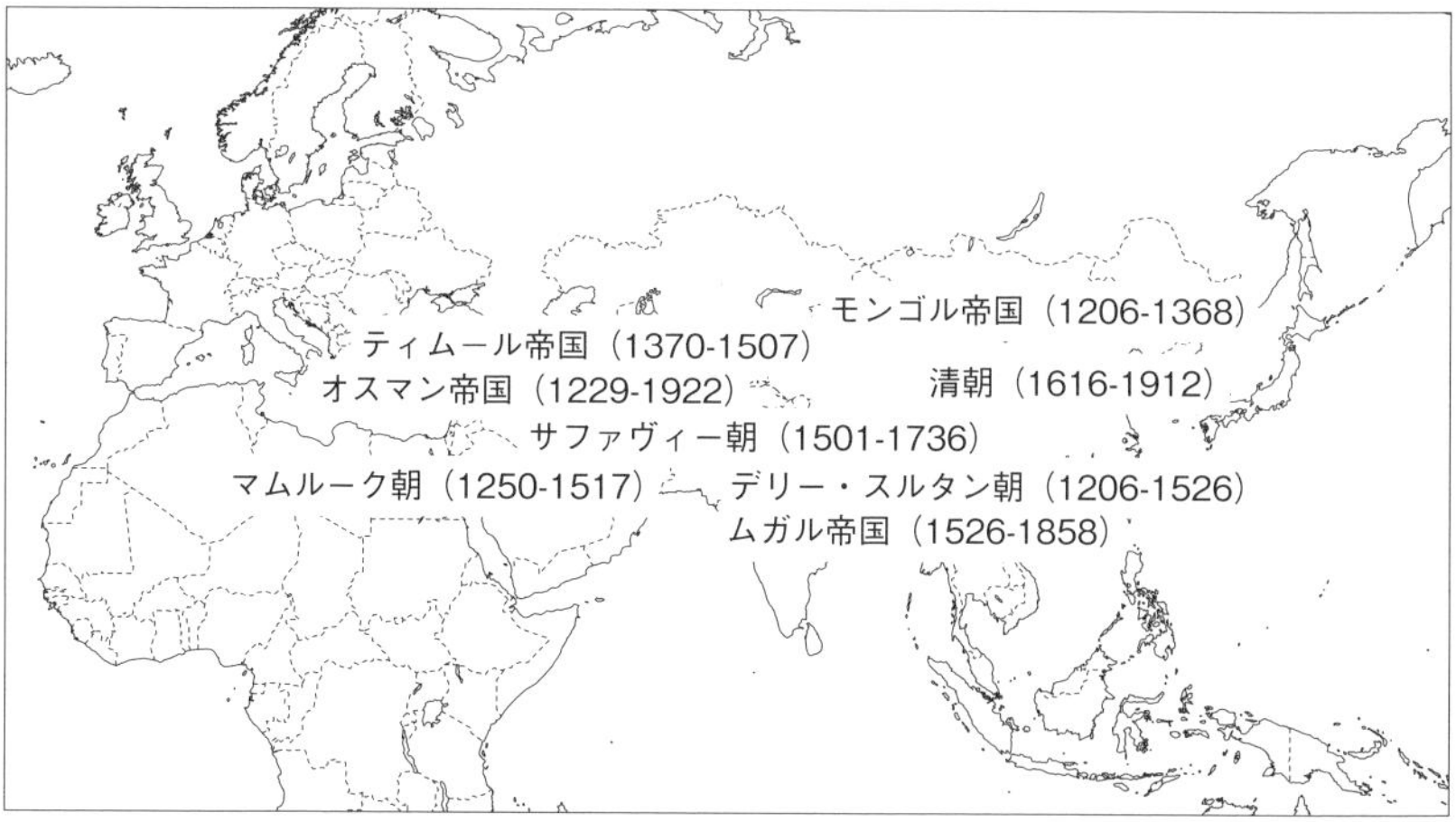

地図９　主な東ユーラシア人系騎馬遊牧民国家

徒が集まった。宮廷は中国式に建設し、中国風の儀礼に従った。中国では漢民族の皇帝として振る舞い、国名を中国風に元とした。中国がコア文明であったからである。

一三世紀後半には中国から中東にいたる大帝国となった。これは一種の連邦国家であった。東ユーラシア・中国に元＝大元ウルス（一二七一～一三六八年）、その西にチャガタイ・ウルス（通称チャガタイ・ハン国、一二二七～一四世紀後半）、ロシアから黒海北岸までにジョチ・ウルス（キプチャク・ハン国、一二四三～一五〇二年）、イラン・イラクからアナトリアにフレグ・ウルス（イル・ハン国、一二五八～一四一一年）である。

フレグ・ウルス（一二九五年、イスラム改宗）は中東コア、元は中国コアで、モンゴルは両コアを抑えた大帝国である。ウルスとは遊牧民の国家のことである。ハンは長の意味である。大ハンには元のクビライが就いた。一三・一四世紀は「モンゴル時代」と杉山正明はいう。陸上の道では宿駅が要所に設けられ、馬とラクダによる交通がモンゴル帝国によって保障された。宿駅は要塞と隊商宿を有し交易の場であった。中央アジアのサマルカンドなどのように大きな都市に発展する場合もあった。モンゴル帝国によって物流のみならず人の移動が活発化した。東西ユーラシア人の混血がさらに促されただろう。

❖ティムール帝国

モンゴル帝国では、中国の元朝以外はすべてイスラム色が強くなり、中東イスラム文明に呑み込まれていった。元が一三六八年に滅んだことで帝国は瓦解した。中央アジアのチャガタイ・ウルスからティムール帝国（一三七〇～一五〇七年）が生まれた。サマルカンドを首都としたティムール帝国は、チャガタイ・ウルスとフレグ・ウルスの大部分の領域を併合したトルコ系大帝国となった。一時オスマン朝も破った（一四〇二年、アンカラの戦い）。

図34　ティムール像

ティムールはモンゴル帝国の再統一を夢見たが、自らハンとは称しなかった。チンギス家の血筋ではなかったからである。ティムール帝国では、公用語はペルシア語であった。まさに東西ユーラシア騎馬遊牧民の混血帝国であった。ビザンツ帝国やエジプトのマムルーク朝はティムール（在位：一三七〇～一四〇五年）に恭順の意を表した。

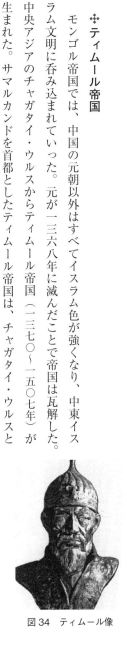

ティムールの死後、帝国は弱体化していき、北方から侵入した同じトルコ系イスラム王朝シャイバーン朝（ウズベク人と呼ばれた）に滅ぼされた（一五〇七年）。創始者シャイバーニ・ハン（在位：一五〇〇～一〇年）はジョチ家（チンギス家系）の血筋であった。すでに一五世紀にジョチ・ウルスは弱体化しており、クリミア、カザン、アストラハン、シビルなど諸ハン国（ウルス）が分離独立していた。先のシャイバーン朝はシビル・ハン国から出たものである。クリミア・ハン国はとくに強く大ハン位を簒奪し、ここにジョチ・ウルスは完全に滅亡した（一五〇二年）。

ジョチ・ウルスの地は、一六世紀以降ロシアによって浸食されていく。それでもブハラ・ハン国とヒヴァ・ハン国といった中央アジアのモンゴル帝国の末裔が消えたのは何と一九二〇年のことであった。もちろんソヴィエト権力によってである。両国ともウズベク人系イスラム国家であった。サマルカンドを開発したティムールは、現在ウズベキスタンの英雄となっている。

❖インドへの侵入

中央アジア経由でインドへ、イスラムに改宗したトルコ系騎馬遊牧民の南下が一〇世紀から続いた。アフガニスタンのガズナ朝（九六二～一一八六年）は、西北インドに侵入を繰り返した。ガズナ朝を倒したゴール朝（一一四八～一二一五年）も、トルコ系ムスリムで北インドに定着した。一二〇六年以後、北インドには、デリーを首都とする五つのトルコ系イスラム国家が成立した。デリー・スルタン朝（一二〇六～一五二六年）と総称する（奴隷王朝、ハルジー朝、トゥグルク朝、サイイド朝、ロディー朝）。デリー・スルタン諸王朝もトルコ系軍人とペルシア人官僚の王朝であった。

ロディー朝を倒したのはティムールの子孫バーブル（在位：一五二六～三〇年）で一五二六年のことであった。ムガル帝国（一五二六～一八五八年）の成立である（ムガルとはモンゴルの意）。だから「第二次ティムール朝」と呼ぶ研究者もいる。ここでもトルコ系王朝とペルシア系官僚といった組み合わせである。文化的にはペルシアの影響が大きかった。ムガル朝の公用語はペルシア語であった。

インド北部には、一二世紀頃から一貫して西ユーラシア人化しつつあったトルコ系諸民族や西ユーラシア人であるペルシア人が入ってきたことになる。混血が進んだであろう。しかし、トルコ系イスラム諸王朝はインド南部を支配することはできず、イスラム化は北部の一部に留まった。現在のパキスタンやバングラデシュという国家にあらわれている。インド全体としてみればヒンドゥー教という柱は崩れなかった。

❖オスマン帝国・サファヴィー朝・ムガル朝・清朝

中東コアを、最終的に征服したのも東ユーラシア人系騎馬遊牧民（トルコ系）であった。セルジューク朝は内紛で分裂し、アナトリアのルーム・セルジューク朝（一〇七七～一三〇七年）はモンゴルに滅ぼされるが、末期にオグズ族のオスマン（在位：一二九九～一三二六年）という部族長がコンスタンティノープルに近いアナトリアの西北部で独立した。オスマン朝（オスマン帝国、一二九九～一九二二年）の基礎を築いた。

バルカン・アナトリア半島には、ビザンツ帝国という大きな文明があったが、このイスラム化したトルコ人は、キリスト教化もギリシア化することもなかった。ギリシア語もギリシア文字も採用しなかった。中東コアのイスラム文明の力の方が強力だったからである。一四五三年ビザンツ帝国は滅亡する。

オスマン・トルコ語はアラビア文字で表した。中国の征服騎馬遊牧民が漢字を使ったのと同じである。中東コアと中国コアは、外来のものをすべて呑み込んだ。儀礼もコアに則った。中国コアに入った満州族（清）は漢人を官僚に取り込み、科挙制度を存続させた。清の皇帝は儒学の礼に則った祭祀をおこなった。オスマン朝も同様に、イスラム・スンナ派の正統を引き継いだ。今でも中東イスラムと中国は、欧米と一線を画している。歴史を見ると現在と未来が見えてくる。

一六・一七世紀、ユーラシアの西から東までトルコ＝モンゴル系国家が並び立つ。西はバルカン・アナトリア・北アフリカ、シリア・パレスティナ・イラク・黒海・カフカスを支配するオスマン朝、東はイランのサファヴィー朝（一五〇一～一七三六年）、インド・ムガル朝、そして中国・清朝である。イランがシーア派に転向していくのはこのサファヴィー朝の時代であった。

このように、東ユーラシア人系騎馬遊牧民のつくったこれらの国家が中東コアと中国コアを支配した。中国以外は、すべてイスラム国家であった。インドも北部がイスラムに浸食された。イスラム諸国家はトルコ系に支配されたが官僚には西ユーラシア人系ペルシア人を多く登用した。

インダス川以西の西ユーラシアと北インド（ここは先住民自体が混血なので事情は複雑）は、ヨーロッパと北方のロシアを除き一貫して東西ユーラシア人の混血社会であった。それをつくり出したのがトルコ系騎馬遊牧民であった。中国も農耕民である漢民族とモンゴル系騎馬遊牧民の混血社会である。中国にはソグド人など西ユーラシア人も来て混血したが、容貌は中国人化してしまった。東西ユーラシア人の混血はほとんど西ユーラシアで起こった。東ユーラシア人系騎馬遊牧民が、圧倒的に西に移動した結果である。騎馬遊牧民との混血がほとんど起こらなかった西ヨーロッパは例外である。

❖なぜ騎馬遊牧民は西ヨーロッパに入らなかったのか

一〇～一九世紀、東ユーラシア人系騎馬遊牧民がユーラシア大陸（北アフリカ含む）の支配者であった。唯一、支配を免れたのが西ヨーロッパである。東ヨーロッパは一部が一時期モンゴル帝国やオスマン帝国の支配下にあった。西ヨーロッパは緯度でいえば北緯五〇～六〇度草原地帯と同緯度にあったのに、騎馬遊牧民に征服されたことはなかった。西ヨーロッパが軍事的に強かったわけではない。

西ヨーロッパは、地形的に入れない場所ではなかった。むしろ騎馬遊牧民にとっては同緯度地帯にあり、平野部（森林もあったが平坦で起伏は少ない）であったから入りやすかったはずである。事実、一二四一年バトゥ（一二〇七～五五年）に率いられたモンゴル軍はハンガリー軍を撃破した。モンゴル軍は翌四二年にかけてハンガリーに留まり、それからドイツへ入るはずであった。しかし、バトゥは突如兵を引いた。四一年末の二代目大ハン・オゴディの死去により軍を戻し、二度と戻らなかった。ヨーロッパは救われた。その後ヨーロッパの東に位置したジョチ・ウルスは、なぜ再度ヨーロッパへ侵入を試みなかったのだろうか。

おそらく理由はこうだろう。騎馬遊牧民は文明地帯、とくにコア文明地帯を狙ったからである。ヨーロッパは、一四世紀以前の騎馬遊牧民にとって、いわば「どうでもいい所」「旨みの乏しい場所」であった。やがて一五世紀中葉からオスマン帝国はバルカン半島を制圧し、イタリア・ローマ征服を試みた。また何度もハンガリーに侵攻しドイツのハプスブルク家と争った。一五二九年にはハプスブルク家の牙城ウィーンにまで迫った。一五・一六世紀頃からヨーロッパも文明圏と認識されはじめたということなのだろう。

西ヨーロッパは、騎馬遊牧民としてではなく、よくいわれるように海から世界を制覇していくことになる。一五・一六世紀以降ひっそりと、徐々にではあるが、東西の逆転現象が始まっていった。馬でなく帆船、そして蒸気船である。

❖騎馬遊牧民の文字

騎馬遊牧民も文字をもった。文字の起源はコア文明にある。中東コアからはシュメル人の絵文字（楔形文字へ発展）とエジプトのヒエログリフが成立した。

ヒエログリフがもとになって成立したアラム文字は、紀元前一〇〇〇年紀以降中東コアやインドの文字の基本となった。アカイメネス朝ペルシアはアラム文字を使った。ササン朝の時代になると、アラム文字を模倣してパフラヴィー文字をつくった。アラビア文字もアラム文字からつくられた。

西ユーラシア人系騎馬遊牧民であり、陸上の道のオアシス交易商人でもあったソグド人のソグド文字やホラズム人のホラズム文字もアラム文字起源である。突厥（トルコ）は東ユーラシア人系騎馬遊牧民で初めて文字をもった。西ユーラシア人系騎馬遊牧民のソグト人との接触の結果であるため、起源はアラム文字である。トルコ系であるウイグル文字は、ソグド文字を改良してつくられたというから、突厥文字も同様と思われる。ウイグル文字をもとに後のモンゴル文字（パスパ文字）がつくられた。イスラム化したトルコ系騎馬遊牧民は、アラム文字起源のアラビア文字を採用した。西ユーラシア人系騎馬遊牧民（イラン系）は、アラビア文字を改変したペルシア文字を使った。このように、騎馬遊牧民の文字は、中東文明のアラム文字の影響が圧倒的であった。漢字をもとにしたのは西夏文字、女真文字、契丹文字（契丹文字は突厥文字の影響もあるらしい）くらいである。

しかし、現在のモンゴル語はソ連（ロシア）の影響でキリル文字表記となっている。旧ソ連下のかつての騎馬遊牧民諸民族もキリル文字ないしラテン文字表記に替わっている。フェニキア文字系統（キリル文字、ラテン文字）となったのはロシアの影響である。文字も力関係に左右されるということである。

主要参考文献（本文既出除く）
足利惇氏『ペルシア帝国』
久保一之『ティムール』
佐藤次高・鈴木薫編『都市の文明イスラーム』
杉山正明『遊牧民からみた世界史［増補版］』
同『モンゴル帝国と長いその後』
同『クビライの挑戦』
同『モンゴル帝国の興亡』上・下
鈴木董『オスマン帝国』
秀村欣二・伊藤貞夫『ギリシアとヘレニズム』
平野聡『大清帝国と中華の混迷』
森谷公俊『アレクサンドロス大王』
森安孝夫『シルクロードと唐帝国』
山口修『中国史を語る』

【7章】インド洋交易とヨーロッパ
――海上の道を制した西ユーラシア人――

❖海上の道インド洋

帆船は古代オリエントの時代から使用されていた。シュメル文明とインダス文明間では海路で交易活動がおこなわれ、その担い手はアラビア半島東南湾岸部の海洋民であった。しかしアラビア海の恒常的交易ネットワークが登場しはじめるのは、紀元前三世紀頃であった。紅海沿岸からインドへの交易は、まずアラブ人（アラビア半島の海洋民）によって始められた。紀元前一世紀頃には、ペルシア人も加わり、ペルシア・アラブ人によって、インド西海岸からアフリカ北東岸へ交易ネットワークが成立した。

ササン朝ペルシアは、四・五世紀にはアラビア海をおさえ、六世紀には東アフリカ海岸、インド西岸とスリランカにおよぶインド洋西海域を支配した。紀元後一世紀にエジプトのギリシア人が発見したといわれてきたアラビア海の季節風「ヒッパロスの風」の話は明らかに西洋中心主義である。インド洋沿岸の住民は皆知っていたはずで、ギリシア人は先行のアラブ・ペルシア人から聞き知ったのである。

他方、中国の帆船は紀元前三五〇年にマレー半島を訪れた記録がある。中国産の絹（これは長江流域・江南の産品）は、遅くとも紀元前四世紀にはインドで知られていた。すでに紀元前一千年紀に、東南アジアの船乗りは、インド洋東

年表10　海上の道（年代は頃）

前3千年紀	シュメルとインダス間、海路の交易活動
前1千年紀	東南アジア人、インド洋東海域と南シナ海で交易に従事
前350	中国の帆船がマレー半島を訪れた
前3世紀	アラビア海で恒常的に交易活動開始される（紅海からインド西海岸）
前1世紀	ペルシア人、アラブ人、インド西海岸からアフリカ北東海岸まで行く。インド商人は東南アジアへ交易活動
前2世紀	中国・広州は交易港となった
前1世紀	インド南部にアーンドラ朝（～後3世紀）
後1世紀	アラビア海、ベンガル湾、南シナ海、東シナ海に渡る交易ネットワークの出現
2世紀	ベトナム・チャンパー王国（～15世紀）。カンボジア・扶南（～6世紀）。東南アジア人とインド人が中国交易担う
4世紀	ササン朝ペルシア、アラビア海の制海権もつ（～6世紀）。インド南部にパッラヴァ朝（～9世紀）
590	インド南部にパーンディヤ朝（～1323）
802	カンボジア・クメール朝（～1432）
981	ベトナム・前黎朝（～1009）
7世紀	アラブ人とペルシア人、東南アジア、中国へ交易に行きはじめる。同世紀中葉から10世紀中葉までバグダードがインド洋交易センター。スマトラ島にシュリーヴィジャヤ朝（～14世紀）
8世紀	ジャワ島にシャイレーンドラ朝（～9世紀）
9世紀	広州に12万人のムスリム商人居住
846	インド南部にチョーラ朝（～1279）
10世紀	カイロに交易センターが移る（～16世紀）。マラッカ海峡地帯に三仏斉（～15世紀）。この頃より中国のジャンク船が東南アジアへ頻繁に向かう。以後14世紀まで中国は海外進出積極的におこなった
1044	ミャンマー・パガン朝（～1287）
12世紀	同世紀末から13世紀に中国のジャンク船はインド西海岸に赴く
13世紀	同世紀後半以降、モンゴル帝国の海上支配
1293	ジャワ島にマジャパヒト王国（～1520）
14世紀	東南アジア島嶼部のイスラム化始まる
1336	インド南部にヴィジャヤナガル朝（～1649）
1345	イブン・バットゥータが中国に海路で来る
1351	タイ・アユタヤ朝（～1767）
1400	マレー半島にマラッカ王国（～1511）
1419	ポルトガルの海洋進出始まる
1428	ベトナム・後黎朝（～1789）
1453	明のインド洋貿易からの撤退
1488	バルトロメウ・ディアスが喜望峰を回り、アフリカ東海岸に到達
1498	ヴァスコ・ダ・ガマ、インド・カリカット到達
1511	ポルトガルがマラッカ奪取
15/16世紀	琉球船、日本船が東南アジア貿易に乗り出す
1567	中国、東南アジア貿易再開
1581	オランダがスペインから独立宣言
1600	ポルトガルの交易拠点：モザンビーク、モンバサ、ホルムズ、ゴア、マラッカ、マカオの6つ。イギリス東インド会社設立
1602	オランダ東インド会社設立
1605	オランダはムスリムと協力して、ポルトガルをアンボンから追放
1615	オランダがヴァタヴィアに交易拠点つくる
1622	ポルトガル交易拠点ホルムズがサファビー朝に奪われる
1623	アンボイナ事件でイギリスはモルッカ諸島から撤退
1641	ポルトガル交易拠点マラッカがオランダによって奪われる
1652	イギリスの対オランダ戦争始まる（～1674）
1669	イギリス、インドのボンベイに交易拠点
1679	ポルトガル交易拠点モンバサがアラブ人によって奪われる
1680	インド・スワラージャ王国がイギリス海軍を破る
1686	ムガル軍がイギリス軍破る
1722	イギリス・ポルトガル連合軍がインド海賊に大敗
1739	オランダ、インド・トラヴァンコール王国への上陸失敗
18世紀	スマトラ島にシアク王国。東アフリカ沿岸はオマーンのアラブ人の勢力下
1817	イギリスがインドのマラーター同盟を駆逐
1840	アヘン戦争（～42）
19世紀	イギリスはインドとマレー半島を植民地化
1900	インド洋、ヨーロッパ船の独占状態となる

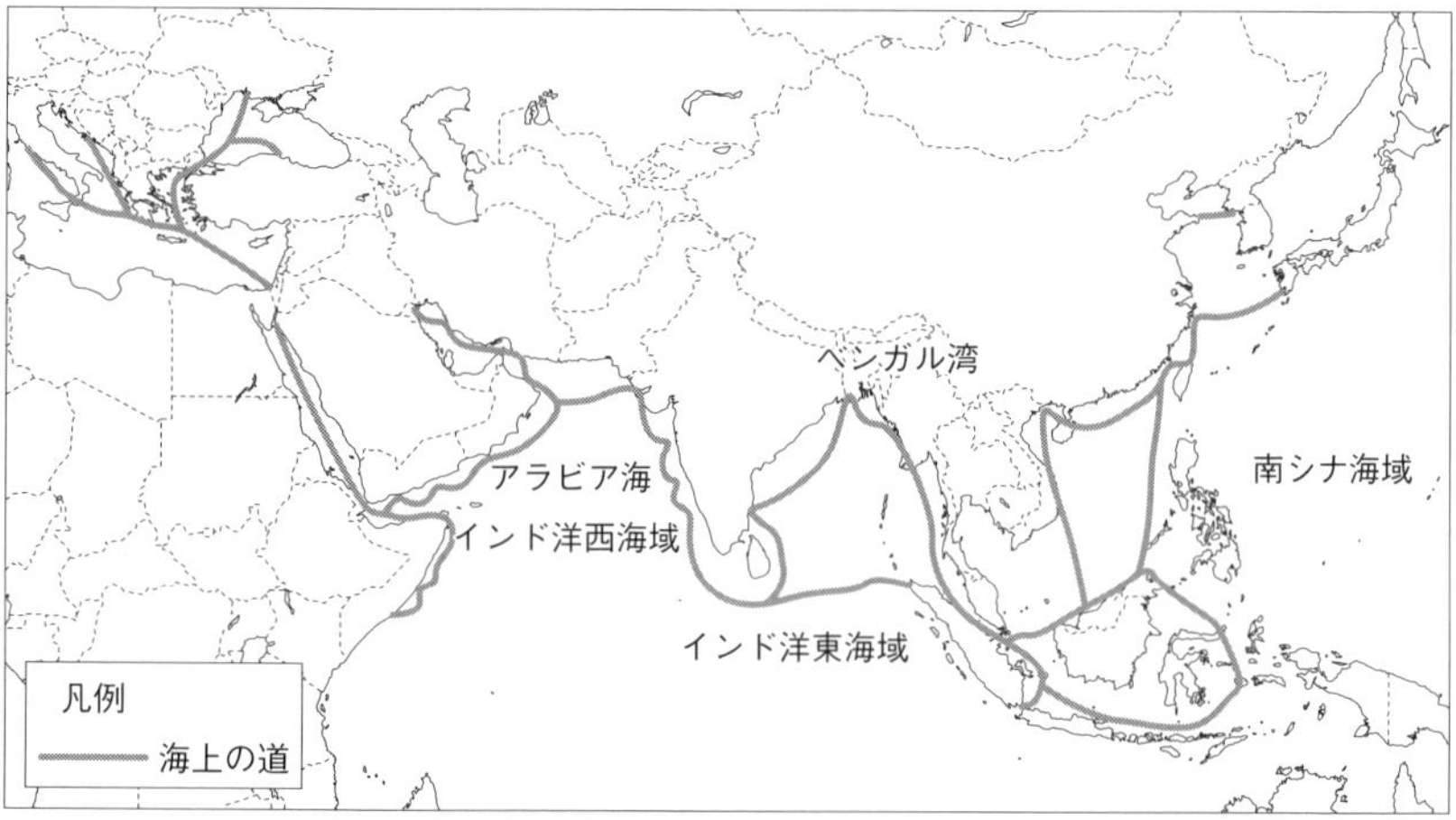

地図10　海上の道
注）アブー＝ルゴド『ヨーロッパ覇権以前』、家島『海が創る文明』『仏教歴史地図』から作成

海域や南シナ海で交易活動をおこなっていたといわれるから、中国とインドの仲介役は東南アジアの商人であったのだろう。インド人も紀元前から東南アジアに航海していた。紀元前二世紀、中国・広州はかなりの規模の交易港であった。早くて紀元後一世紀、遅くとも紀元後四世紀には、中国産品はメソポタミアやエジプトまで運ばれていた。

こうして一世紀頃からアラビア海、ベンガル湾、南シナ海、東シナ海に及ぶ広大なインド洋海上交易ネットワークが出現し始めた。西の辺境は東地中海でローマに通じ、東の辺境は黄海で朝鮮・日本に通じていた。海上の道は、中国、東南アジア、インド、中東、東アフリカ、ローマの各地域を結びつけた。

❖西ユーラシア人商人の活躍

陸上の道が騎馬遊牧民の世界であるなら、海上の道は「帆船商人」とでもいえる人々が主役であった。とくに一貫して西ユーラシア人系商人が活躍した。つまり、西ユーラシア人系商人が常に東へ交易に行くというパターンである。富は東にあったからである。これは、多くの東ユーラシア人系騎馬遊牧民が西進したことと対照的である。

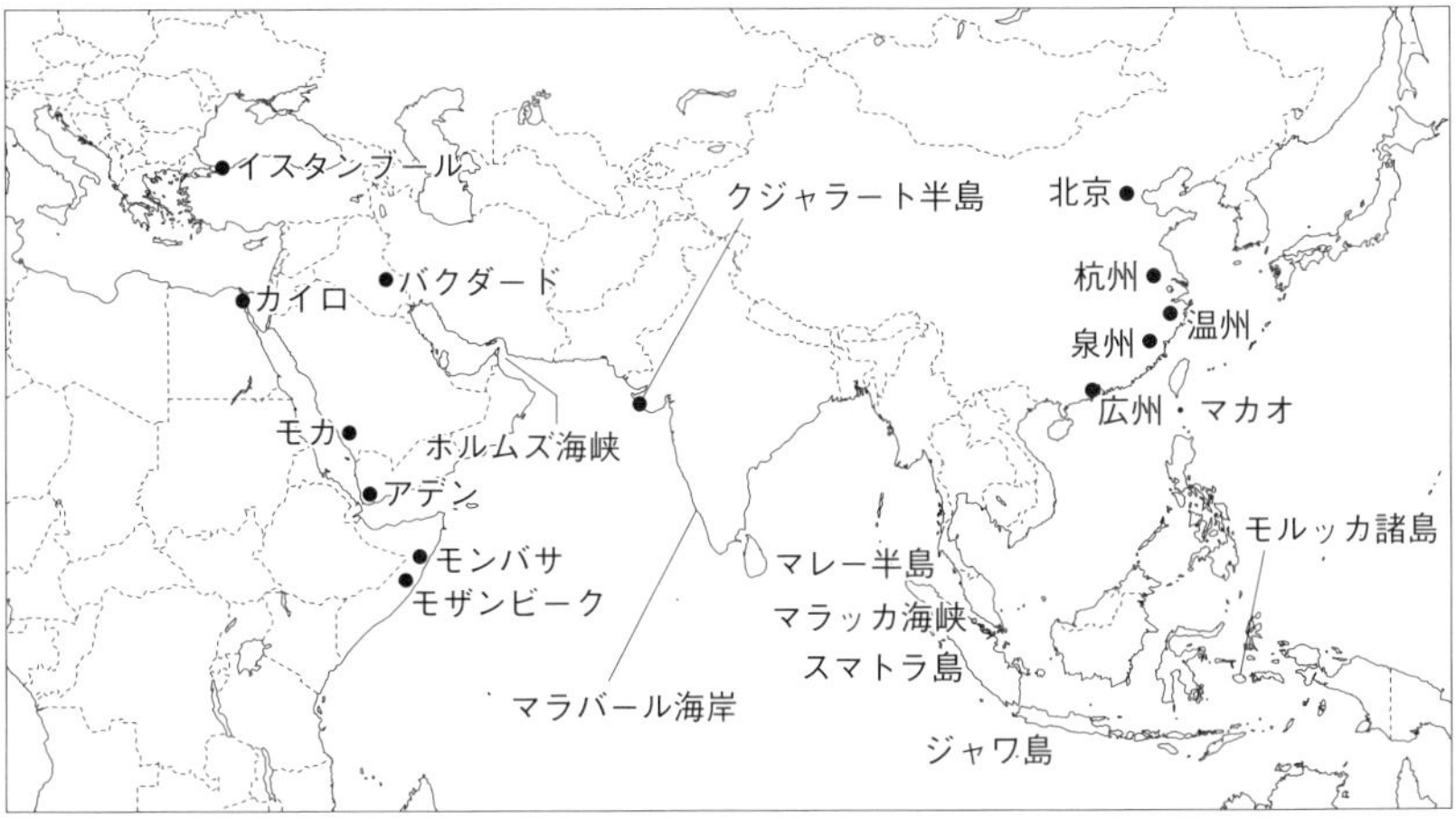

地図 11　海上の道の都市と地名

中国を含めた東方へ行ったのは、最初はイスラム化する以前のペルシア人である。七世紀後半にイスラムが登場すると、ササン朝ペルシア人の一部は、海の道経由でインド東岸、マレー半島、さらには広州、福州、揚州まで逃散した。そのペルシア人もやがてイスラム化する。八世紀以降はアラブ人とペルシア人のムスリム商人が中国まで出かけて行った。

唐末（九世紀）の広州には、一二万人ものアラブとペルシアのムスリム商人が居住していた。彼らは、竜脳《りゅうのう》やばら水といった蒸留した香油、龍涎香《りゅうぜんこう》（アンバーグリス）というマッコウクジラの体内にできる結石の香料、犀角《さいかく》（犀の角が漢方薬となる）、珊瑚や鼈甲《べっこう》（ウミガメの一種タイマイの甲羅を加工）など宝石類、ガラス製品を持ってきた。他方、中国からは絹糸、絹織物、陶磁器、銅銭（溶かして銅製品をつくったのだろう）を持ち帰った。国際通貨として金と銀が使用されたが、中国の絹と陶磁器がムスリム商人にとっては相当魅力だったのだろう。だから中国産品が高価となりイスラム側は金銀をより多く必要とした。

❖バクダードとカイロの繁栄

八世紀半ば～一〇世紀半ばは、イスラム・アッバース朝の首都バクダードがインド洋交易の「センター」となった。東の唐との交易ネットワークの安全が、この二大帝国によって保障された。アフリカ、インド、東南アジアの熱帯・亜熱帯から香辛料、薬物類（薬草・薬木、香油と思われる）、金、鉛、錫、宝石類、木材、米、豆類、熱帯産果実、動物皮革、象牙、家畜、繊維（綿と思われる）、染料類、奴隷、海産物など、中東と地中海から衣料品、敷物類、金属製品、陶器、ガラス容器、装身具、武器類など、そして中国の絹と陶磁器がバグダードに集積して取引がおこなわれた。バグダードの人口は一〇〇万とも一五〇万ともいわれた。海の道経由で運ばれたのは物産だけではない。宗教、つまりイスラム、ユダヤ教、キリスト教、ゾロアスター教、仏教などが中国（中国仏教はシルクロード経由といわれるが海の道経由もあったのではないか？）から東アフリカまで拡散した。

一〇世紀半ば以降、バクダードに代わってエジプト・ファーティマ朝のカイロがセンターとなった。カイロは五〇万の人口をもち、ファーティマ朝につづくアイユーヴ朝、マムルーク朝時代も、一六世紀にオスマン帝国のイスタンブール（コンスタンティノープル）にとって替わられるまでイスラム圏の中心地であった。センターがカイロに移ったことで、物流の流れもペルシア湾から紅海へと移動した。ただペルシア湾経由が完全に衰退したわけではなかった。カイロは、東西交易の中継基地として繁栄しつづけた。

ムスリム商人は、アッバース朝時代以来、東方交易用の金をアフリカ各地の金鉱から獲得していた。ムスリム商人が金と代価としたのは、とくに塩であった。アフリカでは沿岸部では海塩が生産されていたが、アフリカ内陸部はやはり塩不足は解消されなかったようで、塩は金と同等の価値をもっていた。

❖インド洋西海域

インド洋は、東の東南アジアから西のアフリカ大陸まで約九千㎞の海域である。これは陸上の道とほぼ同じである。家島彦一やアブー＝ルゴドによれば、インド洋は三つの大きく三つの海域に区分できる。アラビア海を中心としたインド洋西海域、ベンガル湾を中心にしたインド洋東海域、そして南シナ海域である。

いずれもモンスーン（季節風）によって航路日程が決められてしまう。「モンスーン」はアラビア語のマウシムに由来し、もともとは「陸の隊商が出発するとき」を表していたという。アラブ人は元来砂漠の隊商民であった。言葉からもムスリム商人のインド洋交易での大きな役割がみえるだろう。

東アフリカ、紅海、ペルシア湾からインド西岸までの西海域はムスリム商人の独壇場であった。インド西岸、とくに北西部のクジャラート半島と南西部のマラバール海岸では、現地インドの商人と交易したばかりか、居留地をつくって現地人と混血することも多かった。ムスリム商人は東アフリカ沿岸にも居留地をつくり、現地人と混血して「スワヒリ文明」を築いた（前述）。

❖インド洋東海域

東南アジアには、紀元前よりインド商人が来航していた。七世紀からはペルシア人、八世紀からはムスリム商人が来航した。インド洋東海域はムスリム商人、インド商人、マレー半島・スマトラ・ジャワなど東南アジア商人といった多様な民族が交易に参加していた。だからムスリム商人の活動はインド洋西海域だけに留まらなかったことになる。彼らは、インド東南海岸、マレー半島、スマトラ島、ジャワ島へ行って交易をおこなった。

この海域を通して、インドからヒンドゥー教、仏教、さらにはイスラムといった「高等宗教」が伝播した。東南アジア島嶼部は、一四世紀以降イスラム化されていった。

インドでも胡椒、シナモン（肉桂）、カルダモンなどの香辛料はあったが、東南アジア、とくに島嶼部の熱帯多雨林地方がその宝庫であった。モルッカ諸島（香料諸島）のクローヴ（丁子）とナツメグ（ニクズク）を筆頭に、島嶼中には胡椒、ターメリック（ウコン）、ジンジャー（生姜）、クベバ胡椒、菖蒲《しょうぶ》の根などが豊富にあった。沈香《じんこう》、安息香、栴檀《せんだん》、白檀《びゃくだん》といった香木（火をつけて香となる）、さとうきび、蜜蠟、野生ゴム、ワニ皮なども提供した。金鉱・銀鉱があったので金銀製装飾品も作られた。

インド南部では、古くはアーンドラ朝、さらにパッラヴァ朝（四～九世紀）、チョーラ朝（八四六年頃～一二七九年頃）、パーンディヤ朝（五九〇～一三二三年）、ヴィジャヤナガル朝（一三三六～一六四九年）はヒンドゥー諸王朝で、イスラムに征服された北部王朝とは一線を画した海洋交易国家であった。パッラヴァ朝の造船所では数多くの軍船がつくられた。

東南アジア大陸部では、インドシナ半島東南ベトナムのチャンパー王国（二～一五世紀）、カンボジアの扶南《ふなん》（二～六世紀）、ヒンドゥー教寺院（アンコール・ワット）で有名なカンボジアのクメール朝（八〇二～一四三二年）、ミャンマーのパガン朝（一〇四四～一二八七年）、タイのアユタヤ朝（一三五一～一七六七年）、ベトナムの前黎《れい》朝（九八一～一〇〇九年）と後黎朝（一四二八～一五二七年、一五三二～一七八九年）など海洋交易国家であった。

東南アジア島嶼部では、スマトラ島・仏教系シュリーヴィジャヤ朝（七～一四世紀）、ジャワ島・シャイレーンドラ朝（八世紀半ば～九世紀前半）、マラッカ海峡地帯の三仏斉《さんぶつせい》（中国名、一〇～一五世紀）、ジャワ島・ヒンドゥー教系マジャパヒト王国（一二九三～一五二〇年）、マレー半島のイスラム系マラッカ王国（一四〇〇年頃～一五一一年）、スマトラ島・イスラム系シアク王国（一八世紀）などもみな、海洋交易王国であった。

島嶼部ではマラッカ王国の影響でイスラム化が進行し、アラブ・ペルシアのムスリム商人だけではなく現地のムスリム商人も活発に活動した。ちなみに東南アジア島嶼部交易の国際語はマレー語であった。

❖中国の海外進出

南シナ海では中国商人が活躍したことは当然のように思えるが、紀元後二世紀頃中国貿易を実際に担っていたのは、東南アジア人およびインド人であった。七世紀後半以降、アラブ・ペルシアのムスリム商人も来朝するようになった。中国南部の杭州、温州、泉州、広州が交易港であった。

中国の商船が、東南アジアへ頻繁に出航するようになったのは、一〇世紀半ばからのジャンク（戎克）船（帆船）の開発と航海術の発展に負うところが大きい。中国は宋の時代になると、未曽有の経済成長の時代を迎えた。絹製品、漆器、工芸品、鉄鋼製品、茶、陶磁器が主要輸出品であった。東南アジア島嶼部は、宋・元代には、中国の絹布や陶磁器の消費地でもあった。東南アジアやインドからは、香辛料や熱帯産品を輸入した。香辛料を得るために金銀も用いた。中国にとっても香辛料はそれだけ魅力であった。

一二世紀末から一三世紀になると、インド西南のマラバール海岸の諸港にまで、ジャンク船は頻繁に出かけるようになった。そこで、イスラムのダウ船と交易した（ムスリム船はダウと総称された）。この際中国の羅針盤がイスラム世界に伝わった。

とはいっても、中国商人の活動は南シナ海が中心であった。中国商人の居留地が、東南アジア各地につくられた。広東系と福建系商人を中心として、一二世紀以前は広東、以後は泉州を起点にマラッカ海峡付近まで「縄張り」とした。インド洋の胡椒の多くが中国に輸出されていた。中国商人は、東南アジアの諸港で、香辛料だけでなく綿糸と綿布を買い付けに来た。また、宋・元代を通じて、ムスリム商人が南シナ海で中国商人と共存していた。

中国が積極的に海外進出をおこなった時代（一〇～一四世紀）、東南アジアにスマトラからマレー半島にかけて三仏斉という海洋国家があった。タイにはアユタヤ朝があり、中国に朝貢していた。一五世紀、マレー半島の

図35　ジャンク船

マラッカ王国にも中国商人とインド商人が往来した。マラッカ王国は明に朝貢したが、王はイスラムに改宗した。一四三五年以降、明は強大な艦隊をインド洋から引き揚げてしまうが、無許可の中国民間船は東南アジアとの交易を続けた。一五六七年からジャンク船の東南アジア貿易は再び許可された。東南アジアに中国商人＝華人ネットワーク（俗にいう華僑）が広がっていくのは、これ以降である。一七世紀後半、さとうきびは、アユタヤ（タイ中部）に拠点を置く中国商人が日本へ輸出していた。琉球船や日本船も一五・一六世紀東南アジア貿易に乗り出している。少なくとも、一七世紀後半までは、インドの西海域はムスリム商人が中心、インド東海域と南シナ海域ではインド人、マレー人、スマトラ・ジャワ人、中国人、そしてムスリムといった多様な民族が交差するという構造は変わることはなかった。

こういった伝統的インド洋海域の交易構造にヨーロッパ人はどのように食い込んでいったのだろうか。その前にモンゴル帝国の海上支配を概観する。モンゴルは、唯一海上の道をすべて抑えた政治勢力であったからである。

✣モンゴル帝国の海上支配

インド洋海域全体を政治的に統一したのは一三世紀後半に成立したモンゴル帝国であった。モンゴルの時代の国際交流は、海上の道によって大いに進展した。自らは戦艦を建造し海軍をつくった。これは南宋時代の造船・航海技術を引き継いだものであった。さらにクビライは、新たに建設した大都（北京）から、東方郊外の通州まで運河（通恵河）をつくった。通恵河《つうけいが》の意味は絶大であった。通州は白河を通じて海港の天津《てんしん》につながっていたからである。これで北京は海に通じる都となった。また、通州と江南を結ぶ大運河は廃れていたが、それを再開通させた。こうした一連の事業によって、北京には、江南、東南アジア、インド、中東、アフリカ方面、つまり世界中の人と物資が集積することになった。南の泉州にも世界各地の貿易船が集まった。

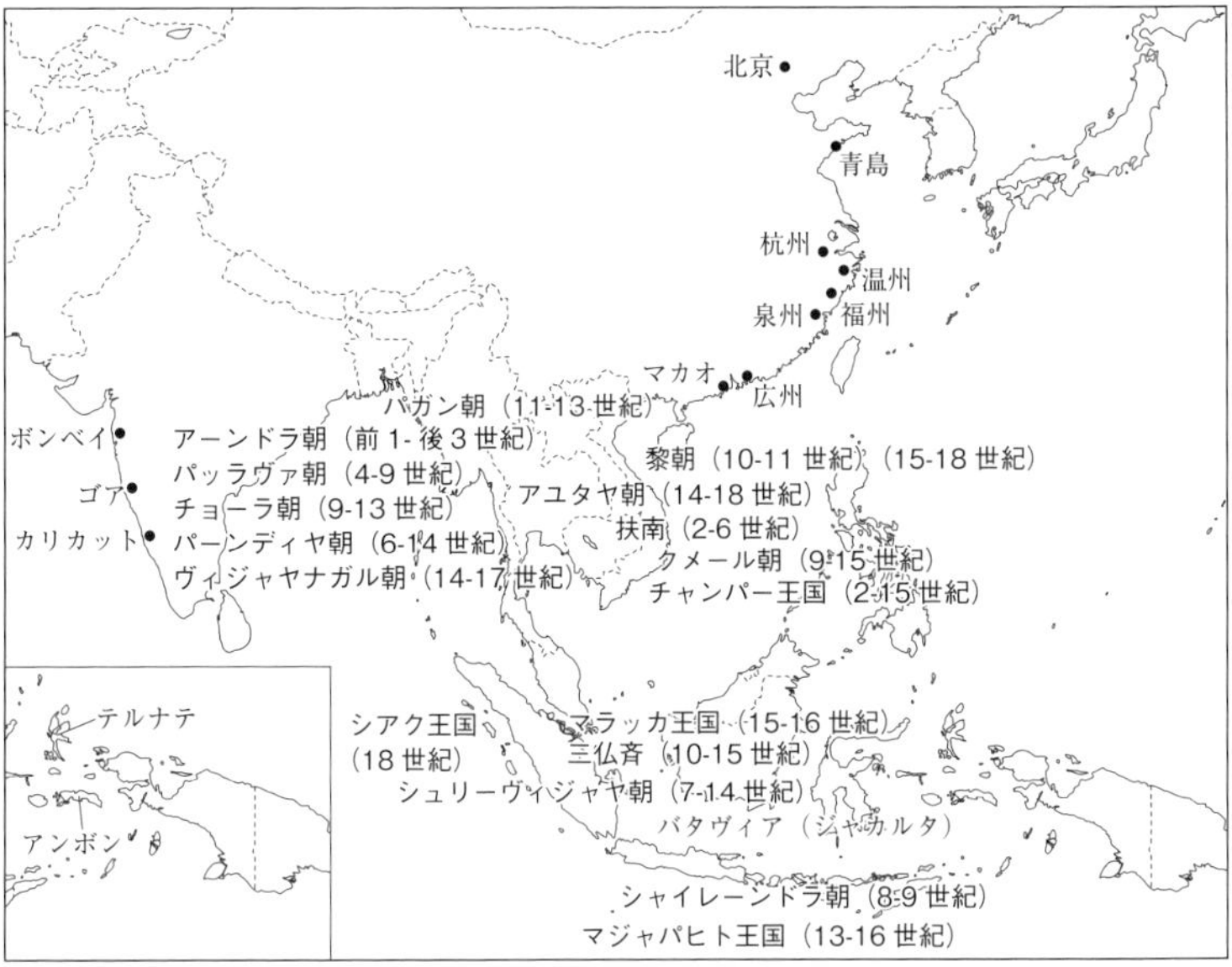

地図12　海洋国家

中国におけるアラブ・ペルシアのムスリム商人の活躍は古くからあったが、泉州など中国東南沿岸諸都市を拠点にしていたムスリム商人を、大ハン・クビライは保護・援助した。モンゴルという国家が、ムスリム商人と一体となって国際貿易をおこなったことは驚くべきである。貿易船に軍人が乗り込み、海賊から守るボディーガードとなった。東南アジア、スリランカ、インド西海岸の主要港湾都市には、中国から派遣された貿易事務官が駐在した。

　モンゴルは東南アジアにも出兵した。しかし、直接支配下に置かなかったのは、征服が失敗したからではなく、むしろ平和的な交易関係を重視したからである。南シナ海からインド洋東海域は大元ウルス（元朝）の海となった。インド洋西海域はフレグ・ウルスの勢力下であった。かくしてモンゴル時代にインド洋海域は、強力な政治勢力の保護下に自由な交易活動の場としてより発展した。

❖ムスリム商人とモンゴル帝国

ムスリム商人は「オルトク」といういわば共同出資会

社をつくった。トルコ語で「組合」「友」という意味である。大小多くの「オルトク」があった。通商、運輸、金融はもとより兵站《へいたん》・軍需、さらには徴税という国家事業まで請け負った。「オルトク」網はモンゴル帝国の隅々まで張り巡らされていた。モンゴル政府は彼らからの商税を当てにしていたので、こういった自由な経済活動を援護したのである。

商税は貿易品の最終売却地で三・三％を支払うだけであった。従来の関所などに設けられた通行税などはいっさい廃止された。そのためのインフラ（陸上と海上の道）は国家が整備し安全を確保した。これで交易活動が活発化しないわけがない。

とくに中国の白磁にペルシアのコバルトブルーで絵付けした景徳鎮《けいとくちん》は、従来の青磁とともに西方の権力者が欲してやまないものとなった。モンゴル帝国の貨幣は銀であったため、これ以降の世界経済は金よりは銀が主体となった。

海上の道は、中国（北京、青島《ちんたお》、杭州、福州、泉州、広州）から出発すれば、ベトナム東岸からマラッカを経て、インド東岸、インド西岸、ホルムズ海峡・ペルシア湾岸ないしアデン・紅海沿岸経由で地中海に至る。インド東岸やアラビア半島の諸港から東アフリカ沿岸にいたるルートもある。アフリカから中国まで旅したイスラム法学者イブン・バットゥータ（一三〇四～六八／六九／七七年）は、モンゴル時代、海上の道で中国にやってきた。

海上の道でモンゴルの政治的支配下になかったのは、インドとエジプトであった。しかし、南インドは北インドの陸上国家とは違い、交易には積極的でモンゴルと友好関係にあった。中東ではフレグ・ウルスの通商網に、早くからエジプトのマムルーク朝も民間レヴェルで組み込まれた。フレグ・ウルスがイスラム化すると、エジプトとの政治的対立は弱まって一層活発となった。結局、エジプトもモンゴル帝国が築いた海の交易網の一部となった。

エジプト商人（カーリミー商人と呼ばれた）は、東方の産物を地中海経由でヨーロッパに売った。また、北イタリア、とりわけヴェネツィアとジェノヴァ商人が進んでモンゴル海上の道ネットワークに参入してきた。ヴェネツィアの公文書には、ヴェネツィアとフレグ・ウルスとの間の協定書が残っており、それによれば、ヴェネツィア商人の輸送の安全はモンゴル側が保障すると記されているそうである。モンゴル帝国が瓦解しても、モンゴルの築いた海上の道は消滅することはなかった。

モンゴル帝国は、インド洋全域をおさえた政治権力であった。クビライが描かせたといわれる世界地図（混《こん》一《いっ》彊《きょう》理《り》歴《れき》代《だい》国《こく》都《と》之《の》図《ず》）は、アフリカ大陸の輪郭（喜望峰）が、マルセイユ、セビリヤ、パリといったヨーロッパ諸都市とともに書かれている。アラブ・ペルシアのムスリム商人は、インド洋から東アフリカにかけて交易していたため、「大航海時代」の最初の主役として有名なポルトガル人よりずっと昔から、すでに喜望峰を周っていた可能性は高い。だから、フレグ・ウルスや元朝がそういった情報をもっていたとしても驚くに値しない。

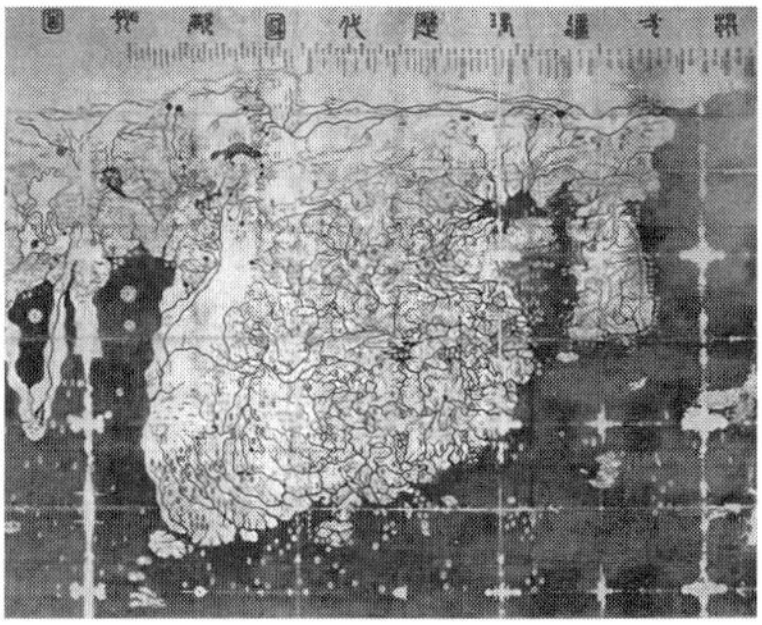

図36　混一彊理歴代国都之図

❖ポルトガルの進出

ポルトガルが海洋進出を始めた頃、海洋技術の最先進国は中国であった。船舶建造技術、航海術、海図製作、航海の経験など、中国は当時の世界の最強国であった。中国の帆船（ジャンク船）よりムスリムのダウ船は劣っていたが、次第に改良され大型化していった。ポルトガルやスペインの「カラヴェル」と呼ばれた三角帆船は、地中海で貿易していたダウ船を模倣したものである。カレヴェル船は、ジャンク、いやダウと比べても「おんぼろ船」に過ぎなかった。

ポルトガルはエンリケ王子（一三九四～一四六〇年）のもと、一四一九年頃から海洋への進出を開始した。ポルトガルとスペインを経済的に援助したのは北イタリアの商人であった。バルトロメウ・ディアス（一四五〇頃〜一五〇〇年）が、喜望峰をまわり、アフリカ東海岸に達したのは一四八八年のことである。その後ヴァスコ・ダ・ガマ（一四六九頃〜一五二四年）の一団は、一四九七年リスボンを出航、インドのカリカットに着いたのは一四九八年である。八〇年近くかけてようやくインドに到達したことになる。

ガマの一行は行く先々で貢物が貧弱だといわれ、相当の屈辱的扱いを受けた。カリカットのヒンドゥー教支配者にも貧弱な貢物しか提供できなかった。アフリカ、インド、イスラム諸王国や交易商人にとってみれば、ヨーロッパ人などまともに相手にするような存在でなかった。ポルトガルは、インド洋の伝統的海上交易の慣習に全く無知であるどころか、海賊とみられていた。

しかし、ポルトガルが海賊としてではなく、貢物を捧げて、交易を願う良き商人、良き臣下としてアジア側にみられる場合もあった。当時のインド洋東海岸を仕切っていたのはムスリム商人であった。彼らに対し、土着のシリア系キリスト教商人が対抗していた。両者間の対立に合わせ、ヒンドゥー教徒の協力もあって、ゴアに交易拠点を築くことができた。それでも喜望峰周りの航海は危険であったため、インドや東南アジアの産物を積んで無事にポルトガルに帰還できる割合は低かった。それでもポルトガルは、ムスリムやインド商人たちのインド洋貿易の華やかさに驚いたであろう。つまり、この時ようやくヨーロッパが、本格的に世界の交易ネットワークを目の当たりにしたのである。当時のヨーロッパの貿易は、交易品の質、量ともアジアに比べたら雲泥の差があった。東方の宝を得るために、ポルトガルは西アフリカの金とアメリカの銀が必要であった。

ポルトガルの進出によって、ムスリム商人やインド商人などとの軋轢が生じたことは確かである。それでもポルトガルが要塞都市を築けた場所は、現地王の承諾のもとにおこなわれたか、武力（海賊行為）で制圧したとしても現地の王国の弱小地帯であった。もしポルトガルが内陸部まで進出すれば敗れていた。たとえば、一七世紀末、東南アフリカのムタパ国とチャンガミレ国は、ポルトガルの交易拠点を一掃した。ポルトガルは紅海にあるオスマン勢力下の重要な港町アデンを最後まで奪取できなかった。

ポルトガルが一五一一年にマラッカを抑えられたのは幸運であったが、この海域の現状を変えることはできなかった。ムスリム商人が、マラッカを囲むように新たな諸港をつくったからである。ポルトガルは、一五二二年モルッカ諸島のテルナテにも交易拠点を築くことができたが、テルナテの砦もムスリムによって一五七〇年に囲まれ、マラッカまで撤退せざるをえなかった。その結果、モルッカ諸島の香辛料はアジア系商人から買い付けなければならなかった。

世界交易の舞台であったインド洋において、ポルトガルは多様に行き交う交易民族の一つ、しかも「新参者」にしかすぎなかった。ポルトガルが強大な軍事力をもってインド洋貿易に参入し、他民族の交易圏を奪っていったという説はありえない。結局、インド洋貿易の中心は、ムスリム、インド、東南アジア、中国の商人であり、ポルトガルは伝統的インド洋権益構造を壊すことはできなかったのである。

✣一七世紀後半から一八世紀にヨーロッパの覇権が確立したのか？

一七世紀半ば、中国では清朝、インドではムガル朝、中東ではイラン・サファヴィー朝とオスマン朝といった東ユーラシア人系騎馬遊牧民国家が並び立っていた。しかしこれらは内陸国家であり、インド洋から撤退してしまったといわれる。そこへオランダとイギリスの東インド会社が入る隙ができた。家島彦一『海が創る文明』によれば、一七世紀後半から一八世紀の時代に、伝統的インド洋交易構造が解体し、オランダとイギリスによる海上支配へと切り替わったという。一八世紀末には、インド洋は完全にヨーロッパの海になったということなのだろうか。しかし、アメリカ大陸とは異なり、ヨーロッパによるインド洋支配が、そう簡単に進んだとは考えられない。

一六〇〇年当時、ポルトガルの交易拠点は、西方ではモザンビーク、モンバサ、ホルムズ、インドではゴア、東南アジアのマラッカ、中国のマカオ（現地役人の許可で居留）であった。一六四一年、オランダにマラッカを奪われた。一六二二年、ホルムズはサファヴィー朝ペルシアに、一六七九年、モンバサはオマーンのアラブ人に奪われた。

オランダが一五八一年、スペイン（ハプスブルク家）から独立宣言したのは、先行のスペイン・ポルトガル国家および商人（イタリア系）から利権を奪取したいというオランダ国家（正式にはネーデルラント連邦共和国）と商人の思惑が背景にあった。一五八〇～一六四〇年スペインはポルトガルを併合していたからなおさらであった。

後発のオランダの戦略は、株式会社という方法でのインド洋への参入であった。一六〇二年設立の東インド会社である。モンゴル帝国時代にも「オルトク」ムスリム商人の会社があったが、オランダ東インド会社は国家の特許状を得て独占的に商売できる権利を有し、海軍を備えた国営企業であった。

目標はインド洋のポルトガルの利権あるいは輸送品を奪うことであった。オランダ東インド会社の実態は、国家公認の海賊行為であった。一六〇五年、オランダはムスリムの協力を得て、ポルトガル人をモルッカ諸島のアンボンから追い出し要塞を築いた。一六一五年、オランダはジャワ島のバタヴィア（ジャカルタ）に現地のムスリム王の許可を得て拠点をつくったが、一六一九年に勝手に要塞化してしまった。以後、ヨーロッパ人が建造物を建てることは禁止された。

確かに一七世紀中葉からオランダは東南アジア香辛料貿易の一部を獲得したが、全部ではなかった。中国は依然としてマレー半島やボルネオ島と胡椒の取引をおこなっていた。拠点をつくったバタヴィアでさえ、一六九九年、住民の三九％が中国人であった。東南アジアの交易都市のほとんどはヨーロッパ人の支配下になかった。オランダがインドネシア島嶼部に支配権を行使できるようになったと言ってもよいのは、一九世紀に入ってからである。

❖イギリスの覇権？

一六世紀後半から、イギリス国家公認の海賊船はアメリカ大陸の銀を運ぶスペイン船を襲撃し、国家に銀をもたらしていた。一六〇〇年にイギリス東インド会社がイギリス貿易商たちがエリザベス女王に提案して設立されたが、彼らは海上でスペイン船やポルトガル船を襲撃する海賊でもあった。

イギリスの東インド会社の出資金は、オランダ東インド会社の約一二分の一にすぎず、設立当初は、インド洋貿易に参入するには規模が小さすぎた。だから初期のイギリス東インド会社の船舶は、スペインやポルトガルの船を襲撃して香辛料などを略奪していたのが実態であった。

教科書では、イギリスのインド洋交易について以下のように書いてある。「ポルトガルに代わってオランダがインド洋の香辛料貿易を支配すると、イギリスはモルッカ諸島から手をひき（一六二三年　アンボイナ＝アンボン事件）、インド経営に集中するようになった。しかし三回に渡る対オランダ戦争（一六五二～一六七四年）によって、イギリスは一八世紀にはインド洋交易を実質的に牛耳ることになった」。これはヨーロッパ各国間の関係を言っただけにすぎない。

イギリスは、一六六九年、インドのボンベイにようやく拠点を置くことに成功した。しかし、ムガル帝国は東インド会社から保護料を徴収した。東インド会社は、ムガル皇帝にさまざまな賄賂をおくって交易の保護をムガル帝国にもとめた。一七六四年、イギリスは、ベンガル太守とムガル帝国連合軍を打ち破った。といってもインド洋貿易を独占できたわけではなかった。イギリスが、ムガル帝国に対抗していたデカン高原のヒンドゥー教勢力マラーター同盟をようやく駆逐できたのは、一八一七年のことであった。マレー半島（現マレーシア）のイスラム諸国を植民地化できたのも、一九世紀中葉である。

モルッカ諸島の香辛料交易で先行していたオランダを最後まで崩せなかったことが一因となり、イギリスにとって、コーヒーと茶が重要商品となった。この二品は、香辛料と並んでヨーロッパに需要があったからである。しかし、コーヒー貿易は、イスラム商人に独占されていた。イギリスは、一七世紀初頭、アラビア半島紅海沿岸（イエメン）のモカへの自由入港を在地イスラム権力者に許可された。茶については中国の許可が必要であった。自由に茶を購入するには、結局アヘン戦争（一八四〇〜四二年）まで待たねばならなかった。インドとセイロン島の茶を独占できたのも一九世紀に入ってからである。

❖ヨーロッパによる植民地化という神話

一六世紀以降ヨーロッパで始まった「近代世界システム」（ウォーラーステインによる造語）が、インド洋交易もその中に取り込んでいったという類の議論には賛成しかねる。しかも圧倒的軍事力で、インド洋の利権をアジア勢から奪っていったというのは神話にすぎない。

一八世紀後半になってもインド洋での貿易扱い高は、ヨーロッパよりアジア側が多かった。インド洋で、アジア船に替わって、ヨーロッパ船が貿易を完全に独占するようになるのは一九〇〇年頃であった。だから少なくとも一九世紀前半までは、ムスリムやアジア商人のインド洋での自由な交易活動は続いていたとみていいだろう。

海運（海の運送）をみてみよう。一九世紀の中葉にようやく帆船から蒸気船・鋼鉄船への移行が始まり、第一次世界大戦までに、長距離航行でも蒸気船が帆船を凌駕するようになった。だから、帆船から蒸気船への移行は長い過程であったといえる。アヘン戦争時、欧米では蒸気船はまだ主流でなかったが、イギリスは鉄で装甲された最新の蒸気船（メネシス号）をもってきた。鉄の装甲は当時の大砲では打ち抜けなかった。中国の木製帆船は大砲で沈没した。アメリカのペリーも「こけおどし」で、日本へ「最新兵器」（黒船四隻）をもってきたということになる。

ヨーロッパはインド洋で決して戦争の勝者ではなかった。一六八〇年、ヒンドゥー教マラーター族のスワラージャ王国は、ボンベイ沖でイギリスを破った。イギリスは一六八六年にムガル軍にも敗れた。一七二二年、インド海賊に、イギリス・ポルトガル連合軍は大敗北した。一七三九年には、オランダがインド南西端のトラヴァンコール王国に上陸を試みたが、失敗した。一八世紀、オマーンのアラブ人が東アフリカ沿岸最大の勢力であり、ヨーロッパ人は手が出せなかった。

ヨーロッパが圧倒的軍事力をもつのは、産業革命後一九世紀、とくに高性能銃器が大量生産されるようになった同世紀後半以降である。一九世紀以前のインド洋では、ヨーロッパ各国は在地権力が届かない弱い地域を占拠したにすぎず、彼らは交易する多様な民族の一つ、良くても利益をより得た民族の一つであった。

❖なぜスパイスを求めたのか

香料にはスパイス（香辛料）の他に焚香《ふんこう》と香油がある。焚香は香木やその樹液を燃やし、香煙を楽しむ線香の類である。香油は香原料を蒸留したりして油にしたもので、揮発する香気を楽しんだり身体に塗る。

スパイスは現地の人々の食事には欠かせないものであったが、ムスリム、中国人、ヨーロッパ人はなぜスパイスが必要だったのだろう。確かに中国人にとってスパイスは料理に不可欠であったが、中東やヨーロッパが味付けのためにだけスパイスを求めたというのは不自然である。肉の保存なら塩、酢、油、燻製というさまざまな方法があった。彼らにとって、スパイスを含めた香料の第一の目的は薬用であった。とくに胡椒、クローヴ、ナツメグ、シナモンといったスパイスは珍重され、鎮痛・解熱や胃腸、肝臓など内臓諸器官、強壮、消化、食欲増進などに効いた。

以前から不思議に思っていたのは、日本人がスパイスとあまり関係がないことである。日本史にはスパイスが欠けている。江戸時代の一味・七味トウガラシ（中米産）、わさび（これは日本産）くらいで、しかもこれらはインド・東南アジアのものではない。香料全体としてみても焚香と樟脳《しょうのう》くらいである。なぜ日本人はヨーロッパ人のように

図 37　シナモン（左上）とクローヴ（右）
（中央はスターアニス）

執拗にスパイスを求めなかったのだろうか。鎖国していたというのは理由には不十分である。長崎や薩摩経由あるいは密貿易で入手することはできたはずだ。

スパイスなど香料は薬として重要であった。その一つは伝染病対策であった。中国からヨーロッパまでのユーラシアは牧畜社会で、ゆえに定期的に伝染病に襲われた。ペストを代表に、チフス、天然痘、インフルエンザ、赤痢、結核、梅毒、麻疹、コレラなどである。こういった正体不明の伝染病の蔓延を防ぐには、大気中の「病原菌」を祓う必要があった。たとえばヨーロッパではペスト（一九世紀はコレラ）が流行すると胡椒を焚いて、その煙と匂いで防衛しようとした。胡椒を身に着けていれば病気にならないと信じられていたらしい。同様に香木を燃やして燻蒸《くんじょう》したり、種々の香油やスパイス油を調合し服用した。牧畜社会でない日本でも、こういった伝染病の記録はある。ただペストが流行したことはなかった。つまり日本では伝染病が相対的に脅威ではなかったことと、スパイスへの願望が薄かったことは関連があるのではないだろうか。

とはいっても、スパイスをはじめインド洋の交易品は、一九世紀以前のヨーロッパでは王侯貴族や富裕層あるいは緊急時のもので、民衆の日用品ではなかった。民衆用という点に立てば、アメリカ大陸のジャガイモとタバコの方が大きかっただろう。砂糖もアメリカで生産できるようになったから、民衆の口に入るようになった。ヨーロッパでスパイスが民衆の日用品となるのは一九世紀以降、とくに工業化の恩恵を受けるようになってからである。

主要参考文献（本文既出除く）
大木昌『病と癒しの文化史』
高谷好一『新世界秩序を求めて』

竹田いさみ『世界史をつくった海賊』
増田義郎『図説　大航海時代』
松井透『世界市場の形成』
見市雅俊『コレラの世界史』
桃木至朗編『海域アジア史研究入門』
山田憲太郎『香料の歴史』
同『香料の道』
アブー＝ルゴド『ヨーロッパ覇権以前』
アンサーリー『イスラームから見た「世界史」』
ヴィル『ヨーロッパ交通史』
カーティン『異文化間交易の世界史』
ブローデル『物質文明・経済・資本主義（交換のはたらき　１）』
マクニール『疫病と世界史』
メトカーフ『インドの歴史』
リード『大航海時代の東南アジア』

第Ⅳ部 文明と「高等宗教」

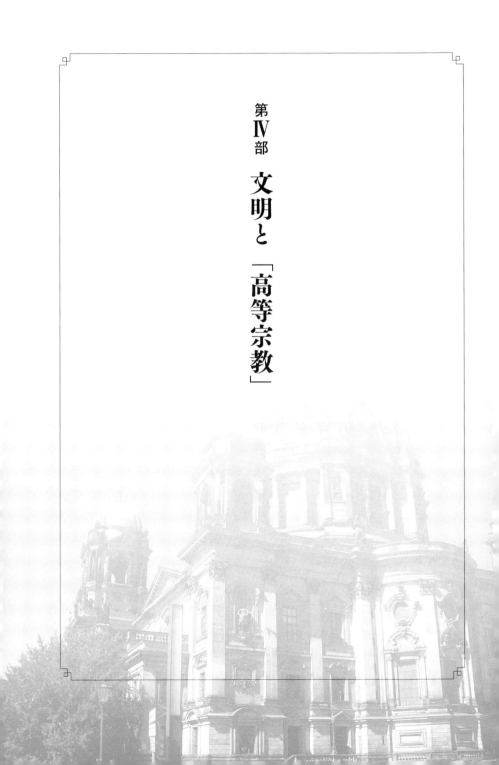

[8章] 中東コアの高等宗教
――ユダヤ・キリスト教からイスラムへ――

❖文明の本質は宗教である

騎馬遊牧民の繰り返しの侵入によっても、ヨーロッパ（文明）の侵攻によっても、ユーラシア（中東、インド、中国）のコアの文明の本質は壊されなかった。つまり文明として滅亡することがなかった。それは「高等宗教」をもっていたからである。「原初的宗教」しかもたなかったアフリカとアメリカのコア文明がヨーロッパに壊されたのとは対照的である。

外来勢力に征服されても自文明内にすべてを呑み込んでしまうのが中東、中国、インドであった。この三文明は、最も強力に学問・思想・芸術、それに経済を推進させ、ヨーロッパの植民地（インド）、半植民地状態となっても（中東と中国は公的植民地とはならなかった。中東は条約による保護国、治外法権、国際連盟下の委任統治、中国の場合は租借・租界という形態）、文明としての一体性を保持し続けた。

近代以前の文明の本質は宗教である。ヨーロッパ文明登場以前、文明の本質は宗教をみれば理解できる。中東はもともと多神教の世界であった。紀元前一〇〇〇年頃（『旧約聖書』初期文献の編纂がされた頃）に一神教としてのユダヤ教が生まれ、紀元後一世紀にキリスト教に発展した。しかし中東コアはイスラムの登場以降、一神教で強力に特色づけられる。インドと中国には一神教は根付かなかった。インドはヒンドゥー教、中国は儒教・道教・仏教の混淆宗教（宗教学では「シンクレティズム syncretism」という）であった。本書では「中国教」と呼ぶ。

なお、「宗教」という言葉は「religion」の翻訳語で、日本はもとよりインド、中国、中東にもない概念であった。近代ヨーロッパでは、宗教と政治を別物と考え「政教分離」といった概念をつくりだした。だから政治とは別物としての宗教といった近代ヨーロッパの概念を、イスラム、ヒンドゥー教、中国教に使用する場合は慎重であるべきだ。そのことを念頭に置きつつ、イスラム、ヒンドゥー教、中国教を考察するのが第Ⅳ部の目的である。

ちなみに、イスタンブールのボスポラス海峡をヨーロッパとアジアあるいは西と東の境界とするのは、明らかにヨーロッパ人が独断で決めたことである。東西の境界は、インダス川東経七〇度ラインである。北上すれば中央アジアを通って大体ウラル山脈あたりとなる。だから「中央アジア」という表現もおかしい。中央アジアと呼ばれる大部分の文明は西洋に属する。中東コアは西洋に属し、ユダヤ教、キリスト教、イスラムは西洋の宗教である。東洋はヒンドゥー教、仏教、中国教などであるが、イスラムが東洋にかなり食い込んでいる。

❖原初的宗教と高等宗教

さきほど、原初的宗教と高等宗教という言葉がでたが、私は、宗教に高等も下等もないし、原初的宗教から高等宗教に発展していくのが文明だというような立場はとらない。だから、この用語は使いたくないのが本音である。便宜的用語である。

原初的宗教とはシャーマニズム（降神術・降霊術）、アニミズム（万物に精霊・霊魂や宿るという信仰）、トーテミズム（ある氏族を特定の動植物に関係づける信仰）、自然の神々崇拝、祖先崇拝などを指す。しかし、こういった用語も便宜的なものである。これらは厳密に区別されるものではない。いくつかが混淆して信仰されるのが普通である。

原初的宗教は、予言を引き出したり、厄除け・招福を引き出したりする現世信仰が中心である。現世信仰とは現世での願望成就を目的とする。原初的宗教も創造神（天の神）の存在を語り、天界、地上、死後の世界（あの世）を想定し、時には「あの世」での幸福な暮らしを願う。シャーマンは天界や「あの世」との仲介役ともなる。しかし原初的宗教は、体系化・論理化された死生観はもっておらず、何より来世より現世を重視するのが特徴である。

私は、高等宗教とは死生観を体系的・論理的に説いている宗教と定義する。人は死んだらどうなるのかということを、体系的・論理的に整理して説明している宗教である。単純な死生観はどの民族ももっている。埋葬自体、さらに副葬品とともに埋葬する風習は人類史上多くの民族にみられる。これは、「あの世」を想定し、そこでの幸福を願ったということである。しかし、これが高等宗教になるには、現世と来世の関係を体系的・論理的に論じた死生観とならなくてはならない。体系化・論理化されて出来上がったのが教義・経典である。教義・経典は知識人・学者の哲学によってつくられる。こういった宗教は強い。教義・経典がローマ・カトリックのように一つの確固としたものであれ、仏教のように複数が並存しているものでもよい。そして高等宗教の特徴は、来世を第一に重要ととらえ、来世での救済を前面に出す。単純にいえば、現世は浮世の幻で、来世で幸福になることを目的にする。こういうとキリスト教やイスラムあるいは仏教、ヒンドゥー教はともかく、儒教や道教は違うのではないかというかもしれない。中国教は高等宗教であるのか。

現世のご利益が中心の原初的宗教は、高等宗教が入ってくると、外面的には呑み込まれてしまうのが歴史の常であった。アメリカの古代文明は原初的宗教だったので、キリスト教に呑み込まれた。アフリカでは、北アフリカ、西アフリカ、東アフリカ沿岸地帯はイスラム化し、熱帯アフリカから南は、ヨーロッパの植民地となりキリスト教化した。強調すべきは、単純に高等宗教に呑み込まれるということはありえないということである。在地の原初的宗教と混淆することで高等宗教を受け入れたのである。

❖知識人宗教と民衆宗教

人々は来世信仰だけでは満足しない。来世信仰に現世信仰が加わった時、高等宗教は民衆に普及するようになる。だから、高等宗教は、一方で知識人による死生観を体系化・論理化した哲学的思考と、他方でそれが在地の原初的宗教と混淆して変質した信仰がある。前者を「知識人宗教」、後者を「民衆宗教」と呼んでみよう。この両者は切り離されたものではなく、両者が接合して高等宗教となっている。

逆にみれば、民衆宗教をもたないと高等宗教は支持されない。民衆宗教は、簡単にいえば厄除け・願掛けの類の現世信仰である。形態としては原初宗教的であるが、知識人宗教が土台として接合している。たとえば、ヨーロッパ中世の民衆は、教会の聖母子像にお供え物をして願をかけ、飢饉除けとして十字架を畑に立て悪霊を祓った。聖餅《せいへい》（ホスチア）はカトリック神学では聖体拝領の際にキリスト自体になるというものであるが、民衆はちぎって畑に撒いて悪霊を祓い豊作を祈願した。こういった類のものが民衆宗教である（詳しく知りたい人は、下田淳『ドイツの民衆文化』）。

ユダヤ・キリスト教、イスラム、それに仏教が知識人宗教をもっていることは一目瞭然である。ユダヤ教のラビ、キリスト教の神学者・聖職者、イスラムではウラマー（神学・法学などの知識人）がいる。ヒンドゥー教ならバラモン（僧）や学者であろう。儒教や道教も知識人宗教（哲学）の伝統がある。儒教なら孔子、道教なら老子に代表される。その意味では同じである。ただ、問題は中国教では、体系的・論理的死生観が説かれているのか。そして、これはイスラムやヒンドゥー教にもいえることであるが、民衆宗教はどういった形態をとっているのだろうか。具体的にみていこう。ただし、私の理解したイスラム、ヒンドゥー教、中国教である。

図38　ベルリンのシナゴーグ（左）と大聖堂（右）

✣ユダヤ教・キリスト教の死生観はどこから来たか

西洋の中東コアは、ユダヤ教、キリスト教、イスラムといった一神教誕生の地である。もともとユダヤ教は律法、つまり『旧約聖書』最初の五書「創世記」「出エジプト記」「レビ記」「民数記」「申命記」（モーセ五書という。紀元前一〇〇〇年頃には大筋が文字化されていた）を遵守するという現世信仰であった。律法＝契約を守れば祝福を受け、破れば罰を受ける。これは現世でのことである。

「創世記」に宇宙創造と人間創造の物語が書かれているが、その類はどの民族の神話にも存在する。モーセ五書など初期のユダヤ教の書には天国は登場するが、そこが死後の来世なのかは曖昧である。死者の赴く他界は、ヘブライ語で「シェオール」と呼ばれた。バビロン捕囚（紀元前五九七および前五八六～前五三八）以前に書かれたもので、「シェオール」に言及した箇所は「民数記」の「もし主がこれまでにないことをおこなわれて、地がその口を開き、彼らと彼らに属するものたちをことごとく呑み込み、彼らが生きながらよみに下るなら、あなたがたは、これらの者たちが主を侮ったことを知らねばならない」（一六章三〇節）、「彼らとすべて彼らに属する者は、生きながらよみに下り、地は彼らを包んでしまい、彼らは集会の中から滅び去った」（同三三節）、「詩編」の「主よ、あなたは私の魂をよみから引き上げ、私が穴に下って行かないように、私を生かしておかれました」（三〇章三節）など多くはない。「よみ」と訳されているのが「シェオール」で、アッカド語の「シュアール」から来ている。バビロニアでは「アラル」（アラール）といった。『新約聖書』

年表11　イスラム（年代は頃）

前3000	シュメル文明（～前2004）
前1500	エジプト『死者の書』
前1200	モーセの出エジプト
前1000	『旧約聖書』初期文献の編纂
前12～前9世紀？	ゾロアスター（ザラスシュトラ）（生没年不詳）
前597	バビロン捕囚（～前538）
前538	エルサレム帰還。メシア思想、終末論の登場
前2世紀	ユダヤ教の異端思想流布。ユダヤ「黙示録」多く書かかれ始める
前4	イエス・キリスト（～紀元後30）
後90	旧約聖書（タナハ）正典編纂
226	ササン朝ペルシア（～651）。『アヴェスター』成立（3世紀）
451	カルケドン公会議で、キリストの人性と神性決議
570	ムハンマド（～632）
644	三代目カリフ・ウスマーンの時代（～656）に『コーラン』と「ハディース」編纂される
8世紀	罪をめぐる神学論争
9世紀	『コーラン』をめぐる神学論争
850	スーフィズムの登場
9/10世紀	ハディース「六書」の編纂
12世紀	民衆の聖者崇拝盛んとなる。スーフィズム教団・ターリカ結成
18世紀	ワッハーブ運動登場。イスラム復興運動の始まり
1876	「オスマン帝国憲法」発布。西欧化進む
1923	トルコ共和国発足
1979	イラン・イスラム革命によってイスラム復興運動の興隆

ではギリシア語の「ハデース」と「ゲヘンナ」が「よみ」つまり「地獄」となっている。『旧約聖書』の「よみ」は、陰鬱で無力で暗い他界である。

ともあれ、神による最後の審判で、善人が天国に入り、罪人が地獄に落ちるという物語は、初期文献には書かれてはいない。つまり死生観は説かれていない。その意味で少なくとも初期のユダヤ教は高等宗教としては不十分である。

バビロン捕囚の経験のなかで終末論が登場した。終末の時に、世界を支配する帝国と諸民族が滅亡し、エルサレムに神の王国が建設されるというものである。紀元前二世紀、律法のみを権威とする正統に対して、天使、サタン、霊魂不滅、肉体の復活を信じる異端が現れる。異端は終末論的思想をもっており、それは紀元前二世紀以降登場する多数の「黙示書」として多様な展開をみせる。

ユダヤ黙示書は、ダニエル書を除いて聖書正典には含まれていないが、その後のユダヤ教の発展に不可欠となった。代表的なものは二つある。一つは、メシア（救済者）が悪の支配を撃破しユダヤ人を解放・救済し、エルサレムに神の王国を築くというものである。これは現生信仰である。二つめは、天地異変でサタンの王国が滅亡し、すべての死者が復活し（肉体の復活）、生きている者とともに神による最後の審判を受け、その結果、善人は神の国（天国）に入るが罪人は地獄に落ちるというものである。後者においては来世信仰が明確となっている。つまり、現世とは別の死後の世界である天国と地獄の存在、神による最後の審判を設定したのはユダヤ教の異端思想であった。

バビロン捕囚後に書かれた、あるいは加筆・修正された「詩編」と「イザヤ書」以下「マラキ書」までに、メシア思想、神による最後の裁き、死者（罪人）の行く「よみ」が散見される。バビロン捕囚後、ユダヤ教はこういった概念を発展させていき、終末での来世救済思想が明確となるのが紀元前二世紀のことであった。『旧約聖書』（タナハ）の正典が決定されたのは紀元後九〇年頃である。かつての異端も正統に組み込まれたことになる。したがって、ユダヤ教の死生観は紀元前後から体系化されていったと理解できる。ただキリスト教やイスラムと比較すると、その後のユダヤ教では、天国・地獄の死生観は前面には出なかった。あくまで律法が中心であった。もちろんイエス・キリストを神とはしない。

❖遡ればシュメル文明

バビロン捕囚後のユダヤ教徒に現れたメシア思想、神による最後の裁き、死者（罪人）の行く「よみ」＝地獄といった概念に、ゾロアスター教の影響をみることは容易であろう。

神による最後の審判はゾロアスター教で明確には語られていない。死者の霊魂はハラ山の頂に架かる「チンワト橋」で天国か地獄が決定され（審判され）、善人はチンワト橋を通り天国へ行けるが、悪人は橋から落とされ地獄行きとなる。審判するのは、ミスラ（インドではミトラ）、スラオシャ、ラシュヌという三神である。しかしこれは最後の審判ではない。終末に救世主サオシュヤントが登場し、悪神アーリマンを倒して善のみが支配する。その時、すべての魂（善人も悪人も）に肉体が戻って復活する。これが世界の終わりである。このような肉体の復活を最初に説いたのはゾロアスター教であった。

しかし、エジプト『死者の書』（紀元前二千年紀後半）にも天界（楽園）と地下にある冥界、そして冥界の王オシリスによる裁判が登場する。現世で正しく生きた者が、「死者の裁判」によって来世（天界だけとは限らない）での幸福が約束される。天界（楽園）に行くことができたのはファラオや貴族で、そのためにミイラにした。冥界は必ずしも苦しみの「地獄」ではなく、さまざまに描かれた。一般人では、死後の魂は現世に戻ったりして、天国・地獄の二元論は全く曖昧であるが、オシリス神による魂（バという）の審判という概念が明確である。さらに、実は、冥界での神々による裁判はシュメル神話にもあり、起源はシュメルにまで遡ることができる。神による死後の審判を根元まで遡っていくと、シュメル文明にいきつくのは興味深い。

いずれにせよユダヤ教へのゾロアスター教の影響は明確である。ゾロアスター（ザラスシュトラ）とその後継者たちは、天国と地獄の二元論と終末論を体系化し「高等宗教」を創った。ユダヤ人はエジプトで暮らしていたから、神による死後の審判（裁き）という概念は早くから知っていただろう。しかし、それが明確に意識されるようになるのは、バビロン捕囚以後であった。

死後の魂の審判は来世での再生（あるいは復活）を意味する。死と再生の繰り返しといった円環的時間観念はヒンドゥー教で体系化されるが、これがホモ・サピエンスのもともとの時間観念であった。だから、一般にユダヤ・キリスト的時間観念といわれる「宇宙・世界の始まりと終わり」という直線的時間概念の発明は、ある意味画期的であった。この発想は、氷期に植物のほとんど存在しない氷河地帯で生活していた西ユーラシア人から出てきた。そこでは時は季節をもたず循環しなかった。だからキリスト教とイスラムが西ユーラシア人の世界で発達したのもよくわかる。とはいっても、ユダヤ・キリスト教そしてイスラムでも円環的時間概念は並存している。「新年」は宇宙の再創造である。「ヨハネの黙示録」に代表される終末論も世界・宇宙そして人間の再生であると考えられなくもない。

❖イエスの死生観

ところでイエス（紀元前四頃～紀元後三〇年頃）は何を説いたのだろうか。「こころの貧しい人たちは幸いである……悲しんでいる人たちは幸いである……義のために迫害されてきた人たちは幸いである。天国は彼らのものである」。宗祖たちの言葉はみな簡単で平易である。イエスは、神を信じる者は誰であろうと天国に行けると説いた。イエスは死生観を説いている。

『新約聖書』では死後、善人（神を信じる者）が入る天国が強調されているが、罪人が落とされる地獄についても「福音書」で数か所言及されている。「福音書」にあるということは、イエスも罪人の落ちる来世としての地獄を当然認知していたと理解しておいてよいだろう。イエスは神の最後の審判にも言及している。だからイエスが、当時のユダヤ教の異端思想の持主だったことは明らかである。

ところで、天国と地獄の二元論と最後の審判はどういう関係にあるのだろうか。死後善人は天国に、罪人は地獄に行くが、最後の審判でもう一度最終的に「行き先」が決まるということなのか。キリスト教神学者の多くは、天国か地獄かは最後の審判で決し（ここで肉体が復活する）、それまで死者の魂は神の意に沿った場所に保管されると理解したようだが、一般民衆は、死後すぐに天国と地獄の来世を想像したに違いない。とくに中世ヨーロッパではそう捉えた。アウグスティヌス（三五四～四三〇年）も神は常に裁いているといい、最後の審判前の「中間の過程」における審判に言及している（『神の国』第二〇巻第一章）。これが「煉獄《れんごく》」概念を生み出すことになる。プロテスタントでは、より明瞭で、死後、良き魂は天国、悪しき魂は地獄へ行くが、肉体の復活は最後の審判の時である。

同じ問題はイスラムにも当てはまる。最後の審判で肉体が復活し、天国か地獄かが明らかになるが、それまで魂はどこにあるのか。ある説によれば、普通の死者の魂は墓の中にあるが、聖者や殉教者はすぐに天国に、極悪人は地獄に行くという。キリスト教やイスラムで死者を火葬しないのは（キリスト教では現在は認めている）、最後の審判の際、肉体の復活を信じているからである。

アウグスティヌスによれば、最後の審判で神の国が訪れるが、これは決して終わりではなく、終わりなき終わり、終わりなき神の国ということになる（『神の国』第二二巻第三〇章）。ともあれ、神学的なことに深入りするのは本書の課題ではないが、キリスト教と以下に述べるイスラムが、シュメル以来の中東文明の宗教の集大成であったことは確認しておこう。

❖イスラムの成立

イスラム（神の教えに帰依するの意）は、アラブ人のムハンマドが神の啓示を受けて始まった一神教である。アラブ人は、もともとアラビア半島に住む諸部族の総称であった。紀元前一千年紀にはオアシス農業とラクダの牧畜を営む民族であった。ムハンマドの時代の中東コアは、ビザンツ帝国とササン朝ペルシア帝国によって分断されていた。アラビア半島は両帝国の直接の支配下にはなかったが、アラブ人は両帝国の文明に組み込まれていた。

中東コアの東部ではゾロアスター教（経典『アヴェスター』）、西部ではユダヤ教、キリスト教といった高等宗教が存在していた。キリスト教正統派によればキリストは

図39　イスタンブールのモスク

神であり人でもある（四五一年、カルケドン公会議）が、シリアとエジプトにはキリストと神との完全な一致を説く単性論派が多かった。ペルシア帝国内にはキリストの人性を強調するアリウスの系譜をひくネストリウス派が存在していた。これらの諸派はアラビア半島にも多くの信者をもっていた。

ムハンマドはエルサレムにも旅をした。こういったなかでムハンマドは、ユダヤ教やキリスト教の考えを知った。そしてそれらに影響されつつ、自分の宗教観を確立していった。とくにイエスの人性を強調するネストリウス派に影響されたように思える。『コーラン』には、アダム、ノア、アブラハム、ヨセフ、モーセ、アラブの預言者とともに、イエスも預言者、つまり人として登場する。『コーラン』はユダヤ教とキリスト教の啓典（旧約聖書・新約聖書）の存在を認め、それを完成させたのが『コーラン』（イスラムの啓典）であると述べる。ユダヤ・キリスト教はまだ不完全で、預言者ムハンマドに下った天啓によって完成されたのが、『コーラン』であった。だから、ユダヤ・キリスト教徒を、啓典の民として容認した。この三つの宗教の神（名前がヤハウェであれアッラーであれ）は同じである。また、天国との交信はかつて預言者が司った。イスラムでは、ムハンマドは最後の預言者で「預言者の封印」といわれる。

✣アラブ人の原初的宗教とムハンマド

アラブ人の信仰は多神教であった。メッカのカーバ神殿は三〇〇以上の神像が祀られていた巡礼地であった。なかでも三女神（マナート、アッラート、アルウッザー）信仰が盛んであった。神殿の主は、姿の無い神アッラーと呼ばれていた。ムハンマドはユダヤ教・キリスト教の一神教の概念に影響されて、このアッラーを唯一神としたのである。石を崇拝する習慣もあり、カーバ神殿には聖石（黒石）が安置されていた。この石は隕石であり、

図 40　メッカのカーバ神殿

天から降ってきた大女神の霊力の顕現であった。

またシャーマンによる予言・占いも広くおこなわれていた。このシャーマンたちは多神教徒で偶像崇拝者であったから、ムハンマドは自らもシャーマンの一人とみなされることを嫌った。時々悪霊にもなるジンと呼ばれる精霊信仰もあった。ムハンマドが属したクライシュ族は、一説では人は死ねば骨になるだけと考えていたというが、死後の世界を全く意識しなかったとは考えられない。世界各地の原初的宗教が、死後の魂が赴く他界観を有していたことは自明である。そもそもカーバ神殿自体、もともと死者の霊の住処、あるいは他界や神々の世界とを結ぶ「入口」であった可能性が高い。

また、『コーラン』(最近では『クルアーン』と原語に近い発音で書かれることが多い)は神の啓示といわれるが、神がムハンマドに憑依し恍惚状態で語った言葉であるから、シャーマニズムの影響はあったように思われる。天啓は天使ガブリエルを介して約二〇年間、少しずつムハンマドに下ったという。

コーランとは読誦の意味で、黙読するのではなく、本来は朗読されるべきものである。それはキリスト教徒の『聖書』の読誦に従ったといわれる。イスラムでは書物は黙読ではなく、読誦するものである。イスラムの読誦法は体系化された学問となった。ちなみに仏教の経典も音声表現である。

❖イスラムの教え

イスラムの基本的教え(死生観)は、人は、唯一神アッラーのみを信仰し、現世で善行をおこなえば天国に迎えられ、悪行をおこなえば地獄へ落ちると説き、同時に、神は、最後の審判の日に肉体を蘇らせ罪人を地獄へ落とし、善人を天国へ導くと述べる。キリスト教同様、目的は天国での救済という死生観である。審判の時までの魂の居場所は前述したとおり、キリスト教同様明確ではないが、これもキリスト教同様、民衆レヴェルでは、死後の魂は天国か地獄へすぐに行くと思われているようだ。

天国と地獄の二元論と最後の審判は、当時のキリスト教徒（あるいはユダヤ教徒）から借用したのであるが、『コーラン』ではより明確に記されている。もちろん『コーラン』ではイエスを神とは認めない。イエスは単なる預言者の一人である。イスラムにおいては、イエスを含むユダヤの預言者たちに神より啓示が下ったが、ムハンマドにおいて、最終的に「正しい啓示が下った」とみる。『コーラン』の描写は生々しい。天国は、そこに入った善人は食ったり飲んだり楽しみ三昧の生活ができる快楽の楽園である。もちろん地獄は責苦の世界である。

『コーラン』の「胸壁―メッカ啓示、全二〇五節」には、「中間地帯」（胸壁）のようなものが設定されており、そこにも人々の魂がいて、天国行の者と地獄行の者に話しかけてくる。天国と地獄の「中間地帯」の人々（霊魂）はどちらにも行けない。これは中世カトリック神学で発明されたとされる「煉獄」に近いような場である。煉獄概念は六世紀には明確となっていたが、教皇庁によって定められたのは一二五九年である。イスラムがキリスト教から拝借したというより、「中間地帯」の発想はゾロアスター教にあり、そこに由来すると思われる。

イスラムの信仰と実践は「六信・五行」である。六信（アカーイド・シッタ）は、神（アッラー）、天使、聖典（コーラン）、神の使徒（ムハンマド）、来世、神の予定（最後の審判）の六つを信じることである。五行（アルカーン・ハムサ）は信仰告白、礼拝、喜捨、断食、メッカ巡礼の実践をいう。一日五回メッカに向かって礼拝し、一年に一か月の断食（ラマダーン）、一生に一度のメッカ巡礼などは、われわれ日本人にもよく知られたものである。六信・五行が遵守されれば天国が約束される。

❖ウラマー

イスラムにはキリスト教の聖職者に相当する人はいない。モスクには祭壇はない。説教壇（ミンバル）は設置されている。金曜日の集団礼拝を先導する導師（イマーム）は、聖職者ではない。導師はウラマーが兼ねる。ウラマーとは、法学（フィクフ）、神学（カラーム）、伝承学（ハディース）、『コーラン』の解釈学（タフスィール）、文法学（ナフウ）、詩学（シウル）、歴史学（ターリーフ）などの諸学に傑出した知識人を指す。この呼び名は九世紀頃より使われた。イスラム法を体系化し、六信・五行の教義を整備したのはウラマーであった。

ウラマーは、弟子をとり学問を伝授した。モスクや学院（マドラサ）では、アラビア語の習得といった初等教育から説教や専門的講義までおこない、書物を書いた。しかし、あくまでウラマーは俗人であったことが特徴で、キリスト教の聖職者が俗人ではなくなったこと（聖別という儀式で俗人から離れる）と対照的である。また教皇の命令やら公会議の決定といったものもない。だからウラマーが活躍したのであり、正統性はどのウラマーの考えが多くの支持を集めるかで決まった。それを「信者の合意」（イジュマー）という。

イスラムには、多数派スンナ派と少数派シーア派（ムハンマドの義理の息子アリーの子孫を正統な指導者とする派）の二大党派があることは周知である。シーア派の宗教指導者をイマームと呼び、その霊的地位をムハンマドに準じるものとする。スンナ派のカリフは政治的指導者に過ぎず、イマームも礼拝などの導師に過ぎないが、シーア派のイマームは、啓示を解釈し法的判断をおこない、その解釈や判断は無謬とされている。現在、シーア派はイランに圧倒的に多い。イラクも多数がシーア派である。

✣イスラム法

『コーラン』は伝承で伝わった。最初に編纂させたのは三代目カリフ、ウスマーン（在位：六四四〜六五六年）といわれる。ただそれ以前も、ムハンマド自身や信者によって記録されていた。ウスマーンは、祖先から聞いたムハンマド時代の伝承（ハディース）も編纂させた。九世紀後半から一〇世紀前半にかけて六つのハディースが「六書」

として整備された（シーア派は「四書」）。こうして『コーラン』とハディースに基礎を置くイスラム法（シャリーア）が体系化されていった。六信・五行を基礎にしたイスラム法への絶対的服従によって天国が保障されることとなった。

イスラム法はムスリム共同体（ウンマ）の掟である。何を法とするかの学問が法学ということになる。法源は、スンナ派では、コーラン、スンナ（ムハンマドの言行の意。具体的にはハディースを指す）、イジュマー（合意）、キヤース（ウラマーによる推論）（シーア派では理性）の順で、問題の答えは、これにそって引き出される。導き出された法理論にのっとり、宗教的儀式、民法、刑法などが具体化される。裁判官（ウラマーが就いた）がいて、モスクで判決が下された。

イスラム法は、国家による制定法ではない。そのため法学者（ウラマー）によって見解が異なることが生じやすい。スンナ派では四つの法学派が存在し、裁判官を含めた信者はどの学派に従ってもよい。スンナ派に限っても四つのイスラム法があるということになる。

イスラム法は信者の現世での生活規範であって、それを守らなければ天国は遠くなる。沐浴、礼拝、葬礼、喜捨、断食、売買、遺贈、人頭税、地租、婚姻、扶養、離婚、裁判など、多様な範囲にわたる。イスラム法が整備されるにしたがって、信者の現世での「お勤め」は、少なくとも原則的には、より厳しいものになったであろう。

✣イスラム神学

信仰そのものを解釈する学問が神学である。神の唯一性、神の本質・属性、信仰と行為の関係、神の予定などの問題を論じるもので、その意味ではキリスト教神学と同じである。

ウマイヤ朝後半の八世紀、人間の罪をめぐって神学論争がおこった。一つは、神が人間の罪を創造するはずはなく、罪は人間の意思によって起こるから、その責任は人間にあるとした（自由意思説）。これはウマイヤ朝のカリフへの抵抗の論理となった。他方は、人間の行為はすべて神によって創造されたものだから、人間は自分の罪に責任はなく、罪人か否かは最後の審判にゆだねるべきとし（宿命説）、ウマイヤ朝カリフの立場を擁護した。

先の六信の一つに「神の予定」が入っているのは、一〇世紀後半にスンナ派神学者が宿命説を採用したからである。とはいっても、宿命説がそのまま通用すれば、人間は何をやっても構わないということにもなりかねない。だから最終的な審判は神にあるものの、その責任は人間が負わなくてはならないとされた。

九世紀には、『コーラン』が神によって創造されたものか、それとも神の言葉そのものなのかをめぐって論争があった。結局「創造されたコーラン説」は受け入れられなかった。『コーラン』は神の言葉そのものとなった。

イスラムでは公的決定機関が存在しなかったことが、逆に形而上学的神学をより発展させることにつながった。こういった形而上学的神学を土台として、イスラム法学やその他の学問が整備されていった。ちなみに、イスラムでは哲学とは、初めギリシア哲学の研究を指したが、後に独自のイスラム哲学に発展した。イスラム世界で化学、数学、医学などの学問が発達したことも周知であろう。

❖イスラム神秘主義スーフィズム

神秘主義はどの高等宗教にも存在する。一般には、霊的体験によって神との合一・一体になる状態をいう。イスラム神秘主義をスーフィズムという。「スーフィー」とはキリスト教や仏教でいえば修道士、修行僧といったところだろう。

八五〇年頃、スーフィズムは、まず禁欲主義という形で現れる。禁欲主義はイラク、シリア、アラビア半島などでみられたが、とくにホラーサーン地方で浸透した。現在の北東イラン、北西アフガニスタン、南トルクメニスタン付近でシルクロードが通っている、かつて仏教が栄えた地であった。仏教からの影響が推測されて興味深い。

禁欲主義者は神への絶対的信頼（タワックル）と修業を通じて、究極の心的状態にいたる。これがスーフィズムの基本形である。これは、ムハンマド、釈迦、キリストといったような宗祖が体験したものと同様な類の現象であると思われる（が筆者は体験したことがないので断定できない）。この意味で神秘主義とは原点に戻る運動である。なお初期のスーフィーは、「禁欲の書」を多く書き遺した知識人でもあった。

スーフィズムの修行は「霊魂の修行」で、具体的には断食、祈り、コーラン読誦、瞑想などでおこなわれる。修行の段階は「マカーマート」と呼ばれ、徐々に高みに進む。その時の修行者の心的状態を「アフワール」という。だから「アフワール」にも何段階かあることになる。「アフワール」は、覚醒と陶酔が交互に訪れる。最終的に神と合一して自己は消滅する。後述するヒンドゥー教の「解脱」に近い概念のようである。これを「ファナー」という。その後も、神との合一体験は継続される。これを「バカー」という。「ファナー」や「バカー」にいたった人が高位の聖者となる。聖者はアフワールに基づきヒエラルキー化されている。要するに聖者も、ピンからキリまであるということである。

✣聖者（人）崇拝

一〇世紀以降、スーフィズムはますます発展を遂げた。スーフィズムについての理論的書物が数多く執筆された。一見神秘主義とは異質である聖者崇拝も、スーフィズムと呼ばれる。聖者崇拝は、自分では厳しい修業はおこなえないが、それを達成した聖者と関わることで来世と現世の救済を獲得しようとするものである。

スーフィー列伝や聖者列伝が人気を博し、聖者廟も建てられるようになった。聖者は奇跡を起こす存在であった（逆に黒魔術も執行できる）。奇跡譚は聖者伝に多く遺されている。

図41　聖者廟

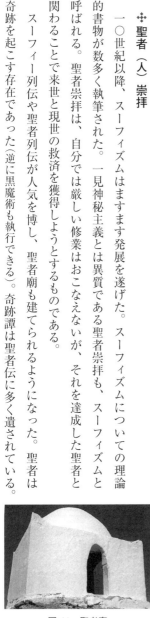

聖者はスーフィーだけではなく、イスラム以前やイスラム以外の聖者も取り込まれた。イスラム改宗以後も、民衆の間では伝説や民話の中に多神教の神々が残っていた。多神教徒は、一神教に改宗しても多神教の要素を残すものである。それらをイスラムの聖者にしてしまえば問題はおこらない。スーフィズムは最初一部の「エリート」（修行僧）のものであったが、聖者崇拝を通して一二世紀以降民衆に普及していった。

聖者が没するとその魂は天国で神とともにあると信じられたため、聖者とかかわりのある場所、物、遺骸の埋められた墓には廟が建てられ、民衆は来世の天国と現世の幸福を祈願した。そこにはモスクも併設され、巡礼の場となった。これはキリスト教、とくにカトリックの聖人崇拝と全く同じ論理である。かくして聖者信仰は民衆宗教となった。

スーフィズムが、イスラム拡大に貢献したことは間違いない。スーフィズムは、各地の土着的信仰を取り入れた。中央アジアの遊牧民をイスラムに取り込めたのは、聖者崇拝が在地の民間信仰と融合できたからである。中央アジアでは、村のムスリムが村はずれのカラマツの木に願をかけ白い布切れを結ぶ習慣があるという。かつて、その木への精霊信仰（アニミズム）があった。後に、それに加えてイスラムの聖者がその木に触り、それを通して神アッラーの恵みがその木に宿ったと解釈された［佐藤次高編『イスラームの歴史 一』］。在地の木や泉へのアニミズムとイスラム聖者を被せる形態は多い。これもカトリックがゲルマン人に布教した構造と全く同じである。現在でも、ムハンマドの子孫、神秘主義の聖者、高名な学者を祀る廟がたくさんあり、その生誕祭に参拝する。

図42　スーフィズム

次に、スーフィズムの神秘的体験は、とくにトルコ系騎馬遊牧民のシャーマニズムに適合的だった。シャーマニズムを自ら実践すれば、スーフィズムと重なるであろう。さらに、祖先崇拝とも融合した。祖先霊を仲介とした神への祈りや『コーラン』読誦によって祖先の霊魂を満足させることなどである。祖先の霊魂を満足させることによって生者にご利益があると考えた。

このように各地のアニミズム、シャーマニズム、祖先崇拝といった原初的宗教をイスラムに取り込めたのは、スーフィズムによるものである。

❖スーフィズム教団の成立

カリスマ的指導者のもとで修行するスーフィズム教団「タリーカ」が各地でつくられたのは、一二世紀である。これは、個人でおこなっていた修行を集団レヴェルでおこなうものである。一人の師に多くの弟子がつき、戒律にしたがって修行するというものであった。修道場が各地に設けられ、修道場に住む直弟子から通いの在家教団員まていた。タリーカの財政を支えたのは、この在家信者であった。修道場で修行を終えた者は、自ら新たな修道場を開いた。修行は、瞑想、詩、音楽、歌、踊りを利用して神との神秘的合一（心的体験）を目指した。タリーカの数は三〇〇以上あったといわれるが、なかには呪術・奇術を実践し、厄除け札を使う教団もあった。

タリーカは寄進によってかなりの経済力をもち、商人とともにイスラム伝道に大きな役割を果たした。彼らは、アフリカ、インド、東南アジア島嶼部の貿易に従事し伝道をおこなった。彼らの演じる呪術、音楽、踊りは、アフリカの原初的宗教との習合に最適であった。インドでは、ヒンドゥー教のヴィシヌ神に対する絶対的帰依を説いたバクティ信仰が、イスラムと適合してイスラム化を促したともいわれる。東南アジアでは、ヒンドゥー教や仏教の修行法であるヨーガや瞑想が、スーフィー修行法と重なり、ヒンドゥー教やアニミズムの神々への崇拝がイスラムと習合した。研究者はそれをシンクレティズムというが、シンクレティズムしていない宗教などないのである。

スーフィズムはイスラムの民衆宗教であり、ウラマーによる宗教哲学＝神学とセットになって、イスラムを構成している。スーフィズムは西欧化（近代化）の波で一時低迷したが、民衆レヴェルでは続いていた。たとえば、アフリカのセネガルでは、あるタリーカの開祖の墓廟への巡礼や画像（写真、絵画、ステッカーなど）崇拝が流布しているというが、こういった現象は連綿と続いていたのであろう。他方、アフリカのイスラム社会・東スーダンでは、ヨーロッパ植民地抵抗運動としてマフディー運動が登場した。マフディーとはメシア（救済者）のことである。イスラムのメシア思想は、スーフィズムの一形態ともいわれる。終末にムハンマドの系譜をひくメシアが、信仰と正義を立て直すために出現するというものである。これは、明らかにユダヤ・キリスト教からの影響であったが、いつの時代にもムスリム民衆に根付いていていた。

❖イスラムとヨーロッパ近代文明

イスラム世界がヨーロッパ文明の優位性に気づきはじめた一八世紀に、ワッハーブ運動が登場した。これは、聖者廟参詣（聖者崇拝）、タリーカ、聖木崇拝などを批判して、『コーラン』（およびハディース）の原典に返れと主張した宗教改革である。他方、批判されたスーフィズムも、一九世紀にはネオ・スーフィズムとして再生する。これは簡単にいえば多様化したスーフィズムを否定して、ムハンマドの霊との合一のみを説き、また、タリーカ創設の権威をムハンマドだけに求めた。

これらの運動は「イスラム復興運動」といわれる。カトリックに対するプロテスタントの宗教改革のようなものだと考えればよい。イスラム復興運動は、もともと原点のイスラム信仰とイスラム法に戻ることであったが、後にはそれを超えてイスラムに則った国家を形成するものと解釈されるようになっていった。

一九世紀以降は、ヨーロッパの半植民地状態のなかで西欧化が進行する。極端な場合は、伝統的イスラムの価値観は役にたたないとし、西欧の立憲主義、議会制、世俗主義、自由主義などをそのまま受容しようと主張するものもいた。オスマン朝では、一七八九年セリム三世（在位：一七八九〜一八〇七年）即位とともに西欧化が進行し始めた。一八七六年には「オスマン帝国憲法」が発布された。オスマン朝なきあとのトルコ共和国（一九二三年成立）でも憲法を制定し、政教分離が明記され、信教の自由が謳われた。スルタン・カリフ制は廃止された。アラビア文字を捨てローマ字を採用した。文化面でも西欧化は進行した。イスラムの被り物を脱ぎ西欧流の服装に変化した。パフラヴィー朝のイランでも同様にナショナリズムにもとづく西欧化が進行した。こうして、二〇世紀のイラン革命勃発までは西欧的世俗的ナショナリズムの影響を強く受け、イスラムは後退したかに思えた。例外はサウジアラビアで、ここではワッハーブ派によるイスラム国家建設へと進んだ。

急速に進行する西欧化の波の下では、イスラム復興運動が動いていた。ルーホッラー・ホメイニー（一九〇二〜一九八九年）の主導したイラン・イスラム革命が一九七九年に勃発した。この革命は西欧化を推進したパフラヴィー朝を倒し、イスラムという宗教共和国を樹立した意味で、イスラム復興運動の象徴となった。といってもイラン革命では、西欧流の成文憲法と選挙による議会制は維持した。

イスラムに則った国家を形成するという意味でのイスラム復興運動は、ヨーロッパ近代文明との邂逅で初めて出てきたものである。ヨーロッパ近代文明は、宗教は個人的行為であって、権力がそれを抑圧することは不当と考える。しかし、私は、イスラム圏では、もともとイスラム（宗教）は一貫して個人的行為であり続けたと思っている。「個人の信仰の自由」のなかったヨーロッパが「個人の信仰の自由」を謳ったのは、フランス革命の時代である。「個人の信仰の自由」はイスラム圏では普通のことであった。ヨーロッパ近代との遭遇で、逆に、個人的行為としてのイスラムが否定されたのである。イスラムを個人的行為に限定できない点がイスラム復興運動の本質ではないのか。もしそうなら、それはヨーロッパ近代との遭遇が創り出したものである。

中東は、一九・二〇世紀の西欧化の後、現在イスラム復興運動が主流となっている。とはいっても西欧的価値観も否定しきれない。イスラムと西欧の近代的思想・制度を折衷させることに成功しているといってよいのだろうか。おそらく両者の価値観をどう折衷させるかで混迷し、うまくいっていないのが現状である［鈴木薫「第六六回日本西洋史学会大会・公開講演：イスラムの衝撃と近現代西欧」、浜本一典「イスラームにおける宗教多元主義」］。それがイスラム圏の経済的後進性の一因であると思われる。

欧米では、イスラム復興運動は「イスラム原理主義」と呼ばれ、民主主義に対する否定的概念と理解されている。極端な場合はテロリズムとの関連で語られるが、イスラム復興運動とテロリズムは、もちろんイコールではない。一部がテロに走っているだけである。ちなみに原理主義（ファンダメンタリズム）という言葉は、一九七〇年代のアメリカの「キリスト教原理主義」に由来する。

以上、簡単にイスラムを概観したが、これだけでも高等宗教としてのイスラムの強さが理解できたであろう。

主要参考文献（本文既出除く）
石田友雄『ユダヤ教史』
井上順孝監修『宗教の歴史地図』
小杉泰『イスラーム帝国のジハード』
小杉泰編『イスラームの歴史 二』
嶋田襄平『イスラム教史』
谷口淳一『聖なる学問、俗なる人生』
鳥山成人『ビザンツと東欧世界』
半田元夫・今野國雄『キリスト教史 I』
藤本透子編『現代アジアの宗教』
エリアーデ『世界宗教史』

同『エリアーデ世界宗教事典』
グレゴワール『死後の世界』
ニコル『イスラーム世界歴史地図』
Die Religion in Geschichte und Gegenwart

[9章] インドコアの高等宗教
――ヒンドゥー教は何でも呑み込む胃袋――

❖バラモン教

まずヒンドゥー教の前身であるバラモン教から始めよう。インドに侵入したアーリア人と先住民との混血の過程で、バラモン教が成立した。古代インド人は、ヴェーダ（知識の意）と呼ばれるサンスクリット語の文献群を残した。ヴェーダはもともと古代アーリア人の信仰を意味し、イランのゾロアスター教もここから派生した。紀元前一二〇〇～前一〇〇〇年頃成立した最古の『リグ・ヴェーダ』に続き、紀元前一〇〇〇～前八〇〇年成立の『サーマ・ヴェーダ』『ヤジュル・ヴェーダ』『アタルヴァ・ヴァーダ』および『ブラーフマナ』（祭儀書）、『アーラニヤカ』（森林書）は、神々への賛辞（神話）、祭式、呪文などを謳う。これらは、アーリア人が先住民と接触する過程で生まれたものである。ヴェーダは口承で伝承され、筆写されたのは紀元後のことである。

ヴェーダの信仰はバラモン（ブラフマン）教と呼ばれる。呪力をもつ言霊《ことだま》をブラフマンと呼んだ。火を焚き、農作物・ソーマ酒（幻覚作用のある植物でつくられたといわれる）・動物の生贄（最初は人身供犠の可能性もある）などの供物を火炉に投じながら祈禱し（サンスクリット語で「ホーマ」といい「護摩」の起源）、ブラフマンを唱え、神々に現世と来世のご利益を請うた。火を崇めるのはゾロアスター教と同様である。西ユーラシア人は、東ユーラシア人よりも

図43　シヴァ神と妻のパールヴァティー

火に対して特別の思いがあったのであろう。もともと陽ざしの少ない氷河地帯にいたからである。だから混血の過程で火の役割がなくなりはしなかったが、少なくなったのは自然であった。

『リグ・ヴェーダ』に登場する神は、軍神・英雄神インドラ（仏教の帝釈天）、司法神ヴァルナ（仏教で水天）、契約神ミトラ、太陽神スーリア、火神アグニ、女神サラスヴァティー（仏教で弁才天）、酒神ソーマなど多い。

『リグ・ヴェーダ』によれば、無から有＝宇宙が創造された。熱力、唯一物（何かは不明）、水、思考が誕生する。『アタルヴァ・ヴェーダ』では宇宙は柱で表現される。ヴェーダの宇宙創造論は、統一されたものでなく複数ある。ヴェーダには輪廻転生《りんねてんしょう》と業《ごう》という考えは、まだ表れていない。死後（来世）は天界（スヴァルガ）にいって、そこで先祖の霊と楽しく暮らすことを願った。他方、悪人の行くべき地獄も描かれた。ここでも、ゾロアスター教との近親性が感じられる。

❖ウパニシャッド・仏教・ジャイナ教

ウパニシャッド（「近くに座る」という意味。奥義として伝授された）は、ヴェーダの後に成立し一六世紀頃まで編纂され続けたバラモン・ヒンドゥー教経典・哲学・神学書の総称で、広義のヴェーダに含む場合もある。古ウパニシャッドと呼ばれる初期の文献群は、紀元前八〇〇～前五〇〇年のものである。

古ウパニシャッドに、輪廻転生とカルマン＝行為（仏教では業という）の概念が登場する。輪廻（サンサーラ）思想は先住民の思想由来ともいわれる。またブラフマンは宇宙そのものを意味するようになり、紀元前五世紀頃に神（仏教の梵天）となった。古ウパニシャッドで、初めてブラフマン（宇宙・神）とアートマン（我＝霊魂）の合一

年表12　ヒンドゥー教（年代は頃）

前1200	『リグ・ヴェーダ』（〜前1000）口承
前1000	『サーマ・ヴェーダ』『ヤジュル・ヴェーダ』『アタルヴァ・ヴェーダ』『ブラーフマナ』『アーラニヤカ』（〜前800）口承
前9世紀	叙事詩『マハーバーラタ』の原型
前800	古ウパニシャッド（〜前500）に輪廻転生、カルマン、解脱の概念登場
前5世紀	仏教とジャイナ教登場。ヒンドゥー教の形成。叙事詩『ラーマーヤナ』の原型
前200	『マヌ法典』編纂（〜後200）
後1世紀	二大叙事詩が現在の形となる（〜5世紀）。七母神信仰登場
後1/2世紀	『バガヴァッド・ギーター―』成立
2世紀	バクティ信仰成立
4世紀	ブラフマン、ヴィシュヌ、シヴァの三神がヒンドゥー教の最高神として定着。民衆レヴェルではヴィシュヌ神とシヴァ神が最も重要となっていく
400	インド六派哲学の形成
7世紀	女神崇拝が盛んとなる
9世紀	タントリズム（神秘主義）の本格化
13世紀	インド北部にイスラム浸透
19世紀	ネオ・ヒンドゥイズムの登場
1858	インドはイギリスの植民地となる
1869	マハトマ・ガンジー（〜1948）

（梵我一如《ぼんがいちにょ》）が説かれた［『ヴェーダ　アヴェスター』］。輪廻転生、カルマン、梵我一如、解脱（モークシャ）といった考えはその後のヒンドゥー教の基盤となったものである。

紀元前五世紀頃、バラモン教の改革運動として、ジャイナ教と仏教が生まれた。仏教は、ガウタマ・シッダールタ（釈迦《しゃか》牟尼《むに》）（紀元前五六三頃〜前四八三年頃あるいは紀元前四六三頃〜前三八三年頃諸説）を開祖とする。彼の身体的特徴は不明であるが、時代からみれば混血であろう。初期経典に釈迦は黄金の肌をしているとの記述がある。釈迦は、輪廻転生の苦しみから解放されるために禅定《ぜんじょう》（瞑想）して悟りを得た。悟りは安寧の境地（涅槃《ねはん》）に至り成仏することである（仏教については中国教で詳述）。

ジャイナ教（始祖ニガンタ・ナータプッタまたはヴァルダマーラ、紀元前五四九頃〜前四七七年頃、紀元前四四四頃〜前三七一年頃諸説）は、物質を原子の集まりと捉える。業も物質で魂に付着し自由を束縛し輪廻に陥らせる。だから修行によって業を滅ぼし、霊魂を浄化し、安楽な境地へ至らせると説いた。そのために禁欲と菜食を実践した。

また、この頃までには、アーリア人と非アーリア人との区別はなくなるまでに混血は進んでいたので、アーリア色の強かったカースト制への批判が高まったが、この制度が無くなることはなかった。

✣インド人の死生観と生活規範

輪廻転生という考えは、古代のいくつかの民族にみられる考えであるが、それを哲学的に体系化・論理化した死生観にまで高めたのはインド人だけであった。肉体は滅びても霊魂（我＝アートマン）は滅びず永遠に生まれ変わる。輪廻転生とは生と死を永遠に繰り返すことである。宇宙も創造と破壊を永遠に繰り返す。宇宙も輪廻転生するということである。

そこから脱するには、ブラフマン（梵）とアートマン（我）を合一させなければならない（梵我一如）。それがヒンドゥー教の解脱である。この解脱という考えがヒンドゥー教の根幹を成している。紀元後一、二世紀頃に成立した『バガヴァッド・ギーター』（『マハーバーラタ』の中の一物語）によれば、解脱にはおもに「知識の道」「行為の道」「信愛の道」によっておこなわれる。「知識の道」は師から弟子に教えを伝授し瞑想によって、「行為の道」は義務の遂行（不殺生、真実、怒らぬこと、静寂、中傷しないこと、慈悲など）によって（本質的には行為から生まれる利益を放棄すること）、「信愛の道」は神（々）への絶対的信仰によってもたらされる。最初の二つは知識人向きで、民衆宗教となりえたのは第三の道で「バクティ信仰」と呼ばれる。

ヒンドゥー教や仏教では、下から、地獄、餓鬼（何も食べることのできない苦しみの世界）、畜生（人間以外の動物）、阿修羅（喧嘩・争いの世界）、人間界、天界（神々の世界）を設定した（六道）。最高界は天界（天国）で神（々）に生まれる（あるいは共にある）。天界は最上の安楽の世界である。キリスト教やイスラムの天国に近い概念である。しかし、永遠に天界に留まれるという保証もない。来世では人間や畜生かもしれない。転生先に植物は含まれていないようにみえるが、古ウパニシャッドでは、穀物や草木に転生する場合もあると書かれているという。『マハーバーラタ』では地獄の主ヤマ（閻魔《えんま》）が死者を裁くとある。地獄は複数設定され、一般的には七地獄である。

ヒンドゥー教は、輪廻転生を民衆レヴェルでは肯定的に捉える。一般的インド人にとって、解脱は天界に転生して、そこに留まることであるといってよい（『ラーマーヤナ』）。否定的に捉える知識人においては、解脱は梵我一如である。仏教でも輪廻転生は苦しみ（悲観的）で、解脱は仏《ほとけ》となる状態をいう。ヒンドゥー教にせよ仏教にせよ、転生先を決するのは現世のカルマン＝行為（業）である。行為は来世に影響力を残す。現世で良い行いをすれば来世に良い結果がもたらされ、悪行なら悪い来世となる。「因果応報」である。

ヒンドゥー教や仏教では、死後霊魂（霊魂を認めない初期仏教では業ということになっている）は中陰《ちゅういん》という時間に入る。長さは四九日間である。その間に、次に生まれる場所が決まる。だから、少しでも良い来世に生まれ変わるために僧を通じて供養する。初七日にはじまり七日ごとにおこなわれ、四九日目、転生先が決まる。（供養は後世の仏教が考えたものであろう。転生先は前世の業によるものだから供養は本来無意味である）。

ヒンドゥー教では霊魂が輪廻の主体であるが、仏教では業（行為）のみが輪廻する。霊魂にせよ業にせよぐるぐる回っているわけだから、死んだ肉体は単なる物質に過ぎないことになる。だから火葬（仏教も本来火葬）して墓はつくらない。火葬は肉体にとり付いた悪霊を祓い、魂を浄化させるためであるという。もっとも聖者の魂はすでに浄化されているので土葬されて墓がつくられる場合がある。また、民衆宗教として祖先崇拝（祖霊祭シュラーッダ）もおこなわれている。これは輪廻転生する祖先の霊魂を供養し、一家の幸福を祈願するものである。

インド思想に、ダルマという概念がある。ダルマとは人間が守るべき基本的な倫理・生活規範である。民衆の生活規範を定めた『マヌ法典』の編纂は紀元前二〇〇年頃から始まり紀元後二〇〇年頃完成した。『マヌ法典』は四カーストの義務の他、祭祀、婚姻、食事、相続、輪廻、解脱にいたるまで広範囲を説く。また祖霊祭も細かく規定されている。

❖ヒンドゥー教がインドを強力なコア文明とした

インドをコア文明の一つと数えるのは、ヒンドゥー教という独自の高等宗教を生んだからである。ヒンドゥー教とその変種の仏教は中国、朝鮮半島、東南アジアに伝播した。

ヒンドゥー教は、現在のインド人（人口約一二億五千万人）の約八割が信仰する（国教と規定されているわけではない）。イスラム教徒が次に多い（約一億八千万）。その他、キリスト教、シク教（一六世紀に成立したヒンドゥー教改革運動でイスラムと折衷した宗教。解脱よりも唯一神への帰依を説く）、仏教、ジャイナ教、ゾロアスター教徒などである。ゾロアスター教徒は一〇世紀以降、イランから亡命してきた人々の末裔である。ユダヤ教徒も少数ながら存在する。

紀元前五世紀以降、ヒンドゥー教がバラモン教から脱皮していった。これは仏教やジャイナ教など新興宗教と連動して起きた動きと考えられる。その過程で古来のインドラ、ヴァルナ、ミトラといったバラモン教の神々の存在は薄れていった。その代り、ヴィシュヌ神とシヴァ神が最高神に格上げされていく。シヴァ神は先住民、つまりインダス文明の神であった可能性が高い。ヴィシュヌ神は『リグ・ヴェーダ』にわずかに登場する。おそらくこれも先住民の神から取り入れたものだろう。バラモン教にはなかった寺院や神像がつくられ祭祀に使用されるようになる。神像崇拝がいつ始まったかは不明である。おそらく仏像の出現と同じ紀元後一世紀頃か、あるいはもともとインダス文明時代には地母神らしい影像は存在したから、もっと以前に遡るのだろうか（紀元前五世紀～紀元前後）。

図44　インド・カジュラホのヒンドゥー教寺院

また、火に替わって花、水、牛乳、灯明、香を用いた礼拝（プージャー）が一般化した。いずれにせよ紀元前五世紀～紀元前後、アーリア人的宗教観が弱くなり、混血したインド人の宗教としてヒンドゥー教が成立したものと理解できる。

ブラフマンが世界を創造し、ヴィシュヌが維持し、シヴァが破壊を司り、それらが繰り返されるというヒンドゥー教宇宙論は、四世紀初頭には確立した。ブラフマンは、シヴァ神とヴィシュヌ神を統合する位格となり、この三神がヒンドゥー教の中心になるのもグプタ朝の時代（四～六世紀）であった。この三神は一体である。

後にはヴィシュヌ神が創造・維持・破壊を司るとするヴィシュヌ派と、シヴァ神が同様で最高神とするシヴァ派の両者の影響力が大きくなり、ブラフマンは少なくとも民衆宗教レヴェルでは存在が薄くなった。ヴィシュヌは人々を救うためにさまざまな姿となって現れる（化身）。

インド二大叙事詩『マハーバーラタ』（原型は紀元前九世紀頃成立といわれるが実際は不明）は戦記、王と神々の物語で、『ラーマーヤナ』（原型は紀元前五世紀頃といわれるが、これも年代特定はできない）は英雄王ラーマの物語である。ともあれ両者とも現在の形となったのは紀元後一世紀～五世紀頃といわれヒンドゥー教の経典となっている。ヴィシュヌ神を讃えるヒンドゥー教の世界観が表現される。

❖ヒンドゥー教哲学と民衆宗教

ヒンドゥー教が高等宗教であるのは、輪廻転生、カルマン、とくに解脱の概念を使って死生観を体系化・論理化したからである。体系化したのは知識人哲学者である。体系化はヴェーダ時代から一千年以上におよぶ長い過程であった。

一世紀頃からヒンドゥー教哲学諸学派が成立し、グプタ朝期四〇〇年頃には「インド六派哲学」が形成された。『ブラフマ・スートラ』を経典とし、ブラフマンとアートマンの同一（不《ふ》二《に》一元論《いちげんろん》）を説く最大学派ヴェーダーンタ、儀式を重視するミーマーンサー、世界の構成を原子から説明するヴァイシェーシカ、論理学や認識論を研究したニ

図45　カーリー女神
Richard B. Godfrey 画(1770年)

ヤーヤ（一一・一二世紀にヴァイシェーシカと統一）、世界を原物質と霊我（精神・霊魂つまりアートマン）の二元論で説明するサーンキヤ、身体技法としてのヨーガの六学派である。これらともに独自の宇宙論（宇宙・世界の創造と構造）を展開し、従来のヒンドゥー教の固有の宇宙論を補強しつつ、目的は精神的救済（解脱）にあるから宗派と呼んでよいだろう。

こういった哲学レヴェルのヒンドゥー教に民衆レヴェルのヒンドゥー教が混淆し、全体としてヒンドゥー教を成していると理解できる。民衆宗教は在地のさまざまな信仰実践である。ヒンドゥー教には男神も女神もいるが、とくに女神崇拝に人気がある。たとえばサラスヴァティーやラクシュミー（仏教の吉祥天）はバラモン教時代では無名の女神であったが、民衆に篤く信仰されるようになった。ラクシュミーはヴィシュヌ神の妻となった。現在ではカーリー女神やドゥルガー女神崇拝がポピュラーであるようだ。

女神崇拝の起源は、まず一世紀中頃の七母神信仰である。七母神の原型はインダス文明の地母神である。村や家の在地の地母神の多くが七母神となり、村の守護神となった。彼女たちは、みなシヴァ神と結婚してヒンドゥー教に取り込まれた。ヒンドゥー教の女神崇拝は七世紀以降盛んになったというが、民衆レヴェルではそれ以前から連綿と続いていたのだろう。

また、紀元前後シヴァ神は、インダス文明由来の男根崇拝（シャクティ）とも結びついた。二大叙事詩で有名なクリシュナ（『マハーバーラタ』）とラーマ（『ラーマーヤナ』）はヴィシュヌ神の化身で民衆に人気がある。ヴィシュヌ神あるいはシヴァ神へ絶対的帰依することで精神的救済を得るバクティ信仰（二世紀頃に成立）も民衆宗教の一形態である。民衆宗教は精神的救済というよりも、病気治癒などの現世ご利益が前面に出ているのが特徴である。

✣何でも呑み込むヒンドゥー教

かくして、ヒンドゥー教とは、知識人による体系的・論理的死生観、哲学的宇宙論、宗教儀式、経典類、バクティ信仰、女神信仰、祖霊祭、神秘主義的呪術的儀礼や修行法で神との合一を得ることを教える「タントリズム」(仏教では密教)、さらには在地の神々崇拝、樹木・石・川・山・動物へのアニミズム的信仰、悪霊除けの呪文、祭り、巡礼、沐浴などもろもろの要素が混淆した宗教である。

ガンジス川での沐浴は、穢れを祓い天界に赴くことを願う民衆の願望、あるいは解脱しようとする知識人の願望である。ヒンドゥー教は、仏教やジャイナ教も取り込んでしまい、釈迦(ブッダ)もヴィシュヌ神の化身とみなされた。現在でも仏教、ジャイナ教、シク教は広義のヒンドゥー教とみなされている。宗教は多かれ少なかれさまざまな要素が混淆するが、ヒンドゥー教ではそれがとくに大きいのではないだろうか。イスラムの『コーラン』やキリスト教の『聖書』に相当する絶対的経典をもたないことも影響しているだろう。インド人の生活文化そのものがヒンドゥー教といってもよい。だから、私はヒンドゥー教とは、すべてを呑み込む「胃袋」のようなものであると理解したい。

一三世紀以降、インドに別の「高等宗教」イスラムが浸透した。それでもヒンドゥー教は崩れなかった。確かに北部ではイスラムへの改宗者は出た。現在のパキスタンとバングラデシュでは、イスラム教徒が大部分を占める(パキスタン、バングラデシュとも約一億四千万人)。しかし大部分はヒンドゥー教にとどまった。ヒンドゥー教はイスラムさえ呑み込んでしまうことがあった。たとえば、ヒンドゥー教徒がイスラム聖者祭に参加し、ムスリムがヒンドゥー教の祭礼に参加することも一貫して頻繁であった。こうなるとヒンドゥー教がイスラムを取り込んだのか、その逆なのかわからなくなる。

コア文明とは、文明の体系が崩れることなく滅亡しない。外来勢力に征服されても、それを内部に取り込んでしまう。そういう意味では、中東や中国同様、インドも高等宗教であるヒンドゥー教があったからコア文明であるといえる。

✣インド独立運動とヒンドゥー教

インドは一八世紀後半以来、イギリスに浸食され反植民地状態となり、一八五八年にはイギリスの植民地となった（一八七七年、正式に併合）。イスラム同様、インドでもヨーロッパ近代といかに相対するかが問題とならざるをえなかった。一方で、ヨーロッパ流の教育や思想を受け入れようと主張する者もあれば、他方で、伝統的なヒンドゥー教の生活規範を守ろうとする者もいた。さらに、ヨーロッパ近代とヒンドゥー教哲学の折衷を模索する者もいた。ヨーロッパとの対決のなかで出てきた新しいヒンドゥー教の潮流を、ヒンドゥー教復興運動（ネオ・ヒンドゥイズム）という。

ラーム・モーハン・ローイ（一七七二／七四〜一八三三年）は、イスラム、キリスト教、チベット仏教など他宗教への理解を深め、理想の宗教を考える「ブラーフマ協会」を、一八二八年に創設した。カースト制度や寡婦殉死《かふじゅんし》（サティー）の習慣に反対し、ヨーロッパ科学を学ぶ必要性を訴えた。ラーマクリシュナ・パラマハンサ（一八三六〜八六年）は、熱心なカーリー女神の崇拝者であったが近代的合理主義者ともいわれている。彼はイスラム・スーフィズムやキリスト教も体得したといわれる。その弟子スワーミー・ヴィヴェーカーナンダ（一八六三〜一九〇二年）によって一八九七年創設されたのが「ラーマクリシュナ・ミッション」である。ヴィヴェーカーナンダは、経典『バガヴァッド・ギーター』の「行為の道」、つまり義務の遂行のなかに「労働」といった近代的概念を持ち込んだ。

イギリスの公的植民地となったインドでは、独立運動がヒンドゥー教と重なった。マハートマー・ガンディー（一八六九〜一九四八年）のいう非暴力運動（アヒンサー）は、何人に対しても怒らず無慈悲とならない、という意味である。ガンディーはたびたび断食をおこなってイギリスに対抗した。断食はヒンドゥー教の伝統である「不殺生」から来ている。「不殺生」もアヒンサーで「非暴力」と同じ語である。

イスラム同様、インドも宗教（聖）と（世）俗が混淆した文明であった。それに対して、ヨーロッパ近現代は「俗なる文明」である。少なくとも聖と俗を区別した文明である。私は、かつて、ヨーロッパ近現代を「聖俗の棲み分け」という用語で説明したことがある［『「棲み分け」の世界史』］。インドの場合、イギリスに公的に併合されたことがやはり大きかったのであろう。植民地時代、そして独立後、この「聖俗の棲み分け」が進行したように思われる。それがイスラム圏とは異なって、経済的新興国となった理由ではないのか。

もう一つ。ヒンドゥー教やヒンドゥー教徒という概念は、イギリス支配下に創出された。先に述べたように、ヒンドゥー教は何でも呑み込む胃袋のようなものであり、これがヒンドゥー教であるという教義はない。ヒンドゥー教とは、元来インドに住む人々の文化そのものであった。それがイギリという他者によって、ヒンドゥー教徒が創出されたのである（たとえば国勢調査などによって）。創出されたインド人もそれを受け入れた。また、イスラムとヒンドゥーは、もともと共存していたし、少なくとも民衆レヴェルでは厳格な区別もなかった（たとえばバクティ信仰）。イスラムとヒンドゥーの間にはっきり一線を引いたのも、ヨーロッパ近代である。それは、ヒンドゥー・ナショナリズムやイスラム・ナショナリズム（パキスタン・バングラデシュ）として表出している。

主要参考文献（本文既出除く）
立川武蔵『はじめてのインド哲学』
同『ヒンドゥー教巡礼』
同『ヒンドゥー教の歴史』

辻直四郎『インド文明の曙』
前田専學『インド哲学へのいざない』
森本達雄『ヒンドゥー教』
山下博司『ヒンドゥー教とインド社会』
同『ヒンドゥー教』
奈良康明『仏教史一　インド・東南アジア』
セーン『ヒンドゥー教』
ビアルドー『ヒンドゥー教の〈人間学〉』

[10章] 中国コアの高等宗教
――儒教・道教・仏教が混淆した中国教――

❖中国教の根底は儒教である

中国を代表する宗教は、儒教、道教、仏教の三教である。一般に儒教は支配層の宗教といわれる。その知識を問う科挙という官僚試験は、隋の時代に始められ二〇世紀まで一三〇〇年続いた。道家の思想は、さまざまな信仰を取り入れて道教となり民衆に広まった。大乗仏教の渡来は紀元前後頃である。この三教の混淆が中国教である。どのように混淆しているのか。日本の神仏習合・本地垂迹《ほんじすいじゃく》のように、神々が仏や菩薩の化身、たとえば観音菩薩がお稲荷様（稲荷神）として権現《ごんげん》したり、また寺院に神社が併設されていたりするような状態をいうのだろうか。儒教から順を追ってみていくことで、それを読解してみよう。

三教のなかで儒教が最も古い。いつ成立したかは特定できないが中国教の根底にある。儒教は道徳と思われがちであるが宗教である。「儒」とは、もとは「シャーマン」あるいは「葬送儀礼を職業とする人々」の意であった。また儒によって、祖先の霊を呼び戻す儀式がおこなわれた。つまり中国教はシャーマニズムから出発したことになる。

孔子（紀元前五五一頃～前四七九年頃）は、儒を「学者」と呼んでいる。「知識人」といいかえてもよい。孔子の時代、儒教は高等宗教になったのだろうか。単なる祖先崇拝は原初的宗教である。しかし、祖先崇拝が哲学的死生観に支えられた時、高等宗教になることは十分考えられる。

✣招魂再生

他の宗教同様、儒教は死後の霊魂不滅を肯定する。しかし、死後、人間の魂が天国あるいは地獄に行く（最終的には最後の審判で肉体が復活して決するのであるが）という考えは、キリスト教やイスラムの考えであって儒教にはない。ヒンドゥー教は、来世の転生先として天界や地獄を設定したが、儒教には天国も地獄もない。あるのは天と地からなる有限の空間のみである。天地の間に万物がある。この空間に死後の魂が存在し続けると考える。

生ける人間は精神と肉体から成っている。精神を魂《こん》、肉体を魄《はく》とした。死後、魂と魄は分裂し、魂は天に浮遊する。加地伸行「『儒教とは何か』『沈黙の宗教』」によれば、太古の中国では風葬、つまり遺体を白骨化するまで野ざらしにした。白骨のうち頭蓋骨のみ残し、残りは埋葬して墓とした。そして、魄の一部である頭蓋骨に魂を依りつかせるために、香を焚いて地上に酒をまき、生きた親族（孫が多い）の頭に頭蓋骨をかぶせて、死者の魂を招いたという。「招魂再生《しょうこんさいせい》」あるいは「招魂復魄《しょうこんふっかい》」と呼ばれる。これで。論理的には「生き返る」ということである。頭蓋骨は、やがて木の板で代用するようになった。これを神主《しんしゅ》という。神主を宗族の宗廟におさめ管理した。

宗族《そうぞく》とは父系の同族・同姓集団で配偶者も含む。本家と分家より成り、本家の宗族の長は、宗廟（神主の安置所）を建て祖先祭祀をおこなった。祖先祭祀は自分自身の将来の祭祀も想定する。自分も死をいずれ迎えるのだから子孫によって招魂再生をおこなってもらい生き返る（再生）という仕組みである。そして、それを繰り返す。祖先から未来の一族までと連続する信仰が儒教の祖先祭祀であった。

招魂再生は殷の時代以前よりおこなわれていたらしい。招魂再生儀式は死者の命日におこない、この世に死者が再生（復活）され、祖先との対面が可能となる。儀式が終わると、魂は神主から離れて天上へ戻る。神主は再び宗

年表 13　中国教（年代は頃）

前 770	春秋時代（～前 403）清明節の起源
前 5/6 世紀	釈迦牟尼ガウタマ・シッダールタ
前 551	孔子（～前 479）、仁を最高の徳とする。同時代、老子が実在？
前 5/4 世紀	仏舎利塔（仏塔）建設始まる
前 372	孟子（～前 289）、四徳五倫唱える。性善説
前 370	荘子（～前 324）が『老子』思想を発展させる
前 335	荀子（～前 255）、性悪説
前 305	鄒衍（～前 240）、五行を理論化する
前 232	インドのアショーカ王没す
前 179	董仲舒（～前 104）、陰陽五行説を体系化する
前 206	前漢時代（～後 8 ）、「五経」編纂完成。「五経」の注釈である「経学」起こる。漢は儒教儀式を国家行事とする
前 1 世紀	大乗仏教の登場
紀元前後	中国へ大乗仏教伝播
後 1 世紀	仏像の出現。インドでクシャーナ朝支配（～ 3 世紀）
25	後漢時代（～ 220）、『易経』をもとに「緯学」起こる。神仙術が興隆
126	鄭玄（～ 200）が六天説唱える
2 世紀	中国で仏典翻訳始まる
2/3 世紀	ナーガールジュナ（竜樹）が「空」の概念確立
3 世紀	道教教団の太平道、五斗米道成立
252	魏華存（～ 334）が上清派を開く
283	葛洪（～ 343）が『抱朴子』書く
344	鳩摩羅什（～ 413）が仏典翻訳の活躍
365	天師道の寇謙之（～ 448）が道教経典執筆
5 世紀	仏教の影響で道教の彫像つくられるようになる
470	禅宗の開祖菩提達磨が中国に来る
6 世紀	日本へ仏教伝来
7 世紀	インド仏教の密教化
618	唐時代（～ 907）、『五経正義』（7 世紀）編纂。道教の隆盛。中国仏教諸派出揃う
8 世紀	インド・パーラ朝（～ 12 世紀）のもとで仏教の衰退
10 世紀	密教化した中国仏教の衰退
960	北宋時代（～ 1127）、江南に天師道派、上清派、霊宝派、華北に太一教、大道教、全真教。仏教では禅宗と浄土宗が盛んとなる
1130	朱子（～ 1200）が儒教哲学完成させる
1368	明時代（～ 1644）、正一教と全真教の二大道教教団主流
1472	王陽明（～ 1528）の陽明学完成させる
1949	中華人民共和国成立。「宗教の自由」認める
1966	文化大革命（～ 1976）による宗教弾圧
1980	宗教的寛容に転じる
1990	宗教の復興加速化

廟に安置しておく。これらの儀礼の経典が「五経」である。また、春には墓の掃除をおこなった。これが後の清明節となる。清明節の起源は春秋時代で、宗廟をもたない庶民の招魂再生儀式として盛んになっていった。

祖先祭祀によって宗族の繁栄を祈願するのは現世信仰である。儒教には教団や僧は存在せず（古代は儀礼集団である儒がいたが）、招魂再生儀式は宗族でおこなったが、やがて各家内にも祭壇を設置するようになった。これが日本では仏壇に変質した。

確かに、儒教は来世の救済を説いていない。しかし、招魂再生は、現世のご利益を求めるという単純な現世信仰とは異なる。招魂再生は、祖先の魂が現世に永続的に再生・復活するという思想である。これが儒教の死生観である。

図 46　湯島聖堂孔子廟神主

図 47　湯島聖堂の孔子銅像

❖儒家の思想

孔子は、招魂再生思想に哲学的思想を加えた。「仁《じん》」を最高の徳（道徳）と考えた。仁とは、いつくしみを備えた全人格的な優秀性という広い概念である。また「徳」は天から与えられたという、古来の敬天思想を引き継いだ。ただ、この場合の「天」がキリスト教や仏教のように現世とは別の天国（天界）なのか、現生にある天なのかは曖昧である。仁の代表が「孝」という行為である。孝とは、招魂再生の儀礼、父母への敬愛、子孫繁栄の三つと加地伸行は解釈しているが、父母への孝は国家への孝へもつながるであろう。また「礼」を重視した。礼とは社会秩序を保つための規範で、生活作法や冠婚葬祭などである。さらに、為政者は最高の徳をもつ人物でなければならないという徳治主義を唱えた。

孟子（紀元前三七二頃～前二八九年頃）は、孔子の教えを引き継ぎ、四徳と五倫を唱えた。四徳とは、仁・義（正しいこと）・礼・智（知ること）である。五倫は、父子の親愛、君臣の義、夫婦の別（生活上の任務の区別）、長幼の序（列）、朋友の信である。また、支配者が徳を実践せず世が乱れれば、天命によって天子が交替するという「易姓革命」を唱えた。

荀子（紀元前三三五頃～前二五五年頃）は、孟子の性善説に対して性悪説を説き、悪を正すために礼と楽（音楽）を重視した。ここでの礼とは天地を祀る儀式、祖先祭祀、冠婚葬祭の儀礼から国の行政制度にまで至る規範であった。荀子は最高の徳を身に着けた人間を聖人と呼び、統治者は聖人でなければならないとした。

董仲舒《とうちゅうじょ》（紀元前一七九頃～前一〇四年頃）は、孟子の四徳に「信」（まごころ）を加えて五常（仁・義・礼・信・智の五つの常なる道徳。五徳）を説いた。また、『易経』の陰陽思想（万物は陰と陽のいずれかの属性の変化作用）をもとに陰陽五行説を体系化した。五行はすでに『書経』に述べられ、鄒衍《すうえん》（紀元前三〇五年頃～前二四〇年頃）によって理論化されていた。董仲舒は、万物を陰と陽の二気（気とは世界に充満する目に見えない素粒子）と水火木金土の五つの気（「書経」では自然の物質）の運動から自然現象や事件を説明した。

❖五経、経学、緯書

儒教の根本経典は「五経」である。そのなかの『詩経』は古来の詩集で、大部分が祖先祭祀を謳っている。『書経』（『尚書』）は古代帝王の事績、『春秋』は孔子の出身地魯国の史記で、両書とも儒教の政治・道徳思想が説かれる。『易経』（『周易』）は単なる占いではなく、陰陽六十四掛で万物の現象を説く。『礼記』は生活作法と冠婚葬祭を定め、招魂再生儀式の方法を解説する。

五経は孔子の編纂といわれてきたが、実際には年月をかけて漢代に入って完成した。経とは「つねに正しい道」

という意味である。朱子学成立以前は五経が儒教の基本経典であった。

五経はさまざまに解釈され注釈文献が書かれた。これらの注釈書も古典となっていった。五経の注釈・解釈を「経学《けいがく》」という。漢代になって、五経編纂や経学が成立したことで儒教哲学（神学は一神教の用語なのでここでは哲学を使う）は確固としたものとなった。

後漢時代（一～三世紀）に『易経』などの解説書が多く出た。その性質上予言的な内容をもっていた。これを「緯書《いしょ》」という。孔子などを人間ではなく、超越的な神のような存在と描いたのは、この緯書である。緯学《いがく》は経学とならんで二大潮流となる。陰陽五行説が緯学の基礎であり、（日本の陰陽道《おんみょうどう》につながる）緯学を後述する道教が積極的に取り入れた。

❖儒教は多神教か

儒教では、天上に魂が浮遊しているだけでなく、天地に神も存在したようだ。殷周時代の最高神（唯一神ではない）は、天の神である天帝で上帝とも呼ばれた。「天命」とは天帝の命令であった。

漢代には、儒教は国教の位置をなすほど大きな存在となった。皇帝の祖先霊の招魂再生儀式が制度化された。国家による郊祀《こうし》（天の神と地の神の祭り）と稷祀《しょくし》（穀物神の祭り）が慣例化した。

都の南の郊外でおこなう天を祭る郊祀は南郊祭天と呼ばれ（天帝を北極星と同一視したともいわれる。中国の方位図は南北が逆である）、その後の中国国家に引き継がれた一大イヴェントとなった。地の神は北郊で祭る。地の神は「社《しゃ》」といった。

この天地の神と穀物神を祭るのは、農耕社会特有のものであり、もともとは農民の祭りであった。「社」という言葉は、農民がそれぞれの土地を祭ったことに由来する。だから地の神は単数形ではありえない。穀物神の祭祀は収穫の祭りから来たもので、地の神の一つであろう。地の神は、元来地母神であった可能性もある。

後漢時代の鄭玄《じょうげん》（一二七～二〇〇年）は六天《りくてん》説を唱えた。至高神は昊天上帝《こうてんじょうてい》、木をつかさどる蒼帝霊威仰《そうていれいいこう》、火をつかさどる赤帝赤標怒《せきていせきひょうど》、土をつかさどる黄帝含枢紐《こうていがんすうちゅう》、金をつかさどる白帝白招拒《はくていはくしょうきょ》、水をつかさどる黒帝汁光紀《こくていじゅうこうき》の六天帝である。昊天以外を五天帝といい、五天帝が王（皇帝）の先祖を生ませた神である。これは、五行説に神々を対応させ、皇帝の存在が天＝神々と直結していることを体系化したものである。ちなみに、五行説では、金が白（西）、木が蒼《あお》（東）、水が黒（北）、火が赤（南）、土が中央（黄）に対応する。

こうみると天地には複数の神々がいたことになる。とはいっても、儒教では多神を礼拝するというイメージからはほど遠い。多神だったわけでもない。五経も神話ではない。やはり、儒教の根本は、招魂再生である。ちなみに孔子も神となった。孔子を祭る行事「釈奠《せきてん》」が漢代から始められた。現在でも孔子廟は各地にある。

❖ 朱子学

魏晋南北朝時代（三～六世紀）になると、道教の教え（玄学《げんがく》ともいう）が流行するようになる。仏教も流布する。とはいっても国家の教としての儒教が衰退したわけではなく、儒仏融合を説く論者も多く出た。隋唐時代（六～一〇世紀）は仏教が栄え、道教も発展した。しかし、貴族・官僚のよりどころとなり国家の政治原理であったのは儒教であった。唐代には、五経の注釈書の集大成である『五経正義』（七世紀）が編纂され、科挙試験の「バイブル」となった。

南宋の朱子（一一三〇～一二〇〇年）によって、儒教哲学は完成された。天下国家を道徳第一主義で治め、君‐官‐民といった国家の上下秩序、家父長的秩序、忠孝の原則などは以前と変わりない。それに加えて新たな道徳論を展開したが、本書では省略する。

問題はより形而上学的なものである。一神教では宇宙（世界）は神が創造するから、そこからすべてが始まる。しかし創造主を想定しない儒教では、宇宙創造の説明（宇宙論）が曖昧であった。

古来、中国ではいくつかの天地創造神話があった。最も知られた神話は盤古《ばんこ》の物語である。初め宇宙は卵の形をして混沌状態にあった。一万八千年たつと、天地がわかれ始め盤古という神が生まれた。盤古が死ぬと、その息が風と雲に、声は雷鳴に、目は太陽と月に、胴体と手足は山に、血液は雨や川、肉は耕地、毛髪は星、体毛は草木、歯と骨と骨髄は鉱物になった。そして人間は盤古の身体の虫から生成したという。女媧《じょか》という神が、宇宙や人間をつくったという神話もある。

混沌から天地（天地は神といい換えてもよい）が分かれ、神から万物と人間がつくられる。原初的混沌＝カオス（無といってよいのかもしれない）から宇宙が創造されるという物語は、多くの古代民族にみられる。中国でも同じである。しかし、盤古もその他の天地創造神話も五経には記述されていない。ただ『易経』に、「万物の終わるところに始まりがある」という箇所があり、これは道家の思想につながっていく。

『易経』では「天地があってのち万物が生じる」「天地が陰陽二気の変化によって万物を生成させる」と繰り返されている。つまり五経では宇宙（天地）の存在は前提（ア・プリオリ）で、そこから出発するのが原則であった。だから孔子ら儒家たちの宇宙創造論は未完であったといえる。

朱子は、宇宙の存在の根拠を「無極にして太極」で説明した。無（無極）という潜在的なものと、有（太極）という顕在的なものが同時に存在しているということである。無は道家の用語で、何も存在しない状態（あるいは混沌状態）である。道教では、無から有が生じるとしたが、朱子は、無と有は同時に存在しているという。最初から有ならば、有をつくった創造主（神）を想定しなくてはならない。朱子は、有（太極）の運動を「理《り》」と呼んだ。無（極）を「気《き》」と呼んだ。理と気の交差によって陰陽が生じ、さらに五行が生じる。陰陽と五行の交差によって万物が生じる。宇宙創生の原理を、神（々）を使わずに考案した朱子は天才であろう。これによって、儒教の「創世記」（宇宙創造論）は完成されたのである。太極という言葉自体は『易経』からのもので、むしろ道教が好んで用いた。ちなみに、仏教でも創造主はいない。ならば最初の原因は何か。釈迦は、これは人間の知性ではわからぬ問題でそれを追及することは無用であるとした。

なお、朱子学では五経に加えて、『大学』『中庸』『論語』『孟子』の四書も根本経典とした（もともと『大学』『中庸』は『礼記』のなかの一篇であった）。朱子学は元代に科挙に取り入れられ、明・清にいたるまで、国家統治の基礎となった。また、朱子の『家礼』で祖先祭祀（冠婚葬祭）の様式は完成された。朱子学も道徳や形而上学だけでなく、根本は招魂再生なのである。

❖陽明学

明代中葉に現れた陽明学は、朱子学の「理」に対して「心《しん》」を重視した。王陽明（一四七二～一五二八年）によって完成された教えは、自然的事物自体が所与のものとされることを批判し、事物を認識するのは心だと説く。陽明学の「心」とは、人間のもつ先天的道徳であった。その道徳は人間の「心」から発するものであり、朱子学の「理」から道徳が来るものではない。人間本来の純真な心・道徳的直観（良知《らち》）がすべての基準である。

聖人論も対照的である。朱子学では、聖人は知識と教養を極め全知全能となった特殊な者であった（たとえば伝説の王の堯《ぎょう》・舜《しゅん》や孔子など）。陽明学では、心が純粋ならば誰でも聖人になれるとした。朱子学が、天下国家を重視したのに対し、陽明学では、孝行などの血縁的上下関係に多く言及したことも特徴であった。さらに陽明学では禅の瞑想も取り入れたので、仏教との接近が可能となった。

✣儒教の影響で変質した仏教

儒教の祖先崇拝と道教の祈祷を取り入れたのが、中国仏教といわれる。インド仏教とは違う代物となった。それが日本に伝わった。

まず、中国仏教は、神主《しんしゅ》を祀る儒教の祖先崇拝（招魂再生儀式）を取り込んだ。さらに「盂蘭盆経《うらぼんきょう》」という偽経をつくった。これは釈迦の弟子であった目連《もくれん》という人物の母親が輪廻転生して、「餓鬼」（六道の一つで何も飲み食いできない）の世界で苦しむのを見た目連が、釈迦に問うたところ、今度の七月一五日（旧暦）の高僧の集いでご馳走を盂蘭盆（おそらく容器を指す）にのせ供養すれば救われるといわれ、そのようにしたら母は救われた。ここから先祖を供養する「盂蘭盆」という仏教行事がおこなわれるようになった。盂蘭盆の日、魂が神主や墓の魄に降りてきて死者は再生するということなのだろう。

日本の「お盆」では、墓で招魂再生した先祖を迎えにいって家の仏壇に連れてくる（迎え盆）。そしてまた、墓に送り返し魂は墓の魄から分離して天に浮遊すると解釈できる（送り盆）。現在、盂蘭盆の行事は中国では「鬼節」という鬼を祓う道教の祭りに取って替わられたが、その際同時に神主に供物する祖先祭祀もおこなっているという。盂蘭盆も残っているのである。

寺院で線香を焚くのは、もともと魂を魄にとりつかせるための儒教儀式であった。葬儀も儒教から取り入れたものである。仏教では神主は位牌となった。戒名も儒教の神主の文句に由来する。墓も墓参りも本来の仏教には不要で、儒教の習慣である。中国では招魂再生儀式としての清明節（冬至後一〇五日目）の墓参り（仏教寺院には付属していない）は、現在もおこなわれている（文化大革命で一時公的には禁止された）。ただ、共産党の政策によって土葬から火葬へと変化し、公営墓地への埋葬が推進されているが、密かに村に埋葬する習慣は続いている。

日本では、縄文人も弥生人も、墓による原初的祖先崇拝をおこなっていたが、六世紀に仏教が伝来すると習合したと思われる。中国仏教はもともと祖先崇拝と結びついていたが、日本は平安仏教までは鎮護国家であったから、民衆レヴェルに浸透したのは鎌倉以降であろう。また、墓を仏教寺が管轄するようになったのは、江戸時代の寺請制度によってである。一周忌、三回忌（満二年目）も儒教からのものである。

儒教では、通常、神主や墓に魂はなく、魄のみである。しかし、墓や神主（位牌）に魂が常にくっついているという信仰を、日本人、中国人、韓国人はもっているのではなかろうか。キリスト教徒やイスラム教徒が、墓に霊魂が存在していると考えているのと同じである。これは人類の原初的な信仰の名残であろう。

図48　現在の清明節

❖儒教とは何か

儒教は社会主義のなかでも存続した。劉少奇《りゅうしょうき》（一八九八〜一九六九年）は『共産党員の修養を論ず』（文化大革命で絶版したが一九八〇年に復刊）で、『孟子』の「人は皆、堯舜《ぎょうしゅん》たるべし」を挙げ、儒教の聖人たちを模範にせよとした。堯と舜は、儒教で貴ぶ伝説上の帝である。共産党中国も儒教的伝統を捨てることはできなかった。

体系的・論理的死生観をもつのが、高等宗教の第一条件である。儒教の死生観である招魂再生（生き返るというある意味での来世信仰）は、死者（祖先）が現世に永続的に復活するという思想である。孔子をはじめとする儒家思想、五経を解釈する経学によって、この死生観に哲学的思想が加えられた。祖先祭祀を高度に体系化・論理化したのは中国人だけである。また、祖先祭祀などの儀式や占いは現世利益をもたらす民衆宗教となる。来世と現世の救済の両面に応じるのも高等宗教である。儒教はこの両面を一応満たしている。

ただ、儒教の死生観は、キリスト教、イスラム、ヒンドゥー教、仏教と比較すると、来世思想が弱い感は否めない。つまり来世の救済を目的としているわけではない。ここが高等宗教と呼ぶには不十分である。また、祖先崇拝だけでは現世ご利益の引き出しも多くはない。だから来世に関しては仏教、現世については道教が補完的役割を果たすことになる。

✣道家と道教

道教はそれ自体混淆宗教である。横手裕『中国道教の展開』『道教の歴史』によれば、道教とは、老子（孔子と同時代頃とされるが実在したかは不明。『老子』という書物が残っているのみ）の無為自然の思想、神仙術、呪符《じゅふ》の三品が基本であるという。

司馬遷の「史記」に登場する太古の五帝の最初は黄帝《こうてい》である。この伝説の黄帝は、無為の政治思想を実践した帝として描かれた。老子も無為自然の政治を説いたとされ、そこから黄帝と老子が結び付けられ、戦国時代末から「黄老《こうろう》思想」と呼ばれるようになった。また荘子（紀元前三七〇年頃～前三二四年頃）が老子の思想を引き継ぐものと理解され、「老荘」も道家の代名詞となっていく。

一つめは無為自然、老荘の思想・哲学である。何事も自然のなすがままにまかせておけ、といった単純なものではないであろうが、深入りするのは本書の目的ではないが、老荘思想を少しだけみてみよう。

老子は、万物（宇宙）を創造した根元を「道《どう》」と呼んだ。道は有ではなく無である。有は無より生じる。万物は有より生じる。無を混沌状態と考えれば、五経にはなかった盤古の宇宙創造神話からの影響をみることができる。『荘子』には、「混沌」

図49　老子廟（鹿邑太清宮太極殿）

が死んで世界が創られたことを暗示する話がある。有は無から生じたという思想は、インド『リグ・ヴェーダ』にもみられるが、老子・荘子は、それを超えて、宇宙も人間も道（無）から生じ道（無）に戻ると説いている。死ねば無となり、また無から有＝生が誕生する（『荘子』に明確化されている）。これが道家・道教の宇宙論・死生観である。老荘思想が古来の宇宙創造神話から影響されたことは間違いないが、それを発展させて循環的宇宙論・死生観を説いたところは、ある意味孔子より卓越している。老荘哲学は、一見するとヒンドゥー教の死生観・宇宙論に似ているが、老荘哲学は霊魂の輪廻転生を説いたわけではない。

しかも『老子』で主に述べられるのは人や国家の在り方を説いた思想で、宇宙論や死生観を述べた箇所はわずかである。また「道が万物を生み出し徳が万物を育てる」という箇所は、『老子』が別名『道徳経』といわれるゆえんである。

荘子は、真の幸福を得るためには、世俗世界からの脱却、肉体からの遊離（坐忘《ざぼう》）を説いた。これは瞑想と理解できる。千年長生きして仙人の世界に行く話や呼吸法、身体技法などには否定的ではあるが言及している。これらが神仙術に直接つながったわけではないが、関連性は感じられる。

❖神仙術

二つめは神仙術である。『史記』には、東方の海中にある三神山（蓬萊《ほうらい》、方丈《ほうじょう》、瀛州《えいしゅう》）が述べられている。そこには不老不死の仙人が住み、不死の薬が存在しているとされた。西方には崑崙山《こんろんさん》があり、ここにも不死の仙人が住んだとある。後漢時代に、黄帝は、暦法、医学、神仙術などの創始者と考えられるようになり、「黄老思想」は神仙術を指すものとなった。

神仙術の本来の目的は、不老不死の仙人となって昇天し天神＝神仙となることであった。その意味で一種の来世信仰である。道教の内観《ないかん》は仏教の瞑想と同じである。内観・瞑想によって解脱を目指すというものではなく、天神との神秘的合一を目指して自ら神仙となることであった。さらに「道」（無）との合一を目指す者もいた。黄帝や老子は神仙として祀られた。老子廟は儒教の孔子廟に相当する。後に有名になったのは八人の神仙（八仙）で、李《り》鉄拐《てっかい》、漢鐘離《かんしょうり》、呂洞賓《りょどうひん》、藍采和《らんさいか》、韓湘子《かんしょうし》、何仙姑《かせんこ》、張果老《ちょうかろう》、曹国舅《そうこくきゅう》である。

　神仙術の来世思想が発展することはなかった。道教教団が成立する紀元三世紀頃までには、神仙術の目的は、神仙になることから、現世での不老長生の技法へと変質してしまった。不老長生になるためのさまざまな術が発達した。身体の屈伸運動、歩行法、呼吸法、食事法、丹薬錬成術、針灸按摩、瞑想などである。現在の東洋医学あるいは太極拳のような体操、気功のような「特異能力」の元祖と思えばよい。

　神仙術にとって欠かせないのが外丹、内丹、気法である。外丹とは、鉱物、金属、草木をさまざまに調合してつくる不老不死（不老長生）薬である。鉱物と金属を使ったものは金丹と呼ばれ、丹砂《たんさ》（天然の硫化水銀）や黄金を使ったものが最上とされた。しかし、水銀を飲めば普通なら死ぬ。むしろ植物の方が効き目はあったから、漢方薬が発達することになった。中国が南方の香料を求めたのは、明らかに神仙術との関係である。また、鉱物と金属の化合は火薬の発明につながったという人もいる。穀物を食べないで不老長生を得るという方法もあった。辟穀《へきこく》という。

　気法は、呼吸法によって不老長生を目指す。儒教同様、気は万物の根元で、人間の呼吸する息も一つの気であると考えられ、さまざまな気法術が発達した。気（実際には息）を体内に蓄積する胎息《たいそく》法が極意とされた。胎息とは、胎児が母胎のなかにいるときのような呼吸法で、外気をほとんど用いない技術とされた（実際にそれが可能であるかは、私にはわからない）。

　内丹は、体内の気を修練し、自らの体内に金丹をつくりあげようとする技法である（科学的に考えれば無理であろう）。内丹は一種の気法と考えてよく、胎息法と同じに理解される場合もあった。

上述のような神仙術を解説したのが葛洪《かっこう》（二八三〜三四三年）の『抱朴子《ほうぼくし》』である。また、神仙術を操るものを方士《ほうし》と呼んだ。

❖中国人のお札信仰と教団の結成

三つ目は呪符である。要するに、呪文（祈祷）やお札の信仰である。中国では鬼は人の低級な霊魂（祖先になれなかった死者）のことで、上位の霊魂（祖先）を神と呼んだ。上位の霊魂は天地の神々に列するということである。鬼神は超越的存在であるから祭祀して災厄を避け、同時に鬼神のご加護を願った。鬼神信仰のために、多く用いられたのが、祈祷とお札である。それらは、神秘的力によって邪気を祓い、願を成就させるものである。

お札の他に、門から悪鬼の侵入を防ぐ防壁、鏡、小旗などがある。呪符信仰は、厄除け・招福・占いなど現世のご利益の引き出しを数多くもっていた。『易経』の陰陽五行説を用いた予言が書かれた「おみくじ」の起源も道教である。現生ご利益中心の民衆宗教が前面に出ていた。

図50　紙符
（台湾高雄三鳳宮）

漢末から三国時代（二二〇〜二八〇年）に、太平道《たいへいどう》と五斗米道《ごとべいどう》という道教の教団が結成された。両派とも、鬼神がくだす懲罰としての病気をお札や祈祷を用いる独特な儀式で治癒した。五斗米道は、後に天師道と呼ばれ、数十万の信者をもったという。このように教団（宗派）をつくったところが儒教と異なる。天師道では、『老子』（『道徳経』）が読誦されたというが、太平道にも天師道にも哲学的思想は感じられない。

天師道の寇謙之《こうけんし》（三六五頃〜四四八年）は、経典を執筆し道教儀式を論じた。彼の教えは、百神を招集する方法とか末世の世人を救うなどといったものであり、老子＝太上老君から天師の位を受けたと称したが、老子や荘子の思想とは無縁である。なお、書家王羲之《おうぎし》（三〇七～三七九年？）は天師道の信徒といわれるが、書（字）が呪術性をもっていたことを示している。

三皇派《さんこうは》は、『抱朴子』のなかで言及されており、起源は三〇〇年前後と思われる。五経に登場する最初の帝王である天皇《てんこう》・地皇《ちこう》・人皇《じんこう》を神と崇める信仰である。三皇から伝わったという呪術的文書を三皇文という。この書を所有あるいは筆写すればあらゆる災厄を避け永遠に家は栄え、この文を用いればあらゆる神々を呼び出すことができるという。

霊宝派《れいほうは》の起源は不明なところが多い。後漢から晋（二六五～三一六年）の時代ともいわれ、『抱朴子』で言及されているから、三皇派同様三〇〇年前後であろう。最初の経は「霊宝五符」である。五符は東西南北の天帝と中央の黄帝の五方天帝を意味し、これを所有すればどこでも安全でついには不老不死になる。霊宝派は、その後、外来の大乗仏教の万民救済の思想（菩薩信仰）を取り入れた。それは、元始天尊という神により万人のみならず、地獄（もとは仏教用語、後述）にいて苦しんでいる亡魂までも救済されるという。ここでの救済は、神仙の住む天に迎えられることを意味している。この来世信仰は仏教の影響である。元始天尊は、後に道教全体の最高神の地位を獲得するにいたる。

上清派《じょうせいは》の開祖は、魏華存《ぎかそん》（二五二～三三四年）という女性といわれる。江南で仙女と考えられるようになった。最高の経典は『大洞真経《だいどうしんきょう》』で、これを一万回読めば神仙になれたという。

❖道教諸派の興隆と増える神々

隋唐代（七～一〇世紀）に道教はますます盛んとなった。隋唐時代、寺院に模した道観《どうかん》が建立された。神々が祀られている日本の社にあたるものは、廟《びょう》と呼ばれる。老子廟や関帝廟が有名である。寺院と道観は国家が後押しして各地に建てられた（一寺一観制度）。道教の聖職者にあたるものは、道士と呼ばれた。道士になるためには師匠に弟子入りし、修行し、師匠に認められれば師匠が国家に推挙する。国家がいわゆる免許を出す。これを管轄する官吏は道官であった。

新たな神々も出現した。たとえば、城隍神《じょうこうしん》は城（都市）の守護神であり、鍾馗《しょうき》は邪気払いの神である。土地には土地神（福徳正神《ふくとくせいじん》）がいる。山には山神である。鍾馗信仰は民間に広く浸透した。また、仏教の大蔵経《だいぞうきょう》にあたる道蔵《どうぞう》が編纂された。道教経典を分類集成したものである。宋代や明代にも編纂された。

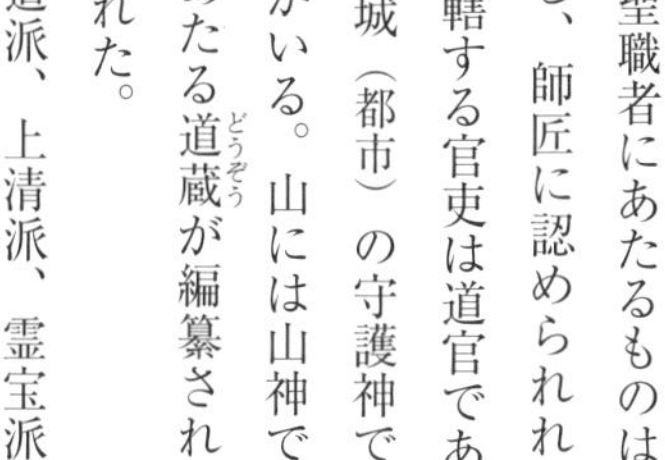
図51　青城山の道観と道士

宋・元代（一〇～一四世紀）になると、天師道派、上清派、霊宝派が江南道教を牽引した一方、華北では太一教《たいいつきょう》、大道教《だいどうきょう》、全真教《ぜんしんきょう》といった新興三派が現れた。それぞれ、お札、祈祷、内丹を特色とした。太一教の祭祀には、馬・牛・豚を犠牲として奉じた。全真教は禅を取り入れた。

宋代からは内丹が神仙術の主流となった。つまり気の鍛錬である。瞑想も盛んにおこなわれた。また呪符もヴァリエーションに富んだ。神々の最高神は、雷の力を操る雷声普化天尊《らいせいふかてんそん》である。玉皇大帝《ぎょくこうたいてい》が最高神の一人になるのは宋代である。しかし一般的には最高神としては、元始天尊《げんしてんそん》とその分身の霊宝天尊《ていほうてんそん》、および太上老君《たいじょうろうくん》（老子）の三神で三清《さんせい》という。

また「三国志」の英雄関羽（関帝）廟も盛んに建てられるようになった。玄天上帝《げんてんじょうてい》、文昌帝君《ぶんしょうていくん》、天后娘々《てんこうにゃんにゃん》（一般に航海神媽祖《まそ》として有名）、東岳大帝《とうがくたいてい》など多くの神が道教の神々に加えられた。龍王は水神で、東西南北に四神がいた。宋代以降に、「善書」と呼ばれる道徳本が流布し民衆生活に影響を与えた。悪行を戒め善行を勧めるものである。

明清時代には、正一教《しょういつきょう》（天師道派）と全真教が主流二派となった。この頃「扶乩《ふけい》」という降神術が流行した。これは、霊媒師が砂の上などに、降臨した神仙や祖先の言葉を記して占うものであるが、この類のシャーマニズムは古くから常に存在していた。

✣何でも祀る道教

道教では土地神（土地公《とちこう》）に対する信仰が篤い。地の神への信仰は儒教の国家祭祀となったが、道教の土地公は民衆宗教である。豊穣神であり厄除け神である。中国では自宅に多くの神々を祀る。日本では仏壇と神棚があるが、中国では先祖の神主（位牌）のほか、たとえば玉皇大帝、門神、鍾馗、竈神《こうじん》（かまどの神）、土地公、関帝、媽祖、観音などを一緒にあるいは別々に祀るという（現在ではマンション住まいの人も多く、マンションではほとんど祀らないと知人から聞いた。家内祭祀は廃れつつあるということなのだろうか）。

道観や廟にも複数の神々を祀る。孔子を祀る場合もある。五〇神以上は普通のことである。道教の神々は、仏教から転用したものを除いても三〇〇以上はあるという。神々はそれぞれ効能とくっついている。たとえば、娘娘《にゃんにゃん》は女神の意味でさまざまな効能を授ける。安産は催生娘娘、子授けは送子娘娘、援児娘娘、子供の眼病には眼光娘娘、媽祖は航海の安全神、文昌帝君は学問、碧霞元君《へきかげんくん》（女神）は金儲け、出世、豊作、良縁の神、関帝は商売繁盛の神（だから中華街には必ずある）などといった類である。職業の守り神もある。黄帝は裁縫師、文昌帝君は印刷、書店、筆、表具師、太上老君は鍛冶屋などである。

五世紀頃、仏像の影響で道教系の影像がつくられるようになった。老子像や元始天尊像などである。さらに仏像と道教の尊像が一対になった「仏道像」が現れた。釈迦、弥勒仏、観音、四天王は道教の神として祀られた。とくに、観音は道教の祭祀に関帝などとともに登場し、道教の人気神となった。観音廟では、多産・豊穣の白衣《びゃくえ》観音がポピュラーとなった。香港では、「観音衣」という紙でつくられた着物まであるそうである。衣は礼拝する時に燃やす。また、道教は、密教の呪文である陀羅尼《だらに》も取り入れた。

❖中国の原始的死生観と仏教

道教は現世を重視する。といっても、死後の世界に興味がなかったというわけではない。道教では、世界を天上、地上、地下に分け、天上は神仙（天神）の世界、地上は人間界、地下を冥土（界）と呼んだ。天上に行って天神となれる人間は限られているので、大部分死後の魂は冥土に行く。冥土は東岳泰山《とうがくたいざん》（道教の五岳の一つ）の地下にあった。冥土には、死者の世界を治める七五の法廷があったというが、詳細は不明である。ただ死後の魂の裁判という考えは、多くの古代民族に共通しているようである。

死後冥土へ行くという考えは、道教というより中国人のもともとの「原初的死生観」であった。もともとは「黄泉《こうせん》」とも呼ばれたようである。黄泉は北方の地下にあったとされる。秦の始皇帝の兵馬俑などをみると、死後も現世と同じ生活があったと考えていたようである。だから冥土は地獄のような苦の世界ではない。冥土は儒教の死生観とは明らかに異なる。冥土と招魂再生が併存していたということなる。だから、やがて、二つが混淆し招魂再生儀式の際、魂は冥土から来て魄に依りつくとも考えられたであろう。

道教は、儒教が排除した古来の民間レヴェルの原初的的宗教や神話を取り込んだのである。守護霊や家の守護神＝竈神などもその例である。守護霊は普通祖先霊であるから、本来儒教の管轄であったが、招魂再生儀式に特化したので、原初的宗教を道教に取られてしまったということである。

「地獄」（サンスクリット語でナラカ）という概念は、仏教から取り入れたものである。道教では、仏教の「地獄」と道教の「冥土」が同一視される場合もあったが、この場合、冥土は苦の世界となってしまう。インド人にとって輪廻転生は苦であった。中国人にとって、輪廻転生は、苦ではなくもう一回生まれ変われるから楽しいものと誤解される場合もあった。

輪廻を「神仙の世界」、「人間界」、「鬼の世界」を廻ることと読み替え、「神仙の世界」を仏教の「天界」に当て、「鬼の世界」を「地獄」と解釈した。しかし、鬼は低級な霊魂＝悪霊で、これら彷徨っていた場所は、おそらく現世である人間界のはずであるから混乱が生じただろう。

「天界」は三六天が設定された。「地獄」は八一、三六、二四、九などさまざまに設定された。「涅槃」も道教にとって不老不死の世界（神仙の世界＝天界）であった。地獄を支配する閻魔大王も仏教からの拝借である。

このように用語の意味は混乱して使われたが、徐々に仏教思想は死後の世界を曖昧にする道教を補強していった。ただ、楽園としての天界、苦界しての地獄と同時に、苦でも楽でもない従来の冥土観も併存していた。両者とも日本に輸入された。

✣道教の立ち位置

老荘思想では宇宙論と死生観が述べられた。神仙術の本来の目的は、昇天を目指す来世思想であった。しかし、こういった来世志向の道教哲学は、道教の核となることはできなかった。道教は民衆宗教として発展し、不老長生の技法や呪符信仰といった現世信仰が前面に出てきたからである。確かに冥土にみられるように原初的死生観はあった。しかし、道教と儒教には来世での救済を説く死生観が欠如していた。これを補強したのが、次に述べる仏教の役割であった。

しかし、仏教は、道教と儒教に呑み込まれてしまったように思える（理由は後述）。ただ道教だけであったなら外来の仏教に逆に呑み込まれてしまったかもしれない。そうならなかったのは、儒教の確固とした存在である。知識人の儒教哲学が「仏教化」を防いだのである。

日本の場合、もともと知識人の哲学をもった宗教がなかったので（神道はそれに当たらないし、仏教以前に伝来した儒教も陰陽思想などを除いて江戸時代まで根付かなかった）、中国伝来の仏教が中心となりえた。神仏が習合している日本では、主役は仏教である。

ちなみに、日本には教団道教は伝わらなかったが、仙人、お札、道教系の神々、冥土の概念などは入ってきた。神道古代神道の他界としての「常世の国」は、道教の不老不死の世界へという理想郷へ変わった。それによって、神道のもう一つの他界としての「よみ」と切り離された。「よみ」に「黄泉」という漢語を当てたが、『古事記』の黄泉は恐ろしい世界として描かれており、冥土とは明らかに異なる。「節分」（現在は二月三日。もとは立春前日）の豆撒きの起源も鬼神を祓う道教から来ている。

❖釈迦の教え

中国教の三教のうち仏教だけが外来のものである。中国の仏教を理解するには、まず、インド仏教史を概観しなければならない。釈迦牟尼《しゃかむに》＝ブッダ（目覚めた者の意）（紀元前五・六世紀）の生誕地は現在のインドとの国境近くのネパール・ルンビニーといわれる。小国の王子であった釈迦は出家し、菩提樹下に座して瞑想し、煩悩を消して悟りを得た。釈迦が克服しなければならなかったのは、当時のインド思想特有の輪廻転生であったが、これについてはヒンドゥー教の箇所で詳述した通りである。

釈迦は輪廻転生先として、人間界、（梵）天界、それに何段階もの地獄を設定している。一神教のように天界（天国）を目指すわけではない。仏教は、輪廻転生から脱して涅槃《ねはん》に至ることを目的とする。涅槃とは悟りを得た者が到達する究極の安らぎの境地である。涅槃にいたった者が仏《ほとけ》となる。仏は「全《まった》き人」＝如来《にょらい》と呼ばれる。涅槃は来世なのだ

図52　釈迦像
(2～3世紀、パキスタン)

ろうか。いや輪廻転生の来世から解脱した状態だから来世ではない。

釈迦における解脱とは、「宇宙（ブラフマン）と我＝霊魂（アートマン）を合一する」というヒンドゥー教とは異なる。釈迦によれば、解脱はブラフマンとアートマンの合一ではなく、「両者の存在を否定しきる」ことで得られるという。釈迦の死生観は来世信仰を超越しているように思われる。

また、仏教では、万物がさまざまなものとの関係によって起こることを縁起という。要するに因果関係である。ならば、最初の縁（原因）はなにか。一神教では絶対神である。しかい、仏教には創造主はいない。つまり、これは人間の知性ではわからぬ問題で、それを追及することは無用である。また、すべてが縁起ならば、新たな因果関係が常に加えられ無常となる。存在するものはすべて一時的な状態に過ぎない（諸行無常《しょぎょうむじょう》）。

釈迦は我（霊魂＝アートマン）の不滅を否定する。不滅で変化しない我＝霊魂などいうものはない。あらゆるものに不変不滅の本質＝我がないことを諸法無我《しょほうむが》という（これは後に「空《くう》」概念に発展）。諸法無我は、諸行無常から導かれる当然の帰結であろう。霊魂不滅の考えは、キリスト教、イスラム、ヒンドゥー教、儒教、道教はもとより、多くの民族の原初的宗教にも共通する。釈迦はそれを否定したということである。

生・老・病・死は苦である。何かを求めれば苦となる。人間はどこにあってもいつでも苦しみから脱することはできず（苦諦《くたい》）、煩悩（執着心・欲望）が苦の原因である（集諦《じったい》）。煩悩がなくなれば苦はなくなる（滅諦）。苦をなくすための方法がある（道諦）。それは正しい見解（正見）、正しい思惟（正思惟）、正しい語（ことば）（正語）、正しい行為（正業）、正しい生活（正命）、正しい努力（正精進）、正しい念（注意深さ）（正念）、正しい禅定（精神集中）である（正定）。これらを八正道《はっしょうどう》という。これをおこなうことで一切の束縛から脱することができる。

以上のような釈迦の教えは一見難解に思える。しかし、こういった文章は後世の仏教徒のいわゆる解説であって、釈迦の説法はもっと身近なわかりやすい話であったようだ。その点でイエスやムハンマドと同じである。釈迦の教えのうえに、徐々に哲学的・形而上学的な解説（一神教なら神学）が加わって多くの経典ができていった。

釈迦の説法とは例えばこういうものだった〔『ブッダのことば・スッタニパータ』中村元訳〕。「良き友と親交しなさい」「人里はなれた静かな場所で瞑想しなさい」「衣服や施された食物に欲をかいてはいけない」「生き物を殺してはならない」「窃盗してはならない」「姦淫してはならない」「偽りをいってはならない」「物事に執着してはならない」「如来とは煩悩の束縛を解いて究極の境地にいたった人である」「みずから慎み、解脱し、苦しみなく、欲求のない人々に供物しなさい」「煩悩の穢れを滅して清らかな行いを修めている人々に供物しなさい」「苦しみはすべて食料を縁（原因）として起こる。食料が消滅すれば苦も生じない」。最後の「食料」は煩悩の例えとしてわかりやすい事例で語ったのだろう。

❖初期仏教から大乗仏教へ

釈迦のまわりに修行僧や在俗信者が集まって教団が結成され、各地を周り説法した。釈迦は死後火葬にされた。遺骨＝仏舎利《ぶっしゃり》は八つにわけられ、そのために八つの仏舎利塔（ストゥーパ）が建てられた。後にアショーカ王（?～紀元前二三二年頃）がすべてまとめ、改めて八万四千の仏舎利塔（仏塔）を建て祀ったという。

初期仏教では個人の修行に重きがおかれたが（後に上座部仏教と呼ばれるようになる）、それでは在俗信者には成仏の可能性がないことになる。だから一般の在俗信者は、修行僧に食事などを布施することで成仏あるいは現世のご利益を期待した。

僧院（修行場・修行僧の住居で寺院である）の設立は釈迦の死後百年後頃からである。富裕な在俗信者は仏塔と僧院を布施した。これも、自ら修行できない在俗信者が成

図 53　ストゥーパ（ミャンマー・バガン）

仏するための限られた方法であった。仏塔および僧院の建立は布施のなかでも重要で、より多くの功徳が得られると信じられた。最初、仏教が都市富裕層に支持されたのは、彼らが、僧院や仏塔を布施する財力をもっていたからである。

また、仏像の出現する西暦一世紀までは、仏塔が、在俗の一般信者の崇拝の対象となっていた。仏塔には、仏舎利のみならず成仏した高僧の遺骨も収納された。成仏と現世ご利益は、まず仏塔崇拝として顕現した。来世と現世の両面を救うのが高等宗教の特徴である。成仏を来世救済と捉えれば、仏教も当初から両面の救済を担った。

紀元前一世紀中頃、広く万人の救済（成仏）を目的とした大乗仏教が登場したのも皆が修行僧になれるわけがなく、自力での成仏が困難だからであった。大乗仏教は菩薩《ぼさつ》信仰として登場した。菩薩は他人の成仏の請願をおこして悟りを求めて修行する人である。修行を積んで仏となることができるのに、あえて成仏せずこの世にとどまって人々を救うのが菩薩である。したがって菩薩を信じれば誰でも成仏できる。あるいは現生のご利益を期待できるという「安易な発想」が出てきた。大乗仏教は、こうして菩薩信仰を基盤に成立した。信仰される菩薩もさまざまに誕生した。観音、文殊《もんじゅ》、普賢《ふげん》、勢至《せいし》、虚空蔵《こくうぞう》、地蔵《じぞう》などである。菩薩の居所は、最初仏塔であった。仏塔に現世に留まった菩薩がいれば好都合であった。在俗信者の仏塔崇拝が、菩薩信仰に引き継がれた。ちなみに、上座部仏教では、仏塔崇拝が現在まで続いている。

❖仏像の出現

紀元後一世紀頃から、北西部ガンダーラ地方と北部中央マトゥーラ地方に初めて仏像（釈迦の像）がつくられた。ガンダーラ地方では「祇園布施図《ぎおんふせず》」（六人の人物が並ぶ）に釈迦が彫られたのが最初といわれる。「梵天勧請像《ぼんてんかんじょう》」も古い。梵天勧請は梵天（ブラフマン）と帝釈天（インドラ）が釈迦に世に出て説法を説くよう進言したという説話である。中央に釈迦、左右に二神が配置されている。

初期の仏塔には彫刻が施されていたが、釈迦は法輪の形で描かれた。あるいは仏足石も彫られた。ただ釈迦の像は初期の仏塔には彫られていない。仏像の出現はなぜこの時期なのだろうか。

この時期のクシャーナ朝（一〜三世紀）をつくったクシャン人は、もともとゾロアスター教徒（あるいは古来アーリアの太陽信仰であるミトラ教）であった。ただ偶像崇拝をおこなわない本来のゾロアスター教からは逸脱し偶像崇拝をおこなっていた。彼らが仏教に改宗するなかで偶像崇拝が仏教に持ち込まれたという説やギリシア文化の影響でつくられるようになったという説もある。その他、クシャン人の暴虐からブッダに救いを求めて仏像をつくったという説などさまざまである。ヒンドゥー教の神像も仏像と同時期につくられ始めたことを考えれば、やはりクシャーナ朝のインド征服が何かしらの影響を及ぼしたのだろうか。それとも、インダス文明では地母神らしい彫像が存在したから、古くから先住民系の人々が神像をつくっていたのを仏教徒が模倣したのだろうか。

図 54　梵天勧請像
（中央に釈迦、右が帝釈天、左が梵天）

私は、仏像の出現は大乗仏教の普及と関連していると思っている。大乗仏教の普及に視覚作用が必要であったからである。釈迦や観音の視覚的画像を仏塔などに彫りこめば、救済を求める民衆にとって仏教はより身近になったであろう。これは最初偶像崇拝をおこなわなかったキリスト教が、とりわけゲルマン人に布教するための視覚的彫像を認めたのと同様の論理である。

✣密教の登場とインド仏教の衰退

大乗仏教の主な経典類は、『般若経《はんにゃきょう》』、『法華経《ほけきょう》』、『華厳経《けごんきょう》』、「浄土教《じょうどきょう》」（浄土経という名の経典はなく、『無量寿経《むりょうじゅきょう》』、『阿弥陀経《あみだきょう》』、『観無量寿経《かんむりょうじゅきょう》』で説かれるので、経ではなく教）である。最も古いとされる『般若経』は、一切すべてのものは縁起から成り立つからそれ自体（実体）は存在せず「空」（二～三世紀のナーガールジュナ〔竜樹〕による概念）であり、執着することから離れよと説く。『法華経』はすべての者が仏になりえると説く。この経に六道（地獄、餓鬼、畜生、阿修羅、人間、天）概念が書かれている。『華厳経』は菩薩道の道筋を描く。「浄土教」は、阿弥陀仏の前身である法蔵菩薩の本願（すべての人が極楽浄土に救われるまで、あえて仏とならない）にすがって一般人も極楽浄土で成仏できることを説く。法蔵菩薩は阿弥陀仏となって極楽浄土を築いた。極楽浄土は、初期仏教にはない新たな概念であり、キリスト教やイスラムの天国に近い来世信仰である。

哲学的死生観とは別に、大乗仏教は現世ご利益的側面をより多くもった。まず、呪文（短い章句）を導入した。また、『般若経』や『法華経』では、経典を受持、書写、読誦、聴聞することによって厄除け・ご利益があると説いた。仏像・菩薩像は願掛けの対象となった。さらに教団によっておこなわれる儀式も多様化し、厄除け・招福の色彩を伴った。

七世紀頃に仏教は密教化する。すでに二世紀頃から仏像の前で香を焚き瞑想をおこなうなどの儀式はおこなわれていたらしい。密教では、印契《いんげい》、

図 55　転法輪印を結ぶ大日如来

図 56　五護陀羅尼マンダラ

呪文、三摩地《さんまじ》（精神集中）を三密といい、それが究極的世界（涅槃）と直結していると考える。印契（ムドラー）は、行者が両手をもってさまざまな形をつくることをいう。密教の本質は自己と仏の合一を目指す神秘主義である。神秘的体験で成仏を目指すのである。

経典『大日経《だいにちきょう》』は、マハーヴァイローチャナ（魔訶毘盧遮那《まかびるしゃな》）、つまり大日如来（仏）の智慧の光で、すべての人々に慈悲をそそぎ救済するという教えである。ア（a）、ヴァ（va）、ラ（ra）、カ（ha）、キャ（kha）の五文字を重要視する。これは宇宙の根本要素である地、水、火、風、空に対応している。『金剛頂教《こんごうちょうきょう》』も大日如来を中心に置く教えであるが、特徴は悟りから解脱までのプロセスを説いていることである。これらの経典の教えは「タントラ」と呼ばれる。呪文はダーラニー（陀羅尼）やマントラ（真言）と呼ばれる。有名なマンダラ（曼荼羅）は、密教の世界像を視覚化したものである。密教は基本的には成仏を目指すが、そのための儀式や呪文は、現世ご利益を求める「道具」に変質しやすい。これは中国で顕著となる。

密教の登場は、インドにおける仏教の衰退の始まりでもあった。仏教・密教は、ベンガル地方のパーラ朝（八〜一二世紀）を境にインドから衰退していった。一二世紀にベンガル地方に入ったイスラム勢力の侵入も一因である。また、密教はもともとヒンドゥー教の呪術的儀式・修行法の歴史から成立し、神秘主義的呪術的儀礼や修行法で神との合一を得るヒンドゥー教タントリズムとほとんど同じであったから、元のヒンドゥー教に呑み込まれたと理解したほうがよい。ただ、ヒンドゥー教タントリズムが本格化したのは密教の影響下、九世紀以降であった。だから正確には、ヒンドゥー教タントリズムに呑み込まれたといった方がよい。

❖中国の仏教

西域から中国に仏教（大乗仏教）が入ってきたのは紀元前後で、仏典の漢訳が始まったのが二世紀といわれている。

初期の翻訳者は、西ユーラシア人系（イラン系）騎馬遊牧民出自の安世高《あんせいこう》、支婁迦讖《しるかせん》、三世紀前半の支謙《しけん》などである。仏教は陸上の道から西ユーラシア人によって中国に入ったため、彼ら西ユーラシア人系騎馬遊牧民出自の人々が初期の翻訳者であったことは不思議ではない。当時陸上の道の主役は彼らであった。また、サンスクリット語はインド・ヨーロッパ語であり、カローシュティー文字もブラーフミー文字も西方アラム文字起源であった。とりわけ大乗経典翻訳で貢献したのが鳩摩羅什《くまらじゅう》（クマーラジーヴァ、三四四〜四一三年頃）であった。鳩摩羅什の弟子たちは夥しい翻訳仏典から、何が真の釈迦の教えを伝えているかを判断しようとした。これを教相判釈《きょうそうはんじゃく》（教判）という。

最初、釈迦は神仙（天神）と理解されたようである。仏典を翻訳する際、「菩提《ぼだい》」が「道」、「涅槃」が「無為」、般若経の「空」は最初「無」と漢訳された。最初、仏教は道教の用語で翻訳されたのである。これは、ある意味仏教伝播には好都合ではあったが、ある意味では変質であった。また『老子化胡経《ろうしけこきょう》』という偽経は、老子がインドに渡って釈迦になったというものである。このように、道教と仏教は最初から接点があった。後漢の桓帝（在位：一四七〜一六七年）は黄老と釈迦を同時に祀ったという。

翻訳活動と仏典研究に最初は混乱があったものの、徐々に整理され、隋唐時代に中国仏教諸派がすべて出揃った。三論《さんろん》宗、天台《てんだい》宗（法華経）、華厳宗（華厳経）、法相《ほっそう》宗、律《りつ》宗、浄土宗（浄土教）、禅《ぜん》宗、真言《しんごん》宗の八宗である。これらの哲学的思想（教義）を紹介するのは本書の趣旨ではない。ただ、禅宗、浄土宗、それと真言宗（密教）については簡単に触れておく。密教は中国仏教の変質に関係し、禅宗と浄土宗は民衆に人気があったのみならず中国人の来世信仰を形成するのに貢献したからである。

❖禅宗・浄土宗・真言宗（密教）

すでに四七〇年頃、禅宗の開祖菩提達磨《ぼたいだるま》（？〜五三六年）がインドからやってきた。禅宗は座禅・瞑想を主とする。言葉や文字（経典）によらず、座禅・瞑想によって成仏を目指す一種の神秘主義である。一方、浄土宗は念仏（南無阿弥陀仏《なむあみだぶつ》＝阿弥陀仏に一切をまかせる）を唱えれば、極楽浄土で成仏するという教えである。中国では、阿弥陀如来の本願にすがれば極楽浄土に行って楽しく暮らせるというように理解された。念仏を唱えるだけで、成仏も、極楽での楽しい生活も、現世ご利益も保障された。この念仏による現世と来世での絶対的救済力が、中国での変容である。

真言宗は、八世紀前半インドから伝わった密教をもとに成立した。『金剛頂教』と『大日経』が翻訳されたが、中国では大日如来についての哲学的教義というより、付随していた秘教的儀礼や呪文（ダーラニー・マントラ）、印契、マンダラなどが好んで受容された。秘教的儀式は厄除け・招福のために機能した。

密教の現世ご利益を請う秘教的儀式は、その他の宗派にも大きな影響を与えた。中国仏教は、禅宗と浄土宗を別として、多かれ少なかれ密教化した。だから密教の影響を強く受けた中国仏教諸派が、道教に呑み込まれてしまったのはよくわかるだろう。現世ご利益の技法なら、道教が一枚上手であった。それは、密教に影響された中国仏教に、道教の祈祷がかなり取り入れられたことに象徴されている。

唐末には中国の密教（あるいは密教化した中国仏教）は消滅したといわれるが、道教に呑み込まれたのである。現在、密教が残っているのは、日本とチベット仏教だけである。

✣禅宗と浄土宗のみが生き残った

儒教の死生観は招魂再生である。霊魂は天上に浮遊している。道教では死後の世界として冥土があった。神仙の住む天界もあった。低級な霊魂は鬼となったから「鬼の世界」もあったはずだが（おそらく現世を彷徨っていた）、冥土とは異なった。いずれにせよ、中国では死生観の体系が明確ではなかった。

仏教は、中国人の現世と来世の関係、つまり死生観を明確にするのに貢献した。とくに浄土宗の影響が強かった。地獄の概念とともに、極楽浄土、いわば一神教の天国概念を持ち込んだからである。宋代以降、極楽浄土信仰および念仏行は、天台宗や禅宗などでも採用された。禅宗では、念仏は瞑想の一形態と解釈され、禅宗と浄土宗は限りなく接近していった。こうして、浄土宗（および影響された禅宗）の極楽浄土信仰は、中国人の来世救済を保証することとなった。

中国仏教は禅宗と浄土宗のみが生き残った。宋代の寺院は禅寺が最も多かったという。浄土宗発祥の念仏結社も多くつくられた。明清時代も、禅宗と浄土宗が盛んであった。道教との関係でいえば、禅宗に守護神として道教の土地公が祀られた。また禅は神仙術の瞑想法と融合しただろう。念仏は厄除け・招福の道教の祈祷と接近しただろう。ちなみに、道教とおなじく、中国では僧になるには国家の許可（国家試験）が必要であった。出家公認証を「度牒《どちょう》」という。この度牒を国家が売りだしたのも宋代からで、偽坊主も存在するようになった。

❖中国教とヨーロッパ近代

中国に入ってきた大乗仏教は、初期仏教から変質したものであったが、これがまた中国で変質し、最終的には儒教と道教に呑み込まれたといったと考えられる。中国教の核に儒教があり、それを取り囲むように道教があるとイメージしてみよう。仏教は、儒教（祖先崇拝＝招魂再生）と道教（現世ご利益の術）に呑み込まれほとんど消えていった。ただ、その死生観の明確さゆえ、儒教と道教を補強した。曖昧であった死生観を補強にしたのが仏教の役割であった。具体的には、来世である極楽浄土と地獄をつくりだした。

とはいっても、中国教を総体としてみた場合、イスラムやヒンドゥー教のような現世・来世についての体系的・論理的死生観を完成させたとはいいがたい。道教の冥土や神仙界といった原初的死生観、儒教の招魂再生の死生観、仏教から借用した極楽浄土と地獄の死生観の三者が並立、というより混淆していただけで、体系化されているわけではないからである。

三教の混淆した中国教は高等宗教なのだろうか。私は高等宗教とは死生観を体系的・論理的に説いている宗教だと述べた。つまり人は死んだらどうなるのかということを、体系的・論理的に整理して説明し、来世に救済を求める宗教である。中国教は、その意味では高等宗教として未完である。もちろん「経典」はない。しかし知識人による強力な哲学（とくに儒教）が支えているために、外来宗教に呑み込まれることはなかった。同時に中国教が世界宗教になることもあり得なかった。キリスト教、イスラム、ヒンドゥー教、仏教は、死生観を体系的・論理的に説いたからで世界宗教となった。中国教は「世界に類をみないユニークな高等宗教」あるいは「中国限定の高等宗教」と理解したい。そして、中国教は知識人宗教・哲学から民衆宗教までを含む総体である。

中国も、イスラム、インド同様、ヨーロッパ近代といかに相対するかが問題となった。最終的に、中国が選んだのは、上記二文明と全く異なる道であった。社会主義である。社会主義はヨーロッパ近代から出てきたものである。社会主義は原則宗教を拒否する。一九四九年に成立した中華人民共和国は一応、仏教、道教（制度化された道観や道士のみで鬼神信仰などは入らない）、キリスト教（カトリック・プロテスタント）、イスラムの「宗教の自由」を認め、儒教は道徳とみなされた。

中国が社会主義を選択できたのは、中国教がイスラムやヒンドゥー教とは別次元の宗教であったことを意味している。中国教は社会主義とも共存可能であったということである。確かに共産党による文化大革命（一九六六～一九七六年）によって多くの宗教施設が破壊された。共産党は一九七〇年代末から寛容策に転じ、とくに一九九〇年代からの経済成長の波に乗るように宗教の復興が加速化した。しかし、表面下をみれば、文革中にも伝統的な道教の祭りなどが密かにおこなわれていた。私は、文革中に観音廟の白衣観音像を官憲から守るために天井奥に隠していたというＤＶＤを見たことがある。民衆の宗教心は確固として存在し続けたのだろう。社会主義によっても中国教は壊されることはなかったし今後もないであろう。一方で、家での祭祀（祭壇）は廃れているようである（道教の項目で述べたマンションの話の通りである。日本でも最近、神棚を置かない家が増えている）。戸外の道観、廟、寺院での祈願や墓参り（清明節）は盛んなようである。

また、中国では、日本と同様、次章で述べる近現代ヨーロッパ文明と（政治は別として）折り合いをつけているようにみえる。つまり聖（中国教）と俗の分離がおこなわれている。これが中国の経済成長をもたらしているのだろうか。

主要参考文献（本文既出除く）

今枝二郎『道教』
『岩波講座東洋思想 第一二巻――東アジアの仏教』
『岩波講座東洋思想 第一三巻――中国宗教思想 1』
『岩波講座東洋思想 第一四巻――中国宗教思想 2』
宇野精一・中村元・玉城康四郎編『中国思想 Ⅰ 儒家思想』
同『中国思想 Ⅱ 道家と道教』
同『仏教思想 Ⅰ インド的展開』
同『仏教思想 Ⅱ 中国的展開』
可児弘明『民衆道教の周辺』
川口幸大・瀬川昌久編『現代中国の宗教』
菊地章太『儒教・仏教・道教』
木村清孝『仏教の思想』
窪徳忠『道教の神々』

三枝充悳『仏教入門』
酒井忠夫ほか編『日本・中国の宗教文化の研究』
下出積與『道教と日本人』
竹内照夫『四書五経』
竹村牧夫ほか『仏教と儒教』
奈良康明『仏教史 一 インド・東南アジア』
奈良康明監修『ガンダーラ美術の見方』
二階堂善弘『中国の神さま』
福永光司編『道教と東アジア』
松長有慶『密教』
アドラー『中国の宗教』
グラネ『中国人の宗教』
ビレル『中国の神話』
マスペロ『道教』
ラーフラ『ブッダが説いたこと』

第V部 新しい「コア文明」ヨーロッパ

〔11章〕封建制社会とフランス革命
――テクノロジーと資本主義の成立基盤――

❖なぜヨーロッパはコア文明となったのか

ヨーロッパは遅れて登場した文明である。ヨーロッパ史は、フランク王国カール大帝（在位：七六八～八一四年）がゲルマン諸部族をまとめた八世紀頃に始まる。封建制の成立が一一世紀頃である。一二世紀頃よりビザンツ帝国やイスラム圏との接触の過程で、とくにギリシア文明とイスラム文明の成果を取り入れ文明化した。文字、キリスト教、ギリシア学問をはじめ、ほとんど中東コアあるいはその派生文明起源である。

それがコア文明の地位に登りつめた。ヨーロッパがコア文明となったのは、イギリス産業革命を起点としたテクノロジーと資本主義が主役の社会を創造したからである。より正確にいうなら、「テクノロジーと近代資本主義を離れがたく一体化させた社会」を現出させたからである。私は、歴史上、他文明からほとんど影響を受けることなく独力で文明を成立させた地域を、「コア文明」と呼んだ。その意味ではヨーロッパは派生文明でしかない。しかし、もう一つ、農耕、牧畜、階級制、文字、宗教など、いわゆる「最初のもの」が誕生した地域もコアの条件とした。この「最初のもの」つまり「テクノロジーと資本主義の一体化」を創造したのがヨーロッパであった。

テクノロジーは古代文明の時代からあった。資本主義を金儲け競争と定義するならば、資本主義も文明の初期か

年表 14　封建制の成立から崩壊まで

8 世紀	カール大帝のフランク帝国、西欧ほぼ統一する
11 世紀	封建制の成立
11/12 世紀	都市の成立
12 世紀	ビザンツ・イスラム文化の流入始まる
1509	ヘンリー 8 世（～ 1547）によってイギリス「絶対主義期」開始。国教会性の樹立
1558	エリザベス 1 世治下（～ 1603）
1568	オランダ独立戦争（～ 1609）
1603	ジェームズ 1 世治下（～ 1625）
1625	チャールズ 1 世治下（～ 1649）内乱
1643	フランス・ルイ 14 世治下（～ 1715）
1649	チャールズ 1 世処刑され、イギリスは共和制となる
1599	クロムウェル独裁（～ 1685）
1660	イギリス・王政復古（～ 1688）
1688	イギリス・名誉革命（～ 1689）
1715	フランス・ルイ 15 世治下（～ 1774）
1774	フランス・ルイ 16 世治下（～ 1792）
1789	フランス革命勃発
19 世紀	ヨーロッパから封建制撤廃される

ら一貫して存在していた。先にみた海上の道の交易商人や交易国家はみな多かれ少なかれ資本主義的に行動していた。しかし、この段階では商人が手工業品や農産物そして天然の物産を仕入れて、それを売って利益を上げるという資本主義であった。そして商人の自由な売買活動が保障されており、イスラム圏と中国は、ほぼ自由主義市場の原則で動いていた。この二大コア文明圏がそれまでの資本主義世界を統括していた。

イギリス産業革命に始まる資本主義（近代資本主義と呼ぼう）は、これと決定的に異なる。まず、交易（貿易・商業）で扱う品物は、天然の物産や農産物、手工業製品ではなく、機械によって生産された工業製品が主体となった。しかも機械は大量生産を可能にした。この工業製品はテクノロジーによってつくられる。工業製品は天然物産、手工業品などと比較にならないほどの儲けを生む。テクノロジーは、儲けを生み出す近代資本主義の原動力となった。

農業と手工業主体の経済から機械による工業生産主体の経済への契機をつくったのは、一八・一九世紀イギリス産業革命であった。一八・一九世紀イギリスではじまった近代資本主義とそれ以前の資本主義が決定的に異なるのは、テクノロジーによる大量商品（工業製品）経済が、農業と商業主体の経済を完全に凌駕してしまったことである。ここに「テクノロジーと近代資本主義の連動・連結・一体化」が始まった。現在はその延長線上にある。ヨーロッパコア文明と、それ以前のコア文明との決定的違いはここにある。だから「テクノロジーと近代資本主義の一体化」（ヨーロッパコア文明の本質）を理解するには、イギリス産業革命をみなければならないが、その前に本章では、前提となる封建制社会の構造とその崩壊過程を考察し、テクノロジーと資本主義がヨーロッパで発達した基盤を提示する。

❖権力の棲み分け

ヨーロッパは、封建制度が極度に発達した社会であった。封建制度は、主君と臣下の間の一種の契約関係である。主君は、臣下に封土（領地）を与え、その見返りに臣下は主君に忠誠を近い、戦争の時には軍役の義務を負った。主君によって与えられた封土は、実際完全に独立した臣下の世襲領地であり、主君は、原則臣下の領地にいかなる法的・経済的介入もできなかった。主君の頂点にいたのは、フランス王や神聖ローマ皇帝（ドイツ王）などである。その臣下の諸侯は、同様の関係を彼らの家臣（陪臣）と結ぶことができた。関係を結ぶ主君は複数でも構わなかった。主従関係の重層化したネットワークが張り巡らされることになる。国王のみならず、貴族、教会、修道院、都市が、領主として自分の領地を所有し領民に裁判権を行使し年貢を徴収した。

こうして、ヨーロッパには多数の権力者が併存することとなった。王権だけでも複数存在した。中国やイスラム圏のように一人の皇帝によってヨーロッパが統治されたことはなかった（カール大帝は除く）。フランス王もイギリス王も神聖ローマ皇帝も、ヨーロッパ全土を支配したことはなかった。ヨーロッパで、封建制が成立したのは一一世紀頃で、完全に撤去されたのは一九世紀に入ってからであった。封建制は多くの権力が分散したから、それぞれの権力基盤は相対的に弱かった。私は、これを「権力の棲み分け」と呼んでいる。

図式的にいえば（あくまで図式的でそうでない場合もあるがここでは単純化する）、他文明圏では、皇帝が全土を所有し、地方には中央から役人が派遣されるシステムであった。原則国土はすべて皇帝の直轄領であり、彼の徴税・法律・裁判領域であった。しかし、ヨーロッパでは事情が違った。たとえば、一二世紀のフランス王の支配領域は、パリ周辺のごく限られた範囲に限定されていた。その他は大諸侯の支配地である。この中も陪臣の領地が多数存在していた。フランスの王権がフランス全土を治めていたわけではない。王位は、臣下の了解にもとづいていたにすぎない。フランス王権が、国王裁判権を含めた王権の法をフランス全土に適用できる「主権的支配」を確立させたのは、一六世紀後半以降のことである。それでもフランス王国がすべて王の直轄領になったわけではない。貴族、教会と修道院の領地が没収されたわけではなかった。彼らは領主として農民から年貢を取り続け、裁判権も一部行使しつづけたのである。ドイツでは約三〇〇の「皇帝の臣下」（諸侯）が並立し、皆ドイツ王の介入を許さない「王権」であった。

✣富の棲み分け

権力が一極集中しなければ、富も分散する。だから権力の分散が「富の棲み分け」を生む。

ヨーロッパの王権は、大商人から借金が常態化するほど「貧乏」であった。一五一九年、ハプスブルク家のカール五世（在位：一五一九～五六年）は、アウクスブルクのフッガー家からドイツ国王・神聖ローマ皇帝選挙資金の融資を受けた。大航海時代（この用語は増田義郎の造語で欧米では「大発見の時代」という）、コロンブス（一四五一頃～一五〇六年）やマゼラン（一四八〇頃～一五二一年）に融資したのはスペインやポルトガルの王室ではなく、イタリアの大商人（ここでは大商人は貴族）であった。ドイツは一見大航海時代とは無縁なようだが、フッガー家やヴェルザー家といった大商人が探検家に融資している。王室は単に港と渡航許可を提供したに過ぎない。王室は常に財政不足に悩んでいた。

とくにフランス王家は一四九二年、莫大な借金で「破産」寸前であった。ヴェルサイユ宮殿を造らせたルイ一四世（在位：一六四三～一七一五年）下では、新たな官職（貴族になれた）をつくってはそれを売り飛ばした。さらに国債を発行して、それを大商人（金融業者）に買い取らせるような借金王国であった。債務支払いは一八世紀には国家予算の一五～二〇％を占めた。一七八八年には支払能力を超える四九％に達した。

王権に富が一極集中しないことは、他の諸階層に富が棲み分けされていたことを意味する。「権力の棲み分け」は「富の棲み分け」を必然的に伴う。

✣都市市場の棲み分け

ヨーロッパに都市が成立しはじめるのは一一・一二世紀頃で、封建制の成立時期と重なっていたのは偶然ではない。都市とは手工業者と商人の居住する空間であり市場であった。国王や諸侯が特許状を与えて、都市が成立した。権力の棲み分けが、多くの都市市場を生んだ。

中国やイスラム圏では大都市（五〇万～一〇〇万級）が早くから存在したが（七世紀唐の長安や九世紀バクダードは一〇〇万都市。紀元二世紀頃ローマも一〇〇万、同時期の漢の長安は五〇万）、都市市場自体の数は少なかった。これに対して、ヨーロッパは人口の少ない都市市場が、膨大な数（数千）で棲み分けしていた。一五世紀末の時点で人口一〇万を超えていたのは、パリ、ナポリ、ヴェネツィア、ミラノくらいであった。これらは例外であった。パリとロンドンが五〇万を超えたのはようやく一八世紀に入ってからである。大部分は人口一万にも満たなかった。

都市市場は富を引き出す場所であるから、「都市市場の棲み分け」は「富の棲み分け」を導く。「富の棲み分け」は、万人が富を自分のものにする「チャンス」が多いことを意味する。多くの都市市場は、手工業者に働く機会を多く与えるであろう。農民も近郊に都市市場があれば、余剰生産物を売ることが可能となるであろう。

これは、テクノロジーと資本主義の発展に好都合であった。良い商品を開発すれば富が入る機会が多いことになる。ある都市市場で売れなくても、別の都市市場では売れるかもしれない。ヨーロッパでは、手工業者のテクノロジーが利益と結びつきやすかった。手工業者が良いものをつくれば、儲かる機会に恵まれていた。富を獲得できなければ（儲からなければ）、誰も良い製品をつくろうと工夫しないであろう。また、手工業者の物つくりを利用して一儲けをたくらむ商人、手工業者が製造した武器を使って戦争に勝とうとする権力者が多数存在した。

✣封建制の逆説的現象

とはいっても事はそう単純ではない。ヨーロッパの封建社会は、自由主義市場ではなかった。多数の権力者による関税障壁、ギルド規制、領主による職業規制などが、自由主義市場を阻害していた。個人の手工業者がギルド規制を無視して新商品を開発し売ったり、農民が手工業製品を都市で売却することなどは原則禁じられていた。なかでもギルド規制はテクノロジーと資本主義の発展の障害となりえた。

しかし、商人は、ある都市と別の都市のギルド製品を比べて、質の良い方を買ったであろう。都市間競争である。さらにギルド規制の外側にあった農村手工業も、現実には展開していた。商人は質が良ければ農村に買い付けに行っただろう。都市と農村の競争である。要するに競争相手が多かった。だから皆、他人より良いものをつくろうと努力した。富の分配に与《あずか》るためである。さらに、「都市市場の棲み分け」がテクノロジー競争を促した。あるテクノロジーが一人の権力者に拒否されても、別の権力者が採用してくれる可能性があった。「権力の棲み分け」もテクノロジー競争を促した。

それに比べて、イスラム圏や中国の方が自由主義市場であった。しかし、大都市への市場機能の集中が都市間競争を鈍らせ、テクノロジーの発展に阻害的に作用する場合があった。また、権力の一極集中もテクノロジーや資本主義の発展を時として阻害する。オスマン帝国で印刷所が閉鎖されたのは、危険思想を流布する可能性があるという理由であった。中国・明朝では鄭和《ていわ》（一三七一頃～一四三四年頃）による七度の海外航海後は、海外航海が中止され造船所も閉鎖された。同時に商人による海外での交易活動が、少なくとも公式にはできなくなった。このように、一権力者の意向で、テクノロジーの発展や商業活動が停滞する場合がある。

ヨーロッパにおける絶対的権力不在、圧倒的大都市の不在は、逆にテクノロジーの発達を促す一因となったと思われる。

✣暴力的収奪装置をはずしたヨーロッパ

再度翻るようであるが、ヨーロッパの封建権力もテクノロジーと資本主義の発展の障壁であったことは間違いない（権力の一極集中より好都合であったとしても）。ヨーロッパが、テクノロジーと資本主義において、中国やイスラム圏を追い越した決定的要因は、暴力的収奪装置を排除したことである。暴力的収奪装置とは、ヨーロッパの場合、国王クラスのみならず中・下級貴族や教会にいたる裁判権と徴税権を有した封建権力である。暴力的収奪装置＝封建権力の排除は、まずは、一六世紀オランダ、次に一七世紀イギリス、最終的に一八世紀フランスと一九世紀ヨーロッパ全域である。

オランダは、スペイン・ハプスブルク家の支配下にあった。一五八一年、事実上独立して「ネーデルラント共和国」となった。オランダがスペインから独立を果たしたオランダ独立戦争（一五六八～一六〇九年）は、ハプスブルク家スペインとポルトガル（当時はスペインに併合されていた。一六四〇年に再独立）という暴力的収奪装置をはずす「革命」であった。オランダ商人の海外進出が活発になり、先行のポルトガル・スペインの海外進出を凌駕するのはこの時期以降である。一七世紀のイギリス革命、最終的に、一八世紀フランス革命によって、ヨーロッパは、暴力的収奪装置、つまり封建権力を完全に壊す。これがテクノロジーと資本主義の発展に寄与したことはいうまでもない。では、暴力的収奪装置を壊すことがなぜ可能となったのか。

❖シーソー理論

封建社会とは「権力の棲み分け」であった。この「権力の棲み分け」が、封建社会そのものを葬ることとなった。「権力の棲み分」けが革命の起きた根本原因である。この場合の権力とは封建権力を含めたさまざまな身分・社会集団のことである。貴族の集まり、聖職者の集まり、官職保有者の集まり、教会、ギルド、金融・貿易会社（東インド会社など）、大学、村落共同体、都市の地縁的街区共同体などである。個人は、多かれ少なかれ特権と規約をもった、このような集団のなかでのみ存在した。当時は個人という法的・社会的位置はなかった。これらの社会集団を「社団」（フランス史研究者の二宮宏之の造語）と呼ぶ。

一九世紀以前のヨーロッパにおいては、王権は臣民を一人ひとり管理していたわけではなかった。それは戸籍に端的にみて取れる。近代国家なら、戸籍は世俗の役所が管理し、国家は直接その情報を取ることができる。一九世紀以前では、戸籍は在地の教会（教区教会という）が管理していた。洗礼・結婚・死亡などの記録情報は、教区教会がもっていた。商人や手工業者のギルドなども、所属員の「個人情報」を持っていたが、中央政府（ないしはその地方支所）は、個人情報を把握していなかった。個人はこういった在地の教会やギルドといった社団の成員であった。

王権（王と側近の官僚）は、これらの社団との均衡の上に成立していたのである。「絶対王政」期になっても、この構造に基本的変化はなかった。王権が「絶対的」に国家を運営するなど無理な話であった。各社団にある程度の権力が棲み分けし、「相対的に強力な」王権との均衡が成立していた。たとえるなら、シーソーの片側に王権が、片方に種々の社団が乗ってバランスを保っていたのである。

社団のなかでとくに強い権力をもっていたのが身分制議会である。イギリスの上院（貴族院）と下院（庶民院）、フランスの「三部会」などである。身分制議会は、貴族、聖職者、都市の代表から構成された。だから王権が、身分制議会を無視して勝手なことをおこなうことはできないシステムであった。「絶対主義」期においても、依然として権力は棲み分けしていたのである。それを王権が無視した結果が革命であり、英仏とも王は裁判にかけられ死刑となった。子分による暗殺などは別として、王権以外の権力集団から裁かれ斬首されたのはヨーロッパ以外ではない。世界史的にみれば、ヨーロッパの王権は常に「弱体」であった。

❖イギリス革命

イギリスの場合、身分制議会は二院であった。大貴族と高位聖職者の上院、騎士（下級貴族）と市民からなる庶民院（下院）である。一二一五年の「マグナ＝カルタ」は、上院の承認なくして国税は課すことはできないことを述べた。ヨーロッパの封建国家では、国王財政は王の直轄領（王領地）から賄うのが原則であった。国税は、戦費調達の際などやむを得ない事情の臨時課税であった。一四世紀には、下院の承認も必要となった。さらに法律の制定などもすべて議会の承認が必要であった。イギリスは、王権が他のヨーロッパ諸国より比較的強かったといわれるが、実際は王権と身分制議会を筆頭とする社団との均衡の上に政治が動いており、「シーソー」のバランスが保たれていた。

イギリスの「絶対主義」は、ヘンリー八世（在位：一五〇九～四七年）からといわれる。ヘンリーは、国教会制を打ち立て修道院財産を没収した。その意志を継いだエリザベス一世（在位：一五五八～一六〇三年）も、四四年の治世で議会を一〇回しか開かなかった。さらに次のジェームズ一世（在位：一六〇三～二五年）は、治世中議会を四回しか開かず、しかも彼の都合で召集、形勢不利とみると解散し、イギリス国教会からピューリタン系の牧師を追放し、かなり強引な手法をとって議会と対立した。それを継いだチャールズ一世（在位：一六二五～四九年）にいたっては、議会の承認なく国税を取り立て、国債を勝手に発行し、さらに議会が提出した「権利請願」（一六二八年）をいったんは認めながら事実上無視した。「権利請願」は議会の承認なくして課税しないなど、従来の議会の権利を謳ったものである。チャールズは、それにもかかわらず課税し、議会を一一年間開催しない専制的政治をおこなった。こうして「シーソー」は王権側に重く傾いた。

これにより王党派と議会派に分かれて内乱（シヴィル・ウォー）となり、一六四九年、チャールズは処刑され共和制となった（ピューリタン革命という用語は現在のイギリスではほとんど使用されない。最近ではイングランド＝イギリス、スコットランド、アイルランド全体にわたる事件として三王国戦争という言葉が使われる場合がある）。クロムウェル（一五九九～一六五八年）による独裁後、王政復古（一六六〇～一六八八年）となったが、二代にわたる王は議会無視の政策をとった。また「シーソー」の均衡が崩れ、王は追放された（名誉革命。イングランド＝イギリス革命と呼ばれる）。議会は「権利章典」（一六八九年）を発布し、議会と王権の均衡を取り戻し、立憲君主制への道筋をつけた。

しかしイギリス革命でより重要なことは、王権が抑制されただけでなく、その他の封建権力および社団がほとんどその力を喪失したことである。つまり、シーソー自体が取り壊されたのである。こうしてイギリスはいち早く近代国家となった。

✣フランス革命

フランス絶対主義期の「シーソー」は、より大きく王権に傾いた。だから「シーソー」を戻すには、身分制議会の「重さ」だけでは無理であった。だから議会側に、都市の民衆や農民の社団も乗らなくてはならなかった。これが革命をイギリスより徹底化させた。

フランスの身分制議会は、日本では「三部会」と訳されている。一四世紀に創設されたこの議会は、第一身分の聖職者、第二身分の貴族、そして第三身分の市民からなっていた。市民といっても大商人や大親方など富裕層のことで、手工業職人、小売商、労働者そして農民は除外されていた。フランスは一方に王権、他方に、とりわけ「三部会」（地方レヴェルと全国がある）および高等法院という強力な社団のシーソー上で均衡していたのである。高等法院は、国王が出した法令の登録権を有し法令の差し戻し権をもった。全国に一三あった立法、裁判機能をもった貴族の牙城であった。

ところがフランスの「全国三部会」は、一六一四年以来一度も開かれていなかった（いくつかの「地方三部会」は毎年開かれていた）。そしてフランスの絶対主義はルイ一四世（在位：一六四三～一七一五年）のもとで絶頂期を迎える。次のルイ一五世（在位：一七一五～七四年）、ルイ一六世（在位：一七七四～九二年）期の王権は、高等法院と頻繁に対立を繰り返すようになった。

フランス革命は、一般に一七八九年、パリ民衆のバスティーユ牢獄の占領で始まるとされているが、この二年前、つまり一七八七年が重要な年であった。この年、王権は第一・第二身分にも課税しようとしたからである。第一・第二身分が「三部会」の中心であった。彼らは、パリ高等法院を根城にこの要求を

図 57　バスティーユ牢獄襲撃
ジャン＝ピエール・ウーエル画（1789 年）

拒んで、「全国三部会」の招集を要求した。これは「貴族の反抗」あるいは「貴族の革命」と呼ばれる。しかし一七八九年に召集された「全国三部会」では、議決方法をめぐって、第一・二身分と第三身分が対立し、第三身分は「国民議会」を開く。ここに第一・第二身分も合流し「憲法制定国民議会」と称する。これを王権が武力で制圧する動きをみせたので、怒ったパリ民衆のバスティーユ襲撃となった。議会側に民衆が加わったのである。

ここでも国王ルイ一六世（在位：一七四四～九二年）は処刑され、フランスは共和制となり、「シーソー」のバランスが議会側に完全に傾いた。だから、その後ナポレオンが登場したが、もうその時点で、暴力的収奪装置＝封建権力は完全に破壊され、シーソーは撤去されていた。ナポレオンは封建制撤廃をヨーロッパ中に広めるのに一役かったに過ぎない。

フランス革命を契機にヨーロッパの封建制度は消滅し、農民は領主に年貢を支払う義務はなくなり、ギルド規制もなくなった。職業の自由な選択・転職が可能となった。テクノロジーと資本主義の自由な発展を阻害する要因は消えたのである。

主要参考文献
下田淳『ヨーロッパ文明の正体』
同『棲み分け」の世界史』
アタリ『一四九二』
プライス『フランスの歴史』
フルブロック『ドイツの歴史』
ランデス『西ヨーロッパ工業史』

〔12章〕産業革命と近現代文明
——テクノロジーと資本主義の一体化へ——

❖古来のテクノロジー

機械やテクノロジーは古代文明の時代からあった。別にヨーロッパが初めてではない。ほとんどコア文明で発明された。二輪戦車、風車、水車、外科手術器具、印刷術、製紙法、羅針盤、灯台、弩《おおゆみ》、投石機、火器、機械時計など、数多く列挙できるであろう。

図58　中国のクロスボウ製作
（17世紀の木版画）

中国では、製鉄に石炭を使う方法は古くからおこなわれていた。ただ石炭から出る硫黄によって鉄がもろくなってしまう弱点があった。そこで石炭を精錬してつくったのがコークスである。コークスを使った製鉄業（冶金）は、中国宋代一一世紀初頭に始められ、製鉄量は激増した。一一世紀末の中国の鉄の総生産量にヨーロッパが追いつくのは、一七〇〇年（産業革命直前）頃であった。中国では「ふいご」をつかって、鉄鉱石を溶かす熱に空気を送っていた。後にイギリスでは蒸気機関で送風することになる。

一三世紀にヨーロッパで普及した弩（クロスボウ）も、中国です

年表15　発明と技術革新の歴史

7世紀	中国で火薬発明
10世紀	中国・戦争で「火槍」使う
11世紀	中国でコークスをつかった製鉄法開発。宋代には麻織物用の水力紡績機開発
1161	南宋軍、金に「霹靂砲」使用
1232	金、モンゴル軍に「震天雷」使用
1259	南宋、モンゴル軍に竹筒から弾を発射する「銃」使用
1267	ロジャー・ベーコンが火薬に言及
1288	モンゴル軍、火縄銃使用
1300	モンゴル軍、大砲と金属製銃装備していた
1326	オックスフォードの手稿本に大砲の絵。フィレンツェの手稿本に真鍮製の銃の絵
1346	クレシーの戦いで、イギリス軍が大砲使用
1453	オスマン軍が対ビザンツ・コンスタンティノープル攻めで大砲使用
15世紀	オスマン帝国で蒸気機関開発。ドイツで火縄銃使われる
16世紀	ヨーロッパで火縄銃から、ホイールロック銃、さらにフリントロック銃が開発
1537	ヨーロッパで最初の砲術の論文書かれる
1671	ルイ14世、砲術学校設立
1690	銃剣が開発される
1705	トーマス・ニューコメンが蒸気機関つくる
1709	エイブラハム・ダービー一世のコークスによる製鉄法
1733	ジョン・ケイの飛び杼
1742	イギリスのベンジャミン・ロビンズが『砲術の新しい原理』を書く
18世紀	ライフル銃とショットガンの開発
1764	ジェームズ・ハーグリーヴスのジェニー紡績機
1769	ジェームズ・ワットが蒸気機関を改良
1771	リチャード・アークライトの水力紡績機
1775	蒸気機関がコークス燃焼の送風装置に利用される
1779	サミュエル・クロンプトンのミュール紡績機
1783	ヘンリー・コートのパドル炉の開発
1785	エドマンド・カートライトの力織機。ワットの蒸気機関が紡績に使用される
1803	蒸気機関車と蒸気船の発明
1825	自動ミュール紡績機
1835	リボルバー開発
1850	イギリス、鉄生産高が1740年の160倍となる
1855	アームストロング砲
1857	鋼鉄の大量生産を可能とするベッセマー法が開発される
1880年代	マシンガン、無煙火薬の開発

でに紀元前六世紀頃に発明されていた。一一世紀に改良されてより強力となった。イギリス産業革命は綿織物用の機械から始まったが、麻織物用の水力紡績機が発明されたのは中国・宋代であった。機械時計は一三〇〇年頃にヨーロッパに初めて登場したが、中国ではすでに一〇九〇年に巨大な水力式機械時計を製作していた。さらに一二世紀中国では船舶技術の革新があった。ジャンク船という大型で耐波性が強く、磁石羅針盤を備えた当時世界最新の船である。

コークスをつかった中国

の製鉄業の発達は、イギリス産業革命を七〇〇年先取りし、船舶技術の革新もヨーロッパのずっと先をいくものであった。一一・一二世紀の中国は、産業革命のチャンスがあったといえる。ちなみに、コークス製鉄法と並ぶ成果であった蒸気機関の発明は、オスマン帝国で、イギリスより三〇〇年も前に発明されていた。

❖火器の歴史は中国から始まった

以下、火器の発展を簡単にみておく。ヨーロッパが世界を征服できた直接の装置だからである。

初めて火薬がつくられたのは中国で、七世紀頃である。宋代一〇世紀初頭になると、硝石、硫黄、木炭を混合した黒色火薬がつくられた。一〇世紀中葉の戦争図には、火薬を竹筒から発射する「火槍《かそう》」が描かれている。一一世紀になると、火薬の勢いで竹筒から弓矢を発射した。一一六一年、南宋軍は金との戦争で、紙製の容器に火薬を入れ発火させ投石機から発射したといわれる（「霹靂砲《へきれきほう》」）。逆に金は、一二三二年のモンゴル戦で、鉄の容器に火薬を詰めて投石器で投擲《とうてき》する「震天雷《しんてんらい》」を使ったという。これらは大砲の原型である。一四世紀初頭になると、モンゴルの軍船は弾を放ついわゆる大砲を装備していたといわれる。

他方、竹筒から弾を発射する銃は、南宋が一二五九年にモンゴル軍に使用した。これは銃の原型である。モンゴル軍は青銅製の筒から鉛の弾を発射する銃（おそらく火縄銃）を、一二八八年に使った。一四世紀のモンゴル軍は金属製銃を装備していた。

つまり大砲と銃（火縄銃）の原型は、南宋から金とモンゴルに伝わり、純粋に大砲や火縄銃と呼べるものは一三世紀末～一四世紀初頭の元朝下で誕生したものと理解できる。

中国の火薬の発明を、道教の外丹の影響を指摘する人がいる。不老長生を目的にさまざまな鉱物や金属を化合したからである。宋代は、伝統的貴族階級が没落し皇帝の権力が集中した時代であった。権力の一極集中は、前述のように時としてテクノロジーの発展を阻害したが、宋代は、逆に科挙試験が民主化され、農民でも社会的上昇ができる時代であった。自由な商売活動もおおいに振興され資本主義も発展した。テクノロジーも同様であった。宋とつづく元の時代は、テクノロジーがお金になった中国でも例外的な時代であった。だから中国での火薬を含むテクノロジーの発展は宋・元の社会条件から説明すべきであろう。

❖ヨーロッパでの火器の発展

記録では一一八八年、イベリア半島でイスラム軍が火薬の武器を使ったという。どういう武器かは不明であるが、その後「マドファ」といわれた火器がイスラムから伝わった。これは金の「震天雷」のようなものであったと思われる。火薬の勢いで矢を発射する「鉄瓶砲」も使われた。いずれも、中国からイスラム圏を経て伝わったものである。ロジャー・ベーコン（一二一四頃～一二九四年）は、一二六七年に火薬に言及した。

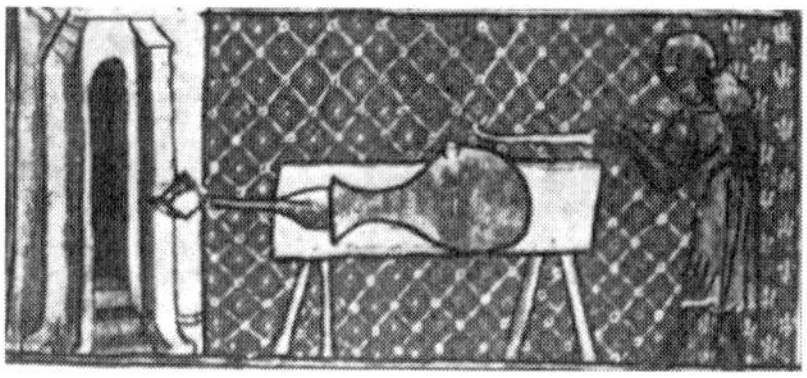
図 59　オックスフォード手稿本に描かれた大砲

いわゆる大砲や火縄銃を、ヨーロッパが独自で開発したかは不明である。フィレンツェの手稿本に真鍮の銃が描かれたのは一三二六年である。同年のオックスフォードの手稿本に大砲が描かれている。この二つがヨーロッパにおける大砲と銃の初出であるから、大砲と火縄銃はモンゴル支配下のイスラム圏からヨーロッパへ伝わったとみるのが自然である。

ヨーロッパの戦争で大砲が最初に使われたのは、英仏百年戦争（一三三七～一四五三年）の一三四六年クレシーの戦いのイギリス軍によってである。大砲は、鉄や青銅の鋳物でつくられ石弾を発射し、城攻めで使用された。オスマン帝国も巨大な大砲をもち、これも石弾を発射し、一四五三年の対ビザンツ帝国コンスタンティノープル攻めで使用された。火縄銃（マッチロック）は一五世紀初頭のドイツで初めて使われた。

中国で発明された火器は中東からヨーロッパまで伝わった後は、一六世紀になるまで東西の技術の差はなかった。ヨーロッパが突出していたわけではなかったし、戦争の主要な武器でもなかった。むしろ一六世紀初頭のスレイマン一世（在位：一五二〇～六六年）下のオスマン帝国の火器は、ヨーロッパを圧倒した。

一六世紀以降、ヨーロッパでは火器の改良が続けられた。まず、大砲は、移動を便利にするために重量を軽くした。そうすれば台車に車輪を取り付けて、すばやく移動できる。石弾より破壊力が大きい鋳物の球形鉄弾が登場し、それに耐える頑丈な大砲に改良された。この段階になれば野戦でも使えるし、帆船に搭載して戦艦にすることも可能となった。一六世紀初頭には、火縄ではなく火打ち石を使って点火するホイールロック銃が開発された。同世紀後半には、それを改良したフリントロック銃が開発された。

図60　火縄銃（イギリス、1600年頃）

❖砲術師の役割

一五三七年には、砲術についての最初の研究論文が書かれた。一六世紀は、大砲、銃とも決定的な武器ではなかった。騎兵は剣、歩兵・傭兵はまだ槍、弩に頼っていた。さらに中国やイスラム圏でも火器は放棄されたわけではなかった。一七世紀には、中国とムガル帝国で大型の大砲がつくられている。オスマン帝国では、火器は製造され続けた。だが、ヨーロッパが、中国やイスラム圏より火器の改良に熱心だったことは確実である。

ヨーロッパにおける火器の発達は、一六世紀以降ヨーロッパ諸国間の戦争が激増したことと、ヨーロッパの海外進出に促されたことが一因である。確かに一六～一九世紀のヨーロッパ海外進出において、大砲は、海上から陸地めがけてピンポイントで攻略する程度のものでしかなかった。内陸部まで攻め入って世界を制覇するには、一九世紀後半の火器の飛躍的改良を待たねばならなかった。それでも数百年かけて火器改良の試行錯誤をおこなったのはヨーロッパだけである。権力・都市市場・富の棲み分けが大きかったということである。

一六七一年、ルイ一四世は砲術学校を設立した。一六九〇年頃に銃剣が開発された。イギリスのベンジャミン・ロビンズは『砲術の新しい原理』（一七四二年）を書き、砲身・銃身内に螺旋状の溝を切ること（施条）で弾丸を回転させることに言及した。これが一八世紀後半のライフル銃（施条銃）となった。同時期、散弾銃（ショットガン）も開発された。しかし、依然火器は雨に弱く、発射に時間がかかった。単発式で命中率も低かった。しかも高価であったので、戦争において決定的な武器となるまでにはいたらなかった。それを一変させたのは産業革命であった。最初、大砲や火薬の製造法、砲弾の装填法などは、砲術ギルドによって堅く秘密とされていた。ギルドの成員である砲術師が雇われて戦場に駆り出されていた。

砲術師は民間の手工業者であったから特定の君主に忠誠をもった存在ではなく、どの君主に雇われるかは事実上自由であった。複数の君主に大砲を貸し出すこともあった。一六世紀以降、砲術師に対する各君主からの需要は多く、火器市場は大きかった。砲術師は良いものを提供しなければ雇われない。良い仕事をすれば富が入った。これも、権力・都市市場・富の棲み分けが根底にあった。砲兵隊が国家の正規軍となったのはフランス革命後一九世紀のことである。

❖産業革命と火器

一八・一九世紀イギリス産業革命は、火器の材料となる鉄の生産量を激増させ、火器の大量生産が可能となった。一つの高炉《こうろ》で、一度に数門の大砲鋳造に必要な鉄をつくり出すことができるようになった。一八四〇年代から大きな外洋航海用蒸気船は、木製から鉄の船殻にとって替わられはじめた。一九世紀後半になると、船殻に鋼鉄をかぶせて敵の砲撃から守るようになった。

一九世紀、しかもその後半に入って、火器の殺傷能力が飛躍的に増大した。一八三五年、アメリカ人サミュエル・コルトが、リボルバーという拳銃（回転式連発ハンドガン）を開発した。イギリスが大砲に旋条を施したアームストロング砲を開発したのは、一八五五年であった。旋条（ライフル）砲は長い射程距離と命中率の高さを実現した。一八六八年には大砲の電気点火が初めて導入された。同時期ライフル銃も改良され実用化された。拳銃の改良も盛んにおこなわれたが、歩兵全員に装備させる新式ライフル銃の大量生産が、戦争では決定的だった。火器用の金属として鋼鉄の大量生産法をヘンリー・ベッセマー（一八一三〜九八年）が実用化したのは、一八五七年であった。

図61　マシンガン

火器が戦争の主役となったことを印象付けたのは、クリミア戦争（一八五三〜五六年）であった。この戦争でイギリス軍は、初めて後装式大砲と、ミニエ弾というライフル銃用新型弾丸を使用した。無煙火薬や合成火薬は一八八〇年代に開発された。弾丸を連射する機関銃（マシンガン）も、一八八〇年代の開発である。

一九世紀後半、火器の改良とともに重要なことは、自動機械によって大量生産が可能となったことである。これも産業革命の成果である。したがって、一九世紀後半から火器は民間企業にとっての重要な商品となった。世界中に火器を提供する「死の商人」が登場した。資本主義と武器テクノロジーの本格的合体（インターロック）が始まったのだ。

❖なぜイギリスで産業革命が起きたのか

「産業業命」という言葉は、フランス人経済学者ジェーロム・アドルフ・ブランキ（一七九八〜一八五四年）の著作で最初に使われ、一八四〇年代までにはイギリスで広く用いられるようになった。歴史用語として定着させたのはアーノルド・トインビー（一八五二〜八三年）である。なお、ここでいうイギリスとはイングランドだけでなく、スコットランド（一七〇七年合同）とウェールズも含んでいる。

テクノロジーの発展に必要なのは、その製品を買う多くのあるいは大きな市場が成立していることと、その市場での自由な経済活動を権力者が阻害しないことである。コア文明で、テクノロジーと資本主義が発達した時期は、この条件がある程度揃っていた（たとえば中国の宋・元代）。ただ、その後のこの条件は阻害された。イギリスが産業革命を唯一起こせたのは、国王権力を含む封建的領主権力と社団権力をいち早くしかも永遠に壊し、その結果、「富の棲み分け」が、ヨーロッパ大陸諸国より有利な環境となったからである。

一八世紀のフランスやドイツはまだ封建社会であり、国王を含めた封建的領主権力が自由な商工業活動を阻害することがある程度可能であった。社団であるギルドの独占権は続いていた。農民が、領主の許可なく自由に商売することも原則禁じられていた。それならオランダで産業革命がおこってもよかったと思うかもしれない。オランダはイギリスに先行して封建的領主権力をはずしていた。しかし、オランダでは、商人が商品を買い付け、ヨーロッパ中に売ることで利益を上げる商業資本主義に重きを置いていた。さらにオランダ商人は、イギリスの企業家＝商人や手工業者に投資することで産業革命に参加していたのである。

イギリスでは、革命後領主制（領主が農民に課すさまざまな賦課）は完全に崩壊し、昔の領主（貴族など）は単なる地主にすぎなくなった。かつて領主や国王が課していた通行税などももはやなかった。ギルド統制が一七世紀末までにほとんど崩壊していた。一八世紀には、法律家や官吏などミドルクラスの子弟が徒弟修業にはいることは不名誉ではなかった。農民も都市へ行って手工業者（以下職人と総称）となることができた。水力紡績機を発明したリチャード・アークライト（一七三二〜九二年）はもともと床屋であった。つまり職業の移動が簡単な社会となっていた。靴屋も儲からないと思えば繊維工業に移ったし、大陸ヨーロッパのような職業の排他性はなかった。複数の職業を営むことも可能であったため、真鍮《しんちゅう》加工業職人で、後に商人兼化学者、さらに紡績や製鉄等の企業家になるような人物もいた。付け加えれば、一八世紀のうちに、自作の小農はほとんど存在せず、大土地所有者（昔の領主層ないし土地を買ったり借りたりした商人層）と土地なき農業労働者の分極化が進行した。この農業労働者が、やがて工業労働者となっていく。

特許制度は、開発者の利権を保護することでテクノロジーを推進する動機になる。しかし、時として、一定期間の模倣を禁止することで、テクノロジーの発展を阻害する場合もある。イギリスでは、一七五四年、「技術・商工業振興協会」が設立され、特許を申請しなかった発明家に報奨金を出した。これによって、模倣品からさらなる改良が容易になる場合があるからである。とはいっても、一七六〇年から一八三〇年に特許申請は加速した。これは当時のイギリス人がテクノロジー開発に意欲を燃やしていたことの証拠であろう。

ともあれ、自由主義市場（自由放任）の原理が、イギリスでいち早く存在していた。一六四九年の「シヴィル・ウォー」後、都市が増加し人口五千人以上の都市に住むものが、一八世紀なかば一五％、一八〇〇年が二五％で、これはフランス革命前夜の一〇％と対照的である。都市ばかりではない。手工業村落が数多く、紡績や織布などの農村手工業が大陸ヨーロッパより発展していた。こういった手工業村落と都市との間には密接な交易関係があった。

全体としてみて、イギリスでは、富・人・職業の流動性がより大きかったのである。あちこちに儲けのチャンスが転がっていた。つまり、大陸ヨーロッパよりも「富の棲み分け」がより大きかったということである。

✣イギリス産業革命は綿紡績機で始まった

ところで、機械化はなぜ織物業、しかも伝統の毛織物や麻織物でなく、綿織物で始まったのか。産業革命が綿織物で始まったのは、綿製品により多くの需要（市場）があったからである。儲かる市場がより存在していた。東インド会社によって輸入されていたインド産の綿布は、着心地がよく人気があった。しかも安価で洗濯しやすい。下着にも最適であった。だから国内で大量生産すれば確実に富が入る。また毛織物よりも機械化に適していた。植物性繊維の方が、丈夫で均質であったからである。

だからイギリス産業革命は綿工業、とくにその初期工程の紡績（これがいちばん厄介な作業であった）で始まった。時計職人ジョン・ケイ（一七〇四〜六四年）の飛び杼（一七三三年）はもともと織布用に考案されたものであったが、すぐに紡績に転用された。紡績は、ジェームズ・ハーグリーヴズの多軸（ジェニー）紡績機（一七六四年）、リチャード・アークライトの水力紡績機（一七七一年）、サミュエル・クロンプトン（一七五三〜一八二七年）のミュール紡績機（一七七九年）と発展した。紡績機の運動部品が木製から鉄製に、滑車用の綱が皮ベルトに替わった。発明者は皆職人出身であった。これらの紡績機の動力は、最初人力か水力あるいは畜力であったが、紡ぎ車や糸取竿を用いるより出来栄えも生産量も圧倒的であった。紡績工程の機械化を受けて織布工程の機械化もおこなわれた。エドマンド・カートライトの力織機（一七八五年）は、初め性能があまりよくなかったが、改良が重ねられ、一八二〇年代中葉、手織りの生産速度を凌駕した。一八三〇年代には手織りの二〇倍の生産性をあげたといわれる。

ワットの蒸気機関が紡績機に最初に使われたのは、一七八五年である。ここに紡績と蒸気機関が連結した。この意味は大きい。蒸気機関の有用性が認識されたからである。一八二五年すべてが蒸気機関で動く自動ミュール紡績機が完成した。

❖製鉄・蒸気機関

一八世紀初期のイギリスにおいて、木炭の代わりに石炭をつかった製鉄が一部で始まった。しかし石炭から出る硫黄で製鉄品が脆くなってしまう弱点があった。これを克服したのはエイブラハム・ダービー一世（一六七八～一七一七年）で、石炭を精錬した不純物の少ないコークスを使った製鉄法を確立した。一七〇九年のことであった。しかしダービーの製鉄法が普及するまで約半世紀を費やした。つまり最初コークスによる製鉄法は敬遠されたのである。問題は、コークスを効率的に燃やすための送風装置であった。従来の皮製の「ふいご」では全く不十分であったからである。ここまでは宋代の中国と同じである。

産業革命の最大の成果は、蒸気機関をつかった製鉄といわれる。しかし当時はそういった認識はなかった。当時のイギリスで、鉄への大きな需要（市場）が、他地域より多くあったわけではない。製鉄は産業革命の動機ではなく、その結果である。

蒸気機関の発展は綿工業の機械化に引っ張られたものである。綿工業に刺激されて、自由な職人たちの機械化への関心が、一八世紀から一九世紀イギリスに蔓延していた。機械をつくれば富が入るというある種の「共同幻想」が存在していた。

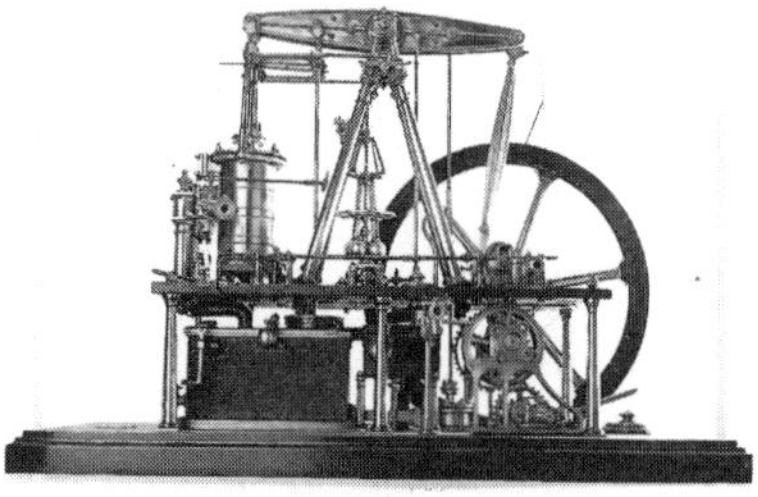

図62　ボールトンの経営するソーホー製作所でつくられたワットの回転式蒸気機関（1782年）

鍛冶屋トーマス・ニューコメン（一六六三～一七二九年）が蒸気機関の装置をつくったのは、一七〇五年である。ただこれは鉄鉱山の水抜き（揚水）に利用されていたに過ぎない。ジェームズ・ワット（一七三六～一八一九年）が改良して特許を取った（一七六九年）蒸気機関は、一七七五年にようやくコークスを燃焼させる送風装置に利用されて実用化された。これによってようやくコークス燃焼による鉄の大量生産が可能となった。ここに製鉄と蒸気機関が連結した。ニューコメンから七〇年も経過していた。ただ、当時の鉄はまだ不純物が多く耐久性に欠けるところがあった。より耐久性のある鉄（錬鉄）の大量生産は、ヘンリー・コート（一七四〇～一八〇〇年）による「パドル炉」の発明（一七八三年）で可能となった。

蒸気機関の性能は、一九世紀（一八二九年）に熱送風へと替わり、コークスの燃焼性が画期的に増し、コークスの節約と製鉄量の増加をもたらした。イギリスは、一七五〇年頃は鉄の輸入国であったが、一九世紀初頭には輸出国となっていた。一八五〇年頃の鉄生産高は、一七四〇年の約一六〇倍となった。前述のように鋼鉄の大量生産を可能にしたベッセマー法は一八五七年であった。

このように製鉄と蒸気機関の産業革命は、一世紀半を有した。これは、製鉄や蒸気機関の有用性がすぐには認知されなかったことを意味している。つまり現在のわれわれが想像するほどの需要はなかったということである。

鉄と蒸気機関は、一八〇三年、蒸気機関車を生んだ。鉄の軌道はもともと炭坑内の輸送用に使われ、また軌道上の荷車を馬に曳かせていたが、それほど有用なものではなかった。これが蒸気機関と合体することで、鉄道という画期的成果となった。ただ、鉄道が世間に認知されたのは、一八二九年ジョージ・スティーヴンソン（一七八一～一八四八年）の「ロケット号」が時速四七㎞で走ってからであった。同じく一八〇三年に開発された蒸気船の普及は、鉄道よりさらに遅れ、一八七〇年代であった。

当時はまだテクノロジーの発達に、世間の人々が追いつけなかったのである。便利さを認識しなければ需要は生まれない。需要がなければテクノロジーの成果は普及しない。現代に比べて「優雅な時代」であった。

イギリス産業革命は、綿工業という儲け市場をきっかけにした一世紀半以上におよぶ機械改良の歴史であったといえる。おそらく最初テクノロジーはわずかな富しかもたらさなかっただろう。しかし、やがてテクノロジーが莫大な富を生み出すものと、徐々に認識されていった。鉄道も誰も利用しなければ単なる鉄屑である。鉄道が便利と世間が認知した時、鉄道建設は莫大な富を生み出すことになる。火器に関しても同様である。こうしてテクノロジーによる工業製品の持続的生産活動と販売が、近代資本主義経済の中心となった。やがて、その活動に資金を出すいわゆる投資が主役となる。

✣後発国の動向

イギリスでは、一八世紀から一九世紀（一七〇〇〜一八七〇年頃と設定）にかけて、一世紀半以上の時間をかけて産業革命を成功させ初めて工業国となった。

後発国ほど早くに工業化を達成できた。最初はイギリスの模倣で済むからである。とくに一八七〇年代以降のドイツとアメリカ合衆国の工業化は早かった。ドイツは、保護関税（貿易）で自国をイギリスから上手に防御し工業化した（関税は歴史的に古くからあった。近代では国家権力が本格的に自由主義市場に介入しはじめるのは一九三〇年以降である）。領土が広く一九世紀後半に大量のヨーロッパ系移民が流入したアメリカでは、原料調達、賃金労働者はもとより販売市場もある程度自国で賄えたし、中南米という市場をもっていた。この二国の工業生産高は一九世紀末にはイギリスに追いつくか追い越している。

工業化の始まった西ヨーロッパ諸国では、工場都市へ人口が集中し、原料、商品、人の移動のために鉄道と道路が整備された。自国への儲け＝富の集積は、公共設備や公衆衛生も改善し、労働者にも富がある程度配分されるようになった。やがて肉体労働を離れて、経理（会計）などに専念する事務職が登場し、彼らが中間層（ホワイトカラーといった会社員）を構成するようになった。全体として人々の生活が平均して豊かになった。これが欧米先進国の歩んできた道である。

✣工業化とは何か

イギリスの綿工業の原料となる綿花は、アメリカ大陸から輸入されたものであった。また綿製品の販売市場はイギリス国内のみならず、他のヨーロッパ諸国、アジア、とくにアメリカは大きな市場であった。儲けは自国の資本家および自国の労働者（一部にせよ）に戻された。このシステムつくりに成功することが工業化である。

つまり、Aという国が工業化するとは、歴史的にみれば、当初は工場・機械などをもつA国の資本家がA国在住の賃金労働者を使って商品（農産物ではなく工業製品）を大量生産させ、A国の国民（労働者も含めて）に儲けを還元させるシステムつくりに成功することであった。その場合、原料調達地や販売市場は自国以外でも構わない。ただこの場合、販売市場となる国・地域の住民が製品を買えるある程度の「富」をもっていることが前提となる。

たとえば、イギリス産綿織物の原料である綿花はイギリスでは栽培できない。だからアメリカ南部、インド、後にはアフリカから一kg一〇円で購入したとしよう。この段階で原料調達地にも「富」が入る。イギリス本国で商品化された綿織物は、綿花一kgあたりにすると五〇円で売るとする。販売市場はどこでもよいが原料調達地に売れば、四〇円の富がイギリス本国に流れる。こうして工業化は富を蓄積するが、原料調達地は貧困のままでいる。だからアメリカもインドもイギリスから独立した。アフリカのイギリス植民地も独立した。しかし、工業化しなければ、貧困国は原料調達地・販売市場のままである。

一九世紀以降、世界の多くの地域は、工業化できずに、貧しい農業国・資源提供国・外国資本の受け入れ先・販売市場のみの存在に過ぎなかった。欧米は、非ヨーロッパ地域を貧困状態に固定することで在地の工業化を阻止した。手っ取り早いのは植民地にすることである。中国や中東のように公的植民地にならなくても、欧米資本を投入することで現地の工業化を阻止した。

❖近代資本主義とは何か

工業化にとって必要なのは、工業製品をつくるための機械、工場、さらに製品を輸送するための道路、鉄道、港湾、船舶、運河といった「生産設備」をつくる能力である。まず、生産設備がつくれなければ工業化はできない。貧困国は、まずこの段階を自国でおこなうことができない。だから生産設備に外国資本が入るという方法で工業化を目指すが、生産設備が外国資本である限り、富は外国へ吸い上げられる。外国資本に投資された国は近代資本主義経済に巻き込まれているが、非工業国として固定化される。かつて、最も露骨なやり方は、鉄道敷設と称して欧米資本を入れることであった。投資先の現地人を雇い給料を与え、それで欧米の工業製品を買わせ続けた。植民地が独立しても、こういった構造は簡単には崩れなかった。世界の多くの地域は自国資本で工業製品を生み出すことのできない、あるいはそれに失敗した非工業国であった。現在でも、工業化に成功した国はほんの僅かにすぎない。アジアの新興工業国が出現し、二一世紀の現在、ようやく欧米（および日本）の優位は崩れかけているようにみえる。

近代資本主義は、テクノロジーによる工業製品を大量生産し富を生むシステムである。それは、テクノロジーでつくられた工業製品が便利であるという人々の「幻想」を前提にしている。工業製品が売れなければ、近代資本主義は崩壊する。また、近代資本主義は、必ず勝者と敗者を生むシステムである。世界中が皆勝者になることはできない。ある国家や個人が富むためには、別の国家や個人が貧困でなければ機能しないシステムである。

投資を拡大して儲けを限りなく追及する近代資本主義は、現在も続いている。今後、勝者と敗者は入れ替わることはあるだろう。だから、その原動力となっているテクノロジーの開発競争はますます激しくなっている。さらに、現代のそれは、ＩＴ（情報技術）などいわゆる「ソフトウェア」にまでに拡大しているから、ますます競争が激化している。

✣近現代文明とは何か

コアとしてのヨーロッパは、一九世紀以降世界を服属させていった。なぜ、ヨーロッパが世界を制覇できたのかについて、私はかつて書いたことがある［『ヨーロッパ文明の正体』『「棲み分け」の世界史』］。ただ、この問い自体間違っているのだろうか。たとえば、今、私が一四世紀の「モンゴルの時代」にいるとする。その時、なぜ「世界」あるいは「われわれ」はモンゴルの支配下にあるのか、と問うのと同じ次元なのであろうか。そうであるなら答えは簡単である。軍事力である。ある文明が他文明を征服するのは、まず軍事力である。次に、整備された統治システムをもって支配を続けるというパターンである。しかし、その統治システムにひびが入ると、被征服民の反乱が起きやがて、征服者の支配は終わる。

ヨーロッパも軍事力で世界を制圧した。軍事力とは、具体的には火器である。大砲と銃器（あわせて火器）を飛躍的に発達させたのがヨーロッパであった。しかし、たとえ火器を発達させたとしても、他文明も同じように火器をつくって対抗すればヨーロッパの覇権はすぐに崩れたはずである。ヨーロッパは最新の火器の製造法を秘密にしただろう（企業が火器を製造したので、厳格な国家機密にした形跡は見当たらない）が、それでも旧式であろうと火器を非ヨーロッパ圏に売っていた。火器の製造法はすぐにわかったはずである。それを改良して、自国でより優秀な火器をつくれたかもしれない。事実、中東（オスマン帝国）やインド（ムガル帝国）では、一貫して火器を製造していた。しかし、性能の良い火器はヨーロッパ以外では発達しなかった。なぜかは前述した通りである。

一九六〇年以前の植民地時代とは異なり、現在欧米は非ヨーロッパ地域を政治的に支配しているわけではない。ただ、ヨーロッパが飛躍的に発展させたテクノロジーと近代資本主義の枠内で世界は動いている。ヨーロッパが創り出したテクノロジーと近代資本主義の一体化の論理によって、世界の大半は動いている。

古来、テクノロジーと資本主義（商業活動）は、一心同体ではなかった。商人のお金儲けには、（手）工業製品よりはむしろ香辛料、宝石、貴金属、海産物などの方が魅力的であった。テクノロジー（というより人間の技能）でつくった陶磁器、漆器、ガラス製品、織物、工芸品（装飾品）といった手工業製品の交易全体に占める割合は相対的に低かった（7章参照）。だから、産業革命以前の資本主義は、必ずしもテクノロジーを必要とはしなかった。これが転換するのがイギリス産業革命である。テクノロジーを使った工業製品が大きな価値をもつようになった。ここにテクノロジーと近代資本主義が連動・一体化（インターロック）する近現代文明が生まれ、現在も続いている。

主要参考文献（本文既出除く）

長谷川貴彦『産業革命』
アシュトン『産業革命』
ジョーンズ『ヨーロッパの奇跡』
ハドソン『産業革命』
マクニール『戦争の世界史』
マヌシー『大砲の歴史』
モリス『人類五万年』
Elgood, *Firearms of the Islamic World.*
Hall, *Weapons and Warfare in the Renaissance Europe.*
Haskew, *Artillery.*
Norris, *Artillery.*
Spencer, *Early Firearms.*

おわりに

一九・二〇世紀以降の人類史は、近代資本主義とテクノロジーによって生み出された富の分配をめぐる歴史である。ヨーロッパによる世界の植民地化、英米とドイツとの間の第一次・第二次世界大戦、アジアでは日本の覇権と、それに対抗するアメリカ・中国との戦争、その後の米ソ冷戦、東欧共産圏の崩壊、EUの成立、新興国の登場、中国の再大国化、イスラムと中国の反欧米の動き、環境・人口・エネルギー問題などなど。これらについては割愛した。すべて産業革命に始まる近現代文明（ヨーロッパコア文明）の枠内で斬れてしまうからである。

本書の記述にヨーロッパが少ないと思われるだろう。しかし、今述べたように、ヨーロッパは近代テクノロジーと近代資本主義のところが主役で、これで十分なのである。世界史の教科書にあるようなゲルマンの民族移動やら中世の叙任権闘争やら宗教改革やらは、人類全体の歴史にとっては重要ではない。

もう一つ。縄文文明（当時の世界最先進文明）を例外として、日本に関する記述もほとんど書かなかった。本書では、原則、日本は中国の派生文明、近代以降はヨーロッパの派生文明と捉えているからである。とはいっても派生文明が独自性をもたなかったわけではない。日本は、世界に類のない独特の文明を発展させてきたが、そこまで踏み込む余裕も紙幅もなかった。

テクノロジーと資本主義がインターロックした近現代文明は、最後の文明なのだろうか？　地球の寿命はまだ続くであろう。「テクノロジー＝資本主義インターロック文明」に終わりはあるのだろうか？　どこに行きつくのだろうか？　私は、テクノロジーと資本主義が悪いといっているわけではない。際限なく続くレースに恐怖を覚えているだけである。この文明に終わりはないように思える。際限なくどこまでも続くような気がする。

最近、日本の国立大学から人文系学問を排除しようとする動きがある。これはテクノロジーと資本主義に特化させようとしていることを、端的に示している。文科省主導でやっているが、大学もそれにべったり寄り添っている。自然科学と、資本主義に関係のある経済学、法学、政治学など社会科学系の学問は護られるだろう。しかし、人文学は、とりわけ国立大学では給料を出してまでも雇う価値はないという方向に向かっている。極端にいえば、源氏物語の研究などは趣味でやればよいということである（文化的価値が資本主義につながることもあるが（商業的学術・芸術））。情けない。いや恐ろしい。

人文学といわれる哲学・思想・文学・歴史・芸術が、宗教を重視したコア文明および派生文明で発展したことは容易に理解できよう。テクノロジーと資本主義優位の近現代文明は、人文学を蔑ろにする危険性がある。現在それが加速しているように思われる。人文学を蔑ろにする文明は本質的に脆いのではないか。本書を書いてそのことを痛切に感じた次第である。

参考文献

書籍

青木健『ゾロアスター教』講談社、二〇〇八年
同『アーリア人』講談社、二〇〇九年
青山和夫『古代メソアメリカ文明――マヤ・テオティワカン・アステカ』講談社、二〇〇七年
同『マヤ文明――密林に栄えた石器文明』岩波書店、二〇一二年
足利惇氏『ペルシア帝国』世界の歴史 九、講談社、一九七七年
石田友雄『ユダヤ教史』世界宗教史叢書 四、山川出版社、一九八〇年
伊谷純一郎（伊谷原一編）『人類発祥の地を求めて――最後のアフリカ行』岩波書店、二〇一四年
伊藤進悟・シャンカール・ノグチ監修『ハーブ&スパイス事典――世界で使われる二五六種』誠文堂新光社、二〇一三年
井上順孝監修『宗教の歴史地図――現代世界を読み解く新たな視点』青春出版社、二〇〇一年
今枝二郎『道教――中国と日本をむすぶ思想』日本放送出版協会、二〇〇四年
岩崎賢『アステカ王国の生贄の祭祀――血・花・笑・戦』刀水書房、二〇一五年
岩村忍『中央アジアの遊牧民族』世界の歴史 一二、講談社、一九七七年
印東道子編『人類大移動――アフリカからイースター島へ』朝日新聞出版、二〇一二年
同編『人類の移動誌』臨川書店、二〇一三年
宇佐美久美子『アフリカ史の意味』山川出版社、一九九六年
宇野精一・中村元・玉城康四郎編『中国思想 Ⅰ 儒家思想』講座東洋思想 二、東京大学出版会、一九六七年
同編『中国思想 Ⅱ 道家と道教』講座東洋思想 三、東京大学出版会、一九六七年
同編『仏教思想 Ⅰ インド的展開』講座東洋思想 五、東京大学出版会、一九六七年
同編『仏教思想 Ⅱ 中国的展開』講座東洋思想 六、東京大学出版会、一九六七年
梅原猛・厳文明・樋口隆康『長江文明の曙』角川書店、二〇〇〇年
梅原猛・安田喜憲『長江文明の探究――森と文明の旅』稲森和夫監修、竹田武史写真、新思索社、二〇〇四年
王柯「五胡十六国時代における胡族政権の中華王朝思想」『国際文化学研究』一〇（神戸大学国際文化学部紀要）、一九九八年
大木昌『病と癒しの文化史――東南アジアの医療と世界観』山川出版社、二〇〇二年

大城道則『古代エジプト文明――世界史の源流』講談社、二〇一二年
大塚柳太郎『ヒトはこうして増えてきた――二〇万年の人口変遷史』新潮社、二〇一五年
大野真弓編『イギリス史』（新版）、山川出版社、一九六五年
大林太良編『アンコールとボロブドゥール』世界の大遺跡 一二、講談社、一九八七年
岡田明子・小林登志子『シュメル神話の世界――粘土板に刻まれた最古のロマン』中央公論新社、二〇〇八年
岡田明憲『死後の世界――死者の運命・生者の観念』講談社、一九九二年
岡村道雄『縄文人からの伝言』集英社、二〇一四年
長田俊樹『インダス文明の謎――古代文明神話を見直す』京都大学学術出版会、二〇一三年
落合淳思『甲骨文字小字典』筑摩書房、二〇一一年
海部陽介『人類がたどってきた道――〝文化の多様化〟の起源を探る』NHK出版、二〇〇五年
同『日本人はどこから来たのか？』文藝春秋、二〇一六年
片岸直美・畑森泰子・村治笙子『ナイルに生きる人びと』山川出版社、一九九七年
加地伸行『儒教とは何か』中央公論社、一九九〇年、（増補版）二〇一五年
同『沈黙の宗教――儒教』筑摩書房、一九九四年
可児弘明『民衆道教の周辺』風響社、二〇〇四年
金関恕・春成秀爾編『戦争の考古学（佐原真の仕事 四）』岩波書店、二〇〇五年
樺山紘一ほか編『クロニック世界全史』講談社、一九九四年
樺山紘一ほか編『オリエント世界――七世紀』岩波講座 世界歴史 二、岩波書店、一九九八年
樺山紘一責任編集『歴史学事典二――からだとくらし』弘文堂、一九九四年
川口幸大・瀬川昌久編『現代中国の宗教――信仰と社会をめぐる民族誌』昭和堂、二〇一三年
神澤秀明「縄文人の核ゲノムから歴史を読み解く」『生命誌ジャーナル』八七、二〇一五年
菊地章太『儒教・仏教・道教――東アジアの思想空間』講談社、二〇〇八年
私市正年『サハラが結ぶ南北交流』山川出版社、二〇〇四年
杵島正洋・松本直記・左巻健男編著『新しい高校地学の教科書――現代人のための高校理科』講談社、二〇〇六年。
木村清孝『仏教の思想』放送大学教育振興会、二〇〇五年
久保一之『ティムール――草原とオアシスの覇者』山川出版社、二〇一四年
窪徳忠『道教の神々』講談社、一九九六年
国立民族学博物館編『マンダラ――チベット・ネパールの仏たち』千里文化財団、二〇〇三年

国立歴史民俗博物館編『亀ヶ岡遺跡・是川遺跡縄文時代遺物』国立歴史民俗博物館資料図録　一一、二〇一五年
小杉泰『イスラーム帝国のジハード』興亡の世界史　六、講談社、二〇〇六年
同「現代イスラームにおける国家と宗教――変容する国家像と越境するウンマ」『宗教研究』三八三、二〇一五年
同編『イスラームの歴史　二――イスラームの拡大と変容』世界の宗教史　一二、山川出版社、二〇一〇年
後藤健『メソポタミアとインダスのあいだ――知られざる海洋の古代文明』筑摩書房、二〇一五年
小林登志子『シュメル―人類最古の文明』中央公論新社、二〇〇五年
同『五〇〇〇年前の日常――シュメル人たちの物語』新潮社、二〇〇七年
斎藤成也ほか著『ヒトの進化』シリーズ進化学　五、岩波書店、二〇〇六年
三枝充悳『仏教入門』岩波書店、一九九〇年
酒井忠夫・福井文雅・山田利明編『日本・中国の宗教文化の研究』平河出版社、一九九一年
櫻井清彦編『ナイルの王墓と神殿』世界の大遺跡　二、講談社、一九八六年
佐藤次高編『アラブ』西アジア史　Ⅰ、山川出版社、二〇〇二年
同編『イスラームの歴史　一――イスラームの創始と展開』宗教の世界史　一一、山川出版社、二〇一〇年
佐藤次高・鈴木薫編『都市の文明イスラーム』講談社、一九九三年
佐藤矩行ほか著『マクロ進化と全生物の系統分類』シリーズ進化学　一、岩波書店、二〇〇四年
実松克義『アマゾン文明の研究――古代人はいかにして自然との共生をなし遂げたのか』現代書館、二〇一〇年
佐原真・小林達雄『世界史のなかの縄文　対論』新書館、二〇〇一年
静慈圓『梵字悉曇――慈雲流の意義と実習』朱鷺書房、一九九七年
嶋田襄平『イスラム教史』世界宗教史叢書　五、山川出版社、一九七八年
下田淳『ドイツの民衆文化――祭り・巡礼・居酒屋』昭和堂、二〇〇九年
同『居酒屋の世界史』講談社、二〇一一年
同『ヨーロッパ文明の正体――何が資本主義を駆動させたか』筑摩書房、二〇一三年
同『「棲み分け」の世界史――欧米はなぜ覇権を握ったのか』NHK出版、二〇一四年
下出積與『道教と日本人』講談社、一九七五年
徐朝龍『長江文明の発見――中国古代史の謎』角川書店、二〇〇〇年
杉勇『古代オリエント』世界の歴史　一、講談社、一九七七年
杉山三郎・嘉幡茂・渡部森哉『古代メソアメリカ・アンデス文明への誘い』風媒社、二〇一一年
杉山二郎編『シルクロードの残映』世界の大遺跡　七、講談社、一九八八年

杉山正明『遊牧民からみた世界史〔増補版〕』日本経済新聞出版社、二〇一一年
同『モンゴル帝国と長いその後』興亡の世界史九、講談社、二〇〇八年
同『クビライの挑戦――モンゴル海上帝国への道』朝日新聞社、一九九五年
同『モンゴル帝国の興亡』上・下、講談社、一九九六年
鈴木董『オスマン帝国――イスラム世界の「柔らかい専制」』講談社、一九九二年
孫暁剛『遊牧と定住の人類学――ケニア・レンディーレ社会の持続と変容』昭和堂、二〇一二年
田上太秀『仏教の真実』講談社、二〇一三年
高谷好一『新世界秩序を求めて――二一世紀への生態史観』中央公論社、一九九三年
竹内照夫『四書五経――中国思想の形成と展開』平凡社、一九六五年
竹沢尚一郎『西アフリカの王国を掘る――文化人類学から考古学へ』臨川書店、二〇一四年
竹田いさみ『世界史をつくった海賊』筑摩書房、二〇一一年
竹村牧夫・高島元洋『仏教と儒教――日本人の心を形成してきたもの』放送大学教育振興会、二〇一三年
立川武蔵『はじめてのインド哲学』講談社、一九九二年
同『ヒンドゥー教巡礼』集英社、二〇〇五年
同『ヒンドゥー教の歴史』宗教の世界史　二、山川出版社、二〇一四年
田中於菟彌ほか『変貌のインド亜大陸』世界の歴史　二四、講談社、一九七八年
谷口淳一『聖なる学問、俗なる人生――中世のイスラーム学者』山川出版社、二〇一一年
玉城康四朗編『仏教史二　中国・チベット・朝鮮』山川出版社、一九八三年
玉木俊明『海洋帝国興隆史――ヨーロッパ・海・近代世界システム』講談社、二〇一四年
田家康『気候文明史――世界を変えた八万年の攻防』日本経済新聞社、二〇一〇年
同「次の氷期（氷河期）はいつからはじまるか?――近年の論文から」日本気象予報士東京支部第五一回例会、二〇一二年七月八日
陳舜臣・三杉隆俊・NHK取材班『ジャンク、海都をいく――遥かなる長江の道』NHK海のシルクロード　六、日本放送出版協会、一九八九年
月本昭男『目で見る聖書の時代』横山匡写真、日本基督教団出版局、一九九四年
辻啓介「地球四六億年の進化と人類の食生活 一 生命の進化と人類の食」『食育フォーラム』一四（六）、二〇一四年
辻直四郎『インド文明の曙――ヴェーダとウパニシャッド』岩波書店、一九六七年
手嶋兼輔『海の文明ギリシア――「知」の交差点としてのエーゲ海』講談社、二〇〇〇年

東京国立博物館編『東京国立博物館東洋館　東洋美術をめぐる旅』平凡社、二〇一三年
東京国立博物館展覧会図録『特別展古代ギリシャ――時空を超えた旅』二〇一六年
戸川芳郎・蜂谷邦夫・溝口雄三『儒教史』山川出版社、一九八七年
栃内新・佐巻健男『新しい高校生物の教科書――現代人のための高校理科』講談社、二〇〇六年
富永智津子『スワヒリ都市の盛衰』山川出版社、二〇〇八年
鳥越憲三郎『古代中国と倭族――黄河・長江文明を検証する』中央公論新社、二〇〇〇年
鳥山成人『ビザンツと東欧世界』講談社、一九七八年
内藤雅雄・中村平治編『南アジアの歴史――複合的社会の歴史と文化』有斐閣、二〇〇六年
中尾佐助『栽培植物と農耕の起源』岩波書店、一九六六年
中村元『ガンジスの文明』世界の歴史　五、講談社、一九七七年
中山正晃「中国浄土教と道教信仰」『印度學佛教學研究』三〇（二）、一九八二年
奈良康明『仏教史一　インド・東南アジア』世界宗教史叢書　七、山川出版社、一九七九年
奈良康明監修・山田樹一著『ガンダーラ美術の見方』里文出版、二〇〇九年
二階堂善弘『中国の神さま――神仙人気者列伝』平凡社、二〇〇二年
根津美術館『ふたつの双羊尊――根津美術館と大英博物館の名品』二〇一五年
長谷川貴彦『産業革命』山川出版社、二〇一二年
馬場悠男『ホモ・サピエンスはどこから来たか――ヒトの進化と日本人のルーツが見えてきた！』河出書房新社、二〇〇〇年
浜本一典「イスラームにおける宗教多元主義――異教徒の救済と市民権をめぐって」『宗教研究』三八四、二〇一五年
林俊雄『スキタイと匈奴　遊牧の文明』興亡の世界史　二、講談社、二〇〇七年
同『遊牧国家の誕生』山川出版社、二〇〇九年
半田元夫・今野國雄『キリスト教史Ｉ』世界宗教史叢書　一、山川出版社、一九七七年
樋口隆康編『インドの聖域』世界の大遺跡　八、講談社、一九八八年
同編『古代中国の遺産』世界の大遺跡　九、講談社、一九八八年
秀村欣二・伊藤貞夫『ギリシアとヘレニズム』世界の歴史　二、講談社、一九七六年
平野聡『大清帝国と中華の混迷』興亡の世界史　一七、講談社、二〇〇七年
平山郁夫シルクロード美術館・古代オリエント博物館編『メソポタミア文明の光芒――楔形文字が語る王と神々の世界』山川出版社、二〇一一年
深山絵実梨「鉄器時代海域東南アジア出土・採集の双獣頭形耳飾とその形態学的検討」『史観』一七三、早稲田大学史学会、

二〇一五年
福永光司編『道教と東アジア――中国・朝鮮・日本』人文書院、一九八九年
藤川隆男編『白人とは何か?――ホワイトネス・スタディーズ入門』刀水書房、二〇〇五年
藤本透子編『現代アジアの宗教――社会主義を経た地域を読む』春風社、二〇一五年
堀敏一『古代の中国』世界の歴史 四、講談社、一九七七年
前嶋信次『イスラムの時代』世界の歴史 一〇、講談社、一九七七年
前田專學『インド哲学へのいざない――ヴェーダとウパニシャッド』日本放送出版協会、二〇〇〇年
増田精一編『メソポタミアとペルシア』世界の大遺跡 四、講談社、一九八八年
増田義郎『世界の歴史 七 インディオ文明の興亡』講談社、一九七七年
同『図説 大航海時代』河出書房新社、二〇〇八年
松井透『世界市場の形成』岩波書店、一九九一年
松浦誠「荒川流域における縄文時代中期の小規模集落についての検討」『川博紀要』一三号、二〇一三年
松永篤知「東アジア先史時代の編物」『金沢大学考古学紀要』三六、二〇一五年
同「東アジア先史時代の編み物に関する雑考――もじり編みと多経多緯式」『金沢大学考古学紀要』三七、二〇一五年
松長有慶『密教』岩波書店、一九九一年
松村武雄・中村亮平編『中国・台湾の神話伝説〔改訂版〕』世界神話伝説体系 一一、名著普及会、一九七九年
見市雅俊『コレラの世界史』晶文社、一九九四年
三浦一郎編『エーゲとギリシアの文明』世界の大遺跡 五、講談社、一九八七年
水村光男編著『新版 世界史のための人名辞典』山川出版社、二〇一〇年
宮崎正勝『文明ネットワークの世界史』原書房、二〇〇三年
同『「空間」から読み解く世界史――馬・航海・資本・電子』新潮社、二〇一五年
宮元啓一『インド哲学七つの難問』講談社、二〇〇二年
宮本正興・松田泰二編『新書アフリカ史』講談社、一九九七年
村治笙子・片岸直美『図説エジプトの「死者の書」』仁田三夫写真、河出書房新社、二〇〇二年
本村凌二『馬の世界史』中央公論新社、二〇一三年
桃木至朗編『海域アジア史研究入門』岩波書店、二〇〇八年
森谷公俊『アレクサンドロス大王――「世界征服者」の虚像と実像』講談社、二〇〇〇年
森本達雄『ヒンドゥー教――インドの聖と俗』中央公論新社、二〇〇三年

森安孝夫『シルクロードと唐帝国』興亡の世界史　五、講談社、二〇〇七年
家島彦一『海が創る文明――インド洋海域の歴史』朝日新聞社、一九九三年
安田喜憲『世界史のなかの縄文文化』改訂第三版、雄山閣、二〇〇四年
同『古代日本のルーツ　長江文明の謎』青春出版社、二〇〇三年
山口修『中国史を語る』山川出版社、一九九〇年
山口昌男『世界の歴史 六 黒い大陸の栄光と悲惨』講談社、一九七七年
山下博司『ヒンドゥー教とインド社会』山川出版社、一九九七年
同『ヒンドゥー教――インドという〈謎〉』講談社、二〇〇四年
山田憲太郎『香料の歴史――スパイスを中心に』紀伊國屋書店、一九六四年
同『香料の道――鼻と舌 東西』中央公論社、一九七七年
山本英史『現代中国の履歴書』慶應義塾大学出版会、二〇〇三年
山本由美子『マニ教とゾロアスター教』山川出版社、一九九八年
横手裕『中国道教の展開』山川出版社、二〇〇八年
同『道教の歴史』宗教の世界史 六、山川出版社、二〇一五年
吉成薫『エジプト王国三千年――興亡とその精神』講談社、二〇〇〇年
渡邉義浩『儒教と中国――「二千年の正統思想」の起源』講談社、二〇一〇年

（新聞・叢書・地図等）
『朝日新聞』二〇一五年五月三日（朝刊）「科学の扉――アメリカ最初の人類　移住でアジア系と白人混血?」小林哲
『朝日新聞』二〇一六年二月一六日（朝刊、第二埼玉版）「さいたま風土記――西久保遺跡」大脇和明
『朝日新聞』二〇一六年三月五日（朝刊、埼玉西部版）「県内最古縄文犬の出土」春山陽一
『朝日新聞』二〇一六年六月二六日（朝刊）「科学の扉――日本人いつどこから」神田明美
『岩波講座東洋思想　第一二巻――東アジアの仏教』岩波書店、一九八八年
『岩波講座東洋思想　第一三巻――中国宗教思想 1』岩波書店、一九九〇年
『岩波講座東洋思想　第一四巻――中国宗教思想 2』岩波書店、一九九〇年
『法華経』上・中・下、坂本幸男・岩本裕訳注、岩波文庫、一九六二〜一九六七年
『シルクロード歴史地図』東光書店、二〇一三年
『世界大地図』正井泰夫監修、小学館、二〇〇九年
『［図説］世界の銃　パーフェクトバイブル』学研、二〇一〇年

『大英博物館展——一〇〇のモノが語る世界の歴史』筑摩書房、二〇一五年
「楔形文字図」東京・古代オリエント博物館発行、二〇一三年
「ヒエログリフ図」東京・古代オリエント博物館発行、二〇一二年
「仏教歴史地図」第二版、東光書店、二〇一六年

翻訳

アウグスティヌス、アウレリウス『神の国』全五巻、服部英次郎・藤本雄三訳、岩波書店、一九八二～一九九一年
アシャー、R・E／クリストファー・モーズレイ編『世界民族言語地図』土田滋・福井勝義日本語版監修、福井正子訳、東洋書林、二〇〇〇年
アシュトン、T・S『産業革命』中川敬一郎訳、岩波書店、一九七三年
アストン、ミック／ティム・テイラー『ヴィジュアル百科世界の文明・石器時代から産業革命まで』大出健訳、原書房、1999年
アタリ、ジャック『一四九二——西欧文明の世界支配』斎藤広信訳、筑摩書房、二〇〇九年
アドラー、ジョセフ・A『中国の宗教』伊吹敦・尾形幸子訳、春秋社、二〇〇五年
アブー＝ルゴド、ジャネット・L『ヨーロッパ覇権以前——もうひとつの世界システム』上・下、佐藤次高・斯波義信・高山博・三浦徹訳、岩波書店、二〇〇一年
アリエス、フィリップ『死と歴史——西欧中世から現代へ』伊藤晃・成瀬駒男訳、みすず書房、一九八三年
アンサーリー、タミム『イスラームから見た「世界史」』小沢千重子訳、紀伊國屋書店、二〇一一年
ヴィダル＝ナケ、ピエール『世界歴史地図』樺山紘一監訳、三省堂、一九九五年
ヴィル、サイモン・P『ヨーロッパ交通史——一七五〇—一九一八年』梶本元信・野上秀雄訳、文沢社、二〇一二年
ウェイド、ニコラス『五万年前——このとき人類の壮大な旅が始まった』安田喜憲監修、沼尻由紀子訳、イースト・プレス、二〇〇七年
ウォーラーステイン、I『近代世界システム——農業資本主義と「ヨーロッパ世界経済」の成立』全二巻、川北稔訳、岩波書店、一九八一年
ウォルター、チップ『人類進化七〇〇万年の物語——私たちだけがなぜ生き残れたのか』長野敬・赤松眞紀訳、青土社、二〇一四年
NRA（全米ライフル協会）監修『銃の基礎知識——銃の見方から歴史、構造、弾道学まで』小林宏明訳、学研、二〇〇八年
エリアーデ、ミルチア『太陽と天空神　宗教学概論一』エリアーデ著作集　一、久米博訳、堀一郎監修、せりか書房、一九七七年
同『豊穣と再生　宗教学概論二』エリアーデ著作集　二、久米博訳、堀一郎監修、せりか書房、一九八一年

同『聖なる空間と時間　宗教学概論三』エリアーデ著作集　三、久米博訳、堀一郎監修、せりか書房、一九八一年
同『宗教の歴史と意味』エリアーデ著作集　八、前田耕作訳、堀一郎監修、せりか書房、一九八一年
同『世界宗教史』全八巻、中村恭子・松村一男・島田裕巳・柴田史子・鶴岡賀雄・奥山倫明・木塚隆志・深澤英隆訳・ちくま学芸文庫、二〇〇〇年
エリアーデ、ミルチア／ヨハン・P・クリアーノ『エリアーデ世界宗教事典』奥山倫明訳、せりか書房、一九九四年
オースティン、ピーター・K編『［ビジュアル版］世界言語百科――現用・危機・絶滅言語一〇〇〇』澤田治美日本語版監修、柊風舎、二〇〇九年
オッペンハイマー、スティーヴン『人類の足跡一〇万年全史』仲村明子訳、草思社、二〇〇七年
カーティン、フィリップ・D『異文化間交易の世界史』田村愛理・中堂幸政・山影進訳、NTT出版、二〇〇二年
クック、マイケル『世界文明一万年の歴史』千葉喜久枝訳、柏書房、二〇〇五年
グラネ、マルセル『中国人の宗教』栗本一男訳、平凡社、一九九九年
グレゴワール、フランソワ『死後の世界』渡辺照宏訳、白水社、一九九二年
コウ、マイケル・D『古代マヤ文明』加藤泰健・長谷川悦男訳、創元社、二〇〇三年
サイクス、ブライアン『イヴの七人の娘たち』大野晶子訳、ソニーマガジンズ、二〇〇一年
ジェームズ、ピーター／ニック・ソープ『古代の発明――文化　生活　技術』矢島文夫監訳、二〇〇五年
ジョーンズ、E・L『ヨーロッパの奇跡――環境・経済・地政の比較史』安村稔・脇村孝平訳、名古屋大学出版会、二〇〇〇年
セーン、クシティ・モーハン『ヒンドゥー教――インド三〇〇〇年の生き方・考え方』中川正生訳、講談社、一九九九年
チャイルド、G『文明の起源』上・下、ねず・まさし訳、岩波書店、一九五一年
ドゥベーヌ＝フランクフォール、コリンヌ『古代中国文明』工藤元男監修、南條郁子訳、創元社、一九九九年
トービン、グレアム『占星医術とハーブ学の世界――ホリスティック医学の先駆者カルペパーが説く心と身体と星の理論』鏡リュウジ監訳、上原ゆうこ訳、原書房、二〇一四年
ニコル、デヴィッド『イスラーム世界歴史地図』清水和裕監訳、明石書店、二〇一四年
ハート、ドナ／ロバート・W・サスマン『ヒトは食べられて進化した』伊藤伸子訳、化学同人、二〇〇七年
ハドソン、パッド『産業革命』大倉正雄訳、未来社、一九九九年
バナール、マーティン『ブラック・アテナ　古代ギリシア文明のアフロ・アジア的ルーツ――I．古代ギリシアの捏造一七八五―一九八五』片岡幸彦監訳、新評論、二〇〇七年
パロ、アンドレ『シュメール』シリーズ「人類の美術」、青柳瑞穂・小野山節訳、新潮社、一九六五年（マルロー、アンドレ／ジョルジュ・サール「人類の美術」全巻監修、矢代幸雄ほか日本語版監修）

ビアルドー、マドレーヌ『ヒンドゥー教の〈人間学〉』七海由美子訳、講談社、二〇一〇年
ビレル、アン『中国の神話』丸山和江訳、丸善、二〇〇三年
フィッシャー、スティーヴン・ロジャー『文字の歴史――ヒエログリフから未来の「世界文字」まで』鈴木晶訳、研究社、二〇〇五年
フェリル、アーサー『戦争の起源――石器時代からアレクサンドロスにいたる戦争の古代史』鈴木主悦・石原正毅訳、河出書房新社、一九八八年
プライス、ロジャー『フランスの歴史』河野肇訳、創土社、二〇〇八年
フルブロック、メアリー『ドイツの歴史』高田有現・高野淳訳、創土社、二〇〇五年
ブレンフルト、ヨラン編集代表『石器時代の人々』上・下、図説人類の歴史 三・四、大貫良夫監訳、西秋良宏編訳、朝倉書房、二〇〇四年
同編集代表『旧世界の文明』上・下、図説人類の歴史 五・六、大貫良夫監訳、西秋良宏編訳、朝倉書房、二〇〇四年
同編集代表『新世界の文明――南北アメリカ・太平洋・日本』上・下、図説人類の歴史 七・八、大貫良夫監訳・編訳、朝倉書房、二〇〇五年
ブローデル、フェルナン『物質文明・経済・資本主義――一五―一八世紀（II―1「交換のはたらき 1」）』山本淳一訳、みすず書房、一九八六年
フロパーチョフ、G／E・ギリヤ／木村英明『氷河期の極北に挑むホモ・サピエンス――マンモスハンターたちの暮らしと技』木村英明・木村アヤ子訳、雄山閣、二〇一三年
ペーボ、スヴァンテ『ネアンデルタール人は私たちと交配した』野中香方子訳、文藝春秋、二〇一五年
ボッテロ、ジャン／ステーヴ、マリ＝ジョゼフ『メソポタミア文明』矢島文夫監修、創元社、一九九四年
マクニール、W『戦争の世界史――技術と軍隊と社会』高橋均訳、刀水書房、二〇〇二年
同『疫病と世界史』上・下、鈴木昭夫訳、中央公論新社、二〇〇七年
マクレガー、ニール『一〇〇のモノが語る世界の歴史』全三巻、東郷えりか訳、筑摩書房、二〇一二年
マスペロ、アンリ『道教』川勝義雄訳、平凡社、一九七八年
マヌシー、アルバート『大砲の歴史』今津浩一訳、ハインデンス、二〇〇四年
ミズン、スティーヴン『氷河期以後――紀元前二万年からはじまる人類史』上・下、久保儀明訳、青土社、二〇一五年
ミュシャンブレッド、ロベール『近代人の誕生――フランス民衆社会と習俗の文明化』石井洋二郎訳、筑摩書房、一九九二年
メトカーフ、バーバラ・D／メトカーフ、トーマス・R『インドの歴史』河野肇訳、創土社、二〇〇六年
モリス、イアン『人類五万年　文明の興亡――なぜ西洋が世界を支配しているのか』上・下、北川知子訳、筑摩書房、二〇一四年

ラーフラ、ワールポラ『ブッダが説いたこと』今枝由郎訳、岩波書店、二〇一六年
ランデス、D・S『西ヨーロッパ工業史――産業革命とその後　一七五〇―一九六八』全二巻、石坂昭雄・冨岡庄一訳、みすず書房、一九八〇年・一九八二年
リード、アンソニー『大航海時代の東南アジア』全二巻、平野秀秋・田中優子訳、法政大学出版局、二〇〇二年
ルイス、バーナード『イスラーム世界の二千年――文明の十字路　中東全史』白須英子訳、草思社、二〇〇一年
リヴィ・バッチ、マッシモ『人口の世界史』速水融・斎藤修訳、東洋経済新報社、二〇一四年
ルトヴェラゼ、エドヴァルド『アレクサンドロス大王東征を掘る――誰も知らなかった足跡と真実』帯谷知可訳、日本放送出版協会、二〇〇六年
ロイド、クリストファー『一三七億年の物語――宇宙が始まってから今日までの全歴史』野中香方子訳、文藝春秋、二〇一二年
ロバーツ、アリス『人類二〇万年――遥かなる旅路』野中香方子訳、文藝春秋、二〇一三年
ロバーツ、アリス編著『人類の進化大図鑑』馬場悠男日本語版監修、河出書房新社、二〇一二年
ロバーツ、J・M『世界の歴史①「歴史の始まり」と古代文明』青柳正規日本語版監修、創元社、二〇〇二年
ロビンソン、アンドルー『[図説]文字の起源と歴史――ヒエログリフ、アルファベット、漢字』片山陽子訳、創元社、二〇〇六年

（原典等）
『ヴェーダ　アヴェスター』世界古典文学全集　三、辻直四朗訳者代表、筑摩書房、一九六七年
『易教』上・下、高田真治・後藤基巳訳、岩波書店、一九六九年
『旧約聖書』新改訳、日本聖書刊行会、一九九〇年
『ギルガメシュ叙事詩』矢島文夫訳、ちくま学芸文庫、一九九八年
『コーラン』上・中・下、井筒俊彦訳、岩波書店、一九五七・一九五八年
『コーラン』世界の名著　一五、藤本勝次責任編集、中央公論社、一九七〇年
『史記〈本紀〉』新書漢文大系　一七、吉田賢抗著・瀧康秀編、明治書院、二〇〇三年
『詩経』新書漢文大系　一五、石川忠久著・福本郁子編、明治書院、二〇〇二年
『春秋左氏伝』新釈漢文大系　三〇～三三（全四巻）、鎌田正、明治書院、一九七一～一九八一年
『書経』上、新釈漢文大系　二五、加藤常賢著、明治書院、一九八三年
『書経』下、新釈漢文大系　二六、小野沢精一著、明治書院、一九八五年
『新約聖書』英和対照、日本聖書協会、一九七八年
『聖書』新共同訳、旧約聖書続編つき、日本聖書協会、一九九五年
『荘子』新書漢文大系　一二、市川安司・遠藤哲夫著・石川泰成編、明治書院、二〇〇二年

『大陸別世界歴史地図』全五巻（一『ヨーロッパ大陸歴史地図』、二『アジア大陸歴史地図』、三『北アメリカ大陸歴史地図』、四『南アメリカ大陸歴史地図』、五『アフリカ大陸歴史地図』）、増田義郎日本語版監修、東洋書林、二〇〇一～〇二年
『バガヴァッド・ギーター』鎧淳訳、講談社、二〇〇八年
『ブッダのことば――スッタニパータ』中村元訳、岩波書店、一九八四年
『マハーバーラタ　ナラ王物語――ダマヤンティー姫の数奇な生涯』鎧淳訳、岩波書店、一九八九年
『孟子』新書漢文大系 一一、内藤熊一郎著・加藤道理編、明治書院、二〇〇二年
『礼記』上・中・下（新釈漢文大系 二七・二八・二九）、竹内照夫著、明治書院、一九七一・一九七七・一九七九年
『ラーマーヤナ』全二巻、ヴァールミーキ著・岩本裕訳、平凡社、一九八〇・一九八五年
『新訳　ラーマーヤナ』全七巻、ヴァールミーキ著・中村了昭訳、平凡社、二〇一二～二〇一三年
『列子』新釈漢文大系二二、小林信明著、明治書院、一九六七年
『老子』新版、新書漢文大系 二、阿部吉雄・山本敏夫著・渡辺雅之編、明治書院、二〇一四年
『論語』新版、新書漢文大系 一、吉田賢抗著・加藤道理編、明治書院、二〇〇二年

外国語

Die Religion in Geschichte und Gegenwart. 7 Bde., Tübingen, 1986.
Elgood, Robert, *Firearms of the Islamic World: In the Treq Rajab Museum, Kuwait*. I. B. Tauris, Lomdon, 1995.
Facchini, Fiorenzo, *Die Ursprünge der Menschheit*. Aus dem italienischen übersetzt von Karin Schuler und Brigitte Fleischmann. Stuttgart, 2006.
Hall, Bert S., *Weapons and Warfare in the Renaissance Europe: Gunpowder, Technology, and Tactics*. Baltimore and London, John Hopkins University Press, 1997.
Haskew, Michael E., *Artillery: Compared and Contrasted*. London, 2008.
Norris, John, *Artillery: A History*. Gloucester, 2000.
Shimoda, Jun, Technology, Capitalism and Habitat Segregation Theory, in: *The Research Bulletin of the Faculuty of Education Utsunomiya University*. No. 66. Section 1. March 2016.
Spencer, Michael, *Early Firearms: 1300-1800*. Shire, Oxford, 2008.
Nature. Com. 18 July 2015. Vol. 523. Issue 7651: The ancestry and affiliations of Kennewick Man.
Nature. Com. 14 October 2015: The earliest unequivocally modern humans in southern China.
Nature. Com. 14 October 2015: Palaeoanthropology: Homo sapiens in China 80,000 years ago.

Nature. Com. 23 November 2015: Genome-wide patterns of selection in 230 ancient Eurasians.
Nature. Com. 20. January 2016: Inter-group violence among early Holocene junter-gathers of West Turkana, Keniya.
Nature. Com. 17. February 2016: Acient gene flow ealy modern humans into Eastern Neanderthals.
Proceeding of the National Academy of Science (PNAS). 11 September, 2015: Genetic structure in village dogs reveals a Central Asian domestication origin.
Science. 3 December 2004. Vol. 306. No. 5702: The Origins of Afroasiatic.
Science. 6 April 2007. Vol. 316. : Timing of a Back-Migration into Africa.
Science. 24 July 2015. Vol. 349. No. 6246: Human Genetics. New mystery for Native American origins.

DVD

NHKスペシャル『文明の道』全八巻、NHKソフトウェア、二〇〇三～二〇〇四年
同『地球大進化――四六億年・人類への旅』全六巻、NHKソフトウェア、二〇〇四～〇五年
同『ブッダ――大いなる旅路』全五巻、NHKエンタープライズ、二〇〇九年
ジブリ学術ライブラリー『人間は何を食べてきたか』全八巻、NHKソフトウェア、二〇〇三年
Küng. Hans. *Spurensuche: Die Weltreligionen auf dem Weg.Mit einem Text.* Piper, München, Zürich, 1999.

シンポジウム、学会、博物館等

専修大学社会知性開発センター／古代東ユーラシア研究センター平成二七年度シンポジウム「古代東ユーラシアにおける「人流」」
（二〇一五年七月一八日、専修大学神田校舎）
講演一：石見清裕「ユーラシアの民族移動と唐の成立――近年のソグド関係新史料を踏まえて」
講演二：堀哲郎「日本列島への馬の導入と馬匹生産の展開――東日本を中心に」
講演三：張允禎「古代東ユーラシアの馬文化――モンゴル・中国・韓国を中心に」
第六六回日本西洋史学会大会（二〇一六年五月二一日、慶應義塾大学三田校舎）
公開講演：木畑洋一「近現代世界とヨーロッパの位相」
鈴木薫「イスラムの衝撃と近現代西欧」
東京国立博物館
「日本国宝展」（二〇一四年一〇月一五日～一二月七日）
「コルカタ・インド博物館所蔵　インドの仏　仏教美術の源流」（二〇一五年三月一七日～五月一七日）

「クレオパトラとエジプトの王妃展」（二〇一五年七月一一日～九月二三日）
「始皇帝と大兵馬俑」（二〇一五年一〇月二七日～二〇一六年二月二一日）
「古代ギリシャ――時空を超えた旅」（二〇一六年六月二一日～九月一九日）
「禅――心をかたちに」（二〇一六年一〇月一八日～一一月二七日）

国立歴史民俗博物館
「文字がつなぐ――古代日本列島と朝鮮半島」（国際企画展示、二〇一四年一〇月一五日～一二月一四日）

横浜ユーラシア文化館
「古代エジプト　ファラオと民の歴史・東海大学のエジプトコレクション」（二〇一五年一月三一日～四月五日）

根津美術館
「動物礼賛――大英博物館から双羊尊がやってきた」（二〇一五年一月一〇日～二月二二日）

東洋文庫ミュージアム
「もっと知りたい！イスラーム展」（二〇一五年一月一〇日～四月一二日）

古代オリエント博物館
埼玉県立歴史と民俗の博物館
大英博物館
東京都立埋蔵文化財調査センター
湯島聖堂
聖天宮

ウェブサイト

日本国外務省ホームページ［http://www.mofa.go.jp/mofaj/］（二〇一五年～二〇一六年数回アクセス）
海洋研究開発機構「人類が経験した気候変動、一〇万年周期の氷期・間氷期サイクルのメカニズムを解明」
［http://www.aori.u-tokyo.ac.jp/research/news/2013/20130808.html］（二〇一四年一一月一八日アクセス）
Nature Japan「気候：エーミアン間氷期の気候の詳細な記録」
［http://www.natureasia.com/ja-jp/nature/highlights/41594］（二〇一四年一一月一八日アクセス）
国立大学法人総合研究大学院大学「日本列島人類集団の遺伝的近縁性」二〇一二年一一月一日
［http://www.soken.ac.jp/news/5276/］（二〇一五年一〇月二六日アクセス）
国立国会図書館デジタルコレクション「壬寅新民叢報彙編」

[http://kindai.ndl.go.jp/info:ndljp/pid/899081/454]（二〇一五年二月八日アクセス）

Nature Japan「集団遺伝学――ケネウィックマンとは何者か」二〇一五年七月二三日 [https://www.natureasia.com/ja-jp/nature/highlights/65972]（二〇一五年九月二八日アクセス）

北海道北見市「常呂の遺跡：史跡常呂遺跡　岐阜台地西部竪穴住居群」[http://www.city.kitami.lg.jp/docs/2014070300012/]（二〇一五年九月二八日アクセス）

ＴＯＣＡＮＡ「インカ時代の二〇代女性のミイラ、死因は宗教儀式の生け贄だった!?　五〇〇年前一体何があったのか？【最新研究報告】」二〇一四年三月二日 [http://tocana.jp/2014/03/post_3731_entry.html]（二〇一六年三月一四日アクセス）

ＴＯＣＡＮＡ「五〇〇年間凍っていた少女！　まるで生きているよう!?――ミイラでわかった、インカ帝国の生贄の実態」[http://tocana.jp/2015/03/post_5944_entry.html]（二〇一六年三月一四日アクセス）

山陽新聞デジタル「縄文期は平穏？ 暴力死亡率１%台　岡山大教授ら人骨調査から算出」二〇一六年三月二〇日 [http://www.sanyonews.jp/article/323392/1/]（二〇一六年三月三一日アクセス）

ＪＢｐｒｅｓｓ「六万年前に人類が手に入れた脅異の能力とは？――ネアンデルタール人との決定的な「遺伝的違い」が明らかに？」二〇一六年三月三一日 [http://jbpress.ismedia.jp/articles/-/46457]（二〇一六年四月六日アクセス）

ＡＦＰ「古代人の人骨と複数の埋葬習慣、ラオス・ジャール平原で発見」二〇一六年四月五日 [http://www.afpbb.com/articles/-/3082921]（二〇一六年四月六日アクセス）

『毎日新聞』「〈釣り針〉旧石器人もフィッシング…世界最古、沖縄で出土」二〇一六年九月二〇日 [http://mainichi.jp/articles/20160920/k00/00m/040/111000c]（二〇一六年九月二二日アクセス）

図版出典

図1　ロバーツ編著『人類の進化大図鑑』一三七・一五三・一六五頁（一部画像処理）。
図2　オースティン編『[ビジュアル版]世界言語百科』一五九・一七九・一八一頁。
図3　Küng, *Spurensuche*, Text, p. 303.
図4　ロバーツ編著『人類進化の大図鑑』一六六〜一六七頁（一部画像処理）。
図5　アストン／テイラー『ヴィジュアル百科世界の文明』一九頁。
図6　ロバーツ編『人類進化の大図鑑』二〇九頁。
図7　大英博物館所蔵。
図8　村治・片岸『図説エジプトの「死者の書」』一一頁。
図9　ルーヴル博物館所蔵、パロ『シュメール』二七六頁。
図10　東京・古代オリエント博物館発行図、二〇一三年。
図11　ロビンソン『[図説]文字の起源と歴史』一一三頁。
図12　テラ先史博物館所蔵、『特別展古代ギリシャ』東京国立博物館展覧会図録、九六頁。
図13　ピリア郡ホラ考古学博物館所蔵、『特別展古代ギリシャ』東京国立博物館展覧会図録、一〇〇頁。
図14　上海博物館所蔵、梅原・安田『長江文明の探求』一一七頁。
図15　大英博物館所蔵。
図16　落合『甲骨文字小字典』二八頁。
図17　大英博物館所蔵。
図18　ニューデリー・インド国立博物館、ブレンフルト編集代表『旧世界の文明』上、五一頁。
図19　ＰＩＸＴＡ提供。
図20　大英博物館所蔵、ブレンフルト編集代表『旧世界の文明』下、二〇〇頁。
図21　Ancient Art & Architecture Collection, London.『旧世界の文明』下、二〇〇頁。
図22　ＰＩＸＴＡ提供。

図23　ＰＩＸＴＡ提供。
図24　ブレンフルト編集代表『新世界の文明』上、三五頁。
図25　Oxford, Bodleian Library. 同書、四八頁。
図26　大英博物館所蔵。
図27　Robert Harding Picture Library. ブレンフルト編集代表『新世界の文明』上、八五頁。
図28　大英博物館所蔵。
図29　林『スキタイと匈奴　遊牧の文明』口絵。
図30　オースティン編『[ビジュアル版] 世界言語百科』四一頁。
図31　林『スキタイと匈奴』一九一頁。
図32　ＰＩＸＴＡ提供。
図33　台北、故宮博物院所蔵。杉山『モンゴル帝国と長いその後』一一五頁。
図34　同書、二七四頁。
図35　陳・三杉・ＮＨＫ取材班『ジャンク、海都をいく』口絵。
図36　島原市本光寺所蔵、杉山『モンゴル帝国と長いその後』口絵。
図37　ＰＩＸＴＡ提供。
図38　Küng, *Spurensuche*, Text, p. 217. 大聖堂は著者撮影。
図39　著者撮影。
図40　佐藤編『イスラームの歴史　一』口絵。
図41　Küng, *Spurensuche*, Text, p. 298.
図42　*Ibid.*, p. 297.
図43　大英博物館所蔵。
図44　Küng, *Spurensuche*, Text, p. 70.
図45　Richard B. Godfrey 画（一七七〇年）。
図46　著者撮影。
図47　湯島聖堂パンフレット写真。
図48　川口・瀬川編『現代中国の宗教』一九六頁。

図49　横手『道教の歴史』口絵。
図50　同書、口絵。
図51　Küng, *Spurensuche*, Text, p. 130.
図52　東京国立博物館所蔵、『東京国立博物館東洋館　東洋美術をめぐる旅』二六頁。
図53　著者撮影。
図54　兵庫・永沢寺所蔵。奈良監修・山田著『ガンダーラ美術の見方』一〇〇頁。
図55　国立民族学博物館編『マンダラ』一八頁（一部画像処理）。
図56　同書、五九頁。
図57　ジャン＝ピエール・ウーエル画（一七八九年）。フランス国立図書館所蔵。
図58　宋應星『天工開物』藪内清訳注、平凡社、一九六九年。マクニール『戦争の世界史』五八頁。
図59　マクニール『戦争の世界史』一一四頁。
図60　Spencer, *Early Firearms: 1300-1800*, p. 6.
図61　『［図説］世界の銃　パーフェクトバイブル』六八頁。
図62　アストン／テイラー『ヴィジュアル百科世界の文明』一一四頁（一部画像処理）。

▒ 著者紹介

下田　淳（しもだ・じゅん）

1960 年　埼玉県生まれ
1983 年　青山学院大学文学部卒業
1990 年　ドイツ・トーリア大学歴史学科退学
現　在　宇都宮大学教育学部教授
専　門　ドイツ宗教史　博士（歴史学）
著　書
『ドイツ近世の聖性と権力─民衆・巡礼・宗教運動』青木書店、2001 年
Volksreligiosität und Obrigkeit im neuzeitlichen Deutschland-Wallfahrten oder Deutschkatholozismus. Ozorasha. co. Tokyo. 2004
『歴史学「外」論――いかに考え、どう書くか』青木書店、2005 年
『ドイツの民衆文化――祭り・巡礼・居酒屋』昭和堂、2009 年
『居酒屋の世界史』講談社現代新書、2011 年
『ヨーロッパ文明の正体――何が資本主義を駆動させたか』筑摩選書、2013 年
『「棲み分け」の世界史――欧米はなぜ覇権を握ったのか』NHK ブックス、2014 年など

世界文明史――人類の誕生から産業革命まで

2017 年 5 月 15 日　初版第 1 刷発行

著　者　下田　淳

発行者　杉田啓三

〒 606-8224　京都市左京区北白川京大農学部前
発行所　株式会社　昭和堂
振替口座　01060-5-9347
TEL（075）706-8818 ／ FAX（075）706-8878

印刷　モリモト印刷
装丁［TUNE］常松靖史

ISBN978-4-8122-1622-4